Klabund
Sämtliche Werke

Klabund
Sämtliche Werke

Band V
Nachdichtungen und Übersetzungen

Erster Teil: Nachdichtungen aus dem Chinesischen, Japanischen und Persischen

Herausgegeben von
Jutta Dahn-Liu

Rodopi

Amsterdam – Atlanta, GA

2001

K&N

Würzburg

Die Ausgabe wird mit Unterstützung des FB Germanistik im Rahmen des Editionsprogramms des Studiengebiets Editionswissenschaft, Frei Universität Berlin, erstellt.
Leitung der Edition: Prof.Dr. Dr.h.c. Hans-Gert Roloff

The paper on which this book is printed meets the requirements of "ISO 9706:1994, Information and documentation - Paper for documents - Requirements for permanence".

ISBN: 90-420-0523-8 (Gesamt)
ISBN: 90-420-1316-8

ISBN: 3-8260-1600-7 (Gesamt)
ISBN: 3-8260-1614-9

Printed in The Netherlands

I.

Nachdichtungen aus dem Chinesischen

Dumpfe Trommel und berauschtes Gong

Nachdichtungen

chinesischer Kriegslyrik

von

Klabund

Klage der Garde

General!
Wir sind des Kaisers Leiter und Sprossen!
Wir sind wie Wasser im Fluß verflossen …
Nutzlos hast du unser rotes Blut vergossen …
General!

General!
Wir sind des Kaisers Adler und Eulen!
Unsre Kinder hungern … Unsre Weiber heulen …
Unsre Knochen in fremder Erde fäulen …
General!

General!
Deine Augen sprühen Furcht und Hohn!
Unsre Mütter im Fron haben kargen Lohn …
Welche Mutter hat noch einen Sohn?
General?

Schi-king

Chinesisches Soldatenlied

Soldat, du bist mein Kamerad,
Marschierest mir zur Seite.
Der Kaiser, der befehligt uns.
Kein Mädchen mehr beseligt uns.
Soldat, du bist mein Kamerad,
Marschierest mir zur Seite.

Soldat, du bist mein Kamerad,
Wenn du das Schwert verloren,
So deck ich dich mit meinem Schild
Und bin als Bruder dir gewillt.
Soldat, du bist mein Kamerad,
Wenn du das Schwert verloren.

Soldat, du bist mein Kamerad,
Wenn unsre Knochen bleichen.
Mond fällt auf uns wie gelber Rauch,
Der Affe schreit im Bambusstrauch.
Soldat, du bist mein Kamerad,
Wenn unsre Knochen bleichen.

Schi-king

Der müde Soldat

Ein kahles Mädchen. Heckenblaßentlaubt.
Sie steht am Weg. Ich gehe weit vorbei.
So stehen alle: Reih in Reih,
Und Haupt an Haupt.

Was weiß ich noch von heiligen Gewässern
Und von des Dorfes Abendrot?
Ich bin gespickt mit tausend Messern
Und müde von dem vielen Tod.

Der Kinder Augen sind wie goldner Regen,
In ihren Händen glüht die Schale Wein.
Ich will mich unter Bäumen schlafen legen
Und kein Soldat mehr sein.

Schi-king

Epitaph auf einen Krieger

Es blühen aus dem Schnee die Anemonen.
Mit seinem Herzen spielt das Kind. Und es verweint's.
Uns, die am Brunnenrand der Erde wohnen,
Ist Sonnenauf- und -niedergang nur eins.

Doch immer wieder quillt der Fluß vom Felsen,
Und immer wieder Mond um Frauen wirbt;
Der Herbst wird ewig seinen goldnen Kürbis wälzen,
Und ewig Grillenruf im Grase zirpt.

Es führten viele fest ihr Pferd am Zügel.
Der Ruhm der tausend Schlachten ist verweht.
Was bleibt vom Heldentum? Ein morscher Hügel,
Auf dem das Unkraut rot wie Feuer steht.

Kong-fu-tse

Tod der Jünglinge auf dem Schlachtfeld

Sie schwingen über den bestirnten Häupten
Der Lanzen tausend Sonnen jugendlich.
Die Sichelwagen rollen in bestäubten
Glanzwolken. Pfeil und Auge kreuzen sich.

Sie stoßen kurze Schwerter in die Pferde.
Am Abgrund steigen Leichen hügelan.
Der Viergespanne regellose Herde
Verbeißt sich Tier in Tier und Mann in Mann.

Und Knaben, von der Tiefe angezogen,
Fallen von Stein zu Stein. Im Bergstrom zart
Treiben die Leiber auf den weißen Wogen
Von guter Mütter schlanker Hand bewahrt.

Die betten sie im Meer an ihre Herzen,
Wenn der Gesang der Geister himmlisch braust.
Noch halten sie die Schwerter grau und erzen
In der zum letzten Kampf verkrampften Faust.

Kiü-yüan

Abschied

Unruhig scharrt das Pferd des Generals.
Unter den Säulen steht die junge Frau.
Sie reicht ihm das Gewebe eines Schals:
Purpur auf grau.

Wie viele Zärtlichkeiten hab ich drein verwoben!
Lies sie im Zelt ...
Betrachtest du den vollen Mond am Himmel droben –
O denk an mich und meine kleine Welt!

O kehre nicht zu spät
An meine Brust zurück! Noch ist der Scheit entfacht.
Bedenke, wie von Nacht zu Nacht
Der volle Mond vergeht –
Und wie er endlich, einer Greisin blasse Stirn, am Himmel steht ...

Unbekannter Dichter

Waffenspruch

Wie ihr den Bogen spannt – so spannt auch eure Seele!
Besorgt, daß nicht der Pfeil zu kurz geschnitten werde ...
Zielt bei Attacken auf die Pferde!
Seht, daß ihr eure Feinde lebend fangt – und lebend ihre Generäle ...

Tut alles recht im Zweck, so muß es euch gelingen.
Was nützt es, tagelang im Blute waten?
Es ziele euer Ruhm: den Feind zu zwingen.
Ihr seid keine Mörder. Ihr seid Soldaten.

Tsüi-tao

Vom westlichen Fenster

An der Spitze funkelnder Soldaten zog mein Gatte in
den Krieg nach Ruhm.
Fröhlich war ich wie ein junges Mädchen, weil ich wieder
ganz mein Eigentum.

Aber wenn ich jetzt vor meinem Fenster sich die Weiden
gelber färben seh
(Grünten sie nicht, als er mich verließ?) und ahnend
Himmel sich in mir bewölkt mit Winterschnee –

Wird es ihn betrüben, fern von mir, einen Kranz von
freudelosen Nächten sich zu winden –
Statt der sanften grünen Knospen bei der Heimkehr
den entlaubten Strauch zu finden?

Wang-tschang-li

Der weisse Storch

O unerhörte Qual des Bürgerkrieges,
In seiner Brüder Blut den Dolch zu tauchen,
Wenn ihre Städte als Ruinen rauchen.
Es droht die Nacht der Sonne selbst des Sieges.

O wann erscheint des Himmels *wahrer* Sohn,
Der eignen Knechtschaft Bande zu entwirren –
Daß wieder statt der Schwerter Verse klirren
Und ach der Frauen leichte Rebellion.

Dem Krater eines schwarzen Wolkenkreises
Entschwebt ein weißer Storch. Er schwebt. Er lenkt
Den Flug zu unsren Häusern. Niemand weiß es,
Auf wessen Dach er seine Flügel senkt.

Tschang-tü-tsi

AUSMARSCH

Die Pferde schnauben, die Karren schrein,
Soldaten marschieren mit Pfeil und Bogen.
Väter, Mütter, Frauen, Kinder laufen zwischen ihren Reihn.
In einer dichten Staubwolke sind sie über die Brücke gezogen.
Sie zerren zitternd an den Kleidern der Soldaten, streicheln
einzeln alle ihre Glieder.
Der Frauen Jammer steigt wie Nebel auf und regnet nieder.

Leute begegnen ihnen: Woher? Wohin? Wozu? Was ist aus euch geworden?
Die Soldaten knirschen: Immer marsch ... auf den Marsch ...
Als wir fünfzehn Jahr alt waren, zogen wir nach Norden.
Aber jetzt heißt's: Marsch nach Westen ... immer marsch ...
Als man uns (einst) einberief, die schwarze Gaze unser junges Haupt umwand.
Ach, mit weißem Haupte kehrten wir zurück – und werden
nun von neuem in die Schlacht gesandt.

Unersättlich ist des Kaisers Hunger nach der Macht der Welt.
Vor seiner Stirn verdampft des Volkes Odem.
Vergebens pflügen unsre Frauen das Feld.
Dornsträuche wuchern auf dem dürren Boden.
Wie fressend Feuer glüht der Krieg. Es blutet Tag und Stunde.
Der Menschen Leben gilt nicht mehr als das der Tauben oder Hunde.

Wer neigt sich noch in Ehrfurcht einem Greise zu?
Soll ich des Leides immer mehr mit meinem Pinsel malen?
Nicht mal der Winter bringt den Waffen Ruh,
Und unsre Eltern müssen Steuern zahlen ...
Wenn unsre Frauen Kinder einst gebären:
O daß es keine Knaben wären!

Denn eine Tochter gibt man seinem Nachbar als ein leeres
Gefäß zur Eh'. Ein Sohn verwest im Kriege, unbegraben ...
Kaiser, sahst du im Traum den Strand des Ku-ku-noor-Meeres,
Wo die verstreuten Gebeine keine Ruhe haben?
Wo die jungen Toten die alten Toten mit ihren Schreien stören?
Himmel hängt düster, Regen sprüht kalt, Jammer rinnt vom Gestein
ins Meer aus tausend Röhren.

Thu-fu

Die Maske

Du steckst die lange Nadel in die rote Seide,
So wie mein Speer die Brust des Feinds durchsticht.
Binde die Schwerter beide
An meinen Lenden fest, so wie's Soldatenpflicht.

Ich stütze mich auf meine Lanze.
Du kniest vor mir, ordnest am Gurt des Bogens künstliches Gerät.
Nun aber zittre! flieh! sieh hier die Maske, unter der ich kämpfend tanze,
Die grausige, vor der der Feind vergeht.

Thu-fu

Der Werber

Sonne sank. Ich ging zur Ruh –
Als ein Werber schlich durchs Dorf auf feiger Lauer.
Äffisch kletterte ein altes Männchen über eines Hauses Mauer.
Eine alte Frau trat welker Stirne auf den Werber zu.

Und der Werber schrie ob der entflohnen Beute.
Und das Weib stand wie ein Stein und wüster Schrei,
Steil: Hört mich, ob Euch nicht Euer Handwerk reute!
Ich gebar drei Söhne … und der Kaiser nahm sie alle drei.

Ehegestern hat der Älteste geschrieben.
Ach, er lebt! Wie lange lebt er noch?
Seine beiden Brüder sind im Feld zur Erntezeit … geblieben,
Zogen, dumpfe Stiere, stampfend unters dunkle Joch.

Sucht, ob Ihr noch einen Mann im Hause findet!
Nur ein Enkel schleppt sich an der müden Mutter Hand.
Sie ist müde. Er hat Hunger. Und sie windet
Sich aus Ackerblumen ihrer Blöße ein Gewand.

Ich bin alt. Es klappern meine Knochen.
Doch ich will mich opfern, wenn Ihr wollt.
Reis will ich für die Soldaten kochen,
Und dem Feldherrn bin ich gerne hold. – – –

Eine Eule unterm Firste angte.
Schrei und Klage rauschten durch die Nacht wie Wellenschaum.
Als im Frührot ich zum Wanderstabe langte,
Saß ein altes Männchen wie ein Affe krähend auf dem Aprikosenbaum …

Thu-fu

Nachts im Zelt

Tschang-jo-hu, der edle Feldherr,
Sitzt in seinem leichten Zelte,
Biegt das Schwert mit beiden Händen
Übers Knie und sinnt und seufzt.

Und der Wind bewegt die Wand des
Zeltes, so wie Blätter rascheln
Oder wie das holde Schleifen
Eines seidenen Gewands.

Und er lauscht dem seidnen Rauschen:
„Kleine Blume, kleine Freundin –
Sieh, mein Herz schmilzt wie der Frühlings-
Schnee des Bergs und quillt dir zu ...“

Und der Wind bewegt die Wand des
Zeltes, so wie Blätter rascheln
Oder wie das holde Schleifen
Eines seidenen Gewands:

„Als am abendlichen Fenster
Sonne sich in meinen Tränen
Spiegelte – da schoß am Giebel
Eine schnelle Schwalbe auf.

Und sie lieh mir ihre Flügel,
Flinker flog ich als dein Wunsch flog ...
Kleiner Schwalbe, kleiner Freundin –
Gönn ihr Rast in deinem Zelt!“

Thu-fu

Die junge Soldatenfrau

Vieler Blumen Wesen ist nur Schein,
Brauchen Bäume, um sich rankend zu erheben.
Seine Tochter einem Krieger geben –
Besser wär's ihr nie geboren sein.

Von Orangenblüten regnete das Firmament ...
Unser Lager hatte Zeit nicht, zu erwarmen.
Als die Sonne sank, lag ich in deinen Armen.
Frührot sah uns schon getrennt.

Nun marschierst du durch die fremde Landschaft,
Und die gelbe Seide liegt zerknüllt.
Unsre Hochzeitsbräuche sind noch nicht erfüllt,
Und errötend tret ich unter die Verwandtschaft.

Als ich mich noch meinen Eltern weihte,
War ich Tag und Nacht der Welt verwehrt.
Stand im Dunkel, stumm in mich gekehrt,
Eine grau und goldne Trauerweide.

Ach wie gerne folgt ich deinen Schritten!
Weinen würdest du, wenn du mich sähst –
Wenn du zwischen Tod und Leben stehst:
Tausendfachen Tod hab ich erlitten.

Sollst nicht in Erinnerung versinken,
Sei als tapferer Soldat fürs Vaterland bereit!
Einsam webe ich an einem Linnenkleid,
Und ich will mir nicht mehr meine Brauen schminken.

Meine Blicke lasse ich im Winde wehen.
Vögel fliegen groß und klein:
Immer, immer fliegen sie zu zwein.
Werde ich dich wiedersehen?

Thu-fu

Sieger mit Hund und schwarzer Fahne

Sieg, Sieg darf ich in meine Haare flechten.
O fieberte nicht in der Brust die offne Wunde!
Die schwarze Fahne in der Rechten,
Geh übers abendliche Schlachtfeld ich mit meinem Hunde.

Er bellte, wenn er einen Feind gepaßt.
Ich zeige ihm die tote Brut:
Friß ihre Leichen, wenn du Hunger hast,
Und sauf ihr Blut …

Er springt an mir empor, sein Blick sagt: Du.
Er leckt … und stillt die klaffendere Wunde.
Die schwarze Fahne in der Hand, schreit ich mit meinem Hunde
Dem kommenden, dem neuen Tage zu.

Thu-fu

RÜCKKEHR IN DAS DORF KI-ANG

Die Hühner gackern. Und die Pforte klirrt.
Es naht Besuch. Ein Zug von grauen Greisen.
Sie bringen Wein. Ihr Auge ist verwirrt.
Man will dem Fremdling Gastlichkeit erweisen.

Ihr Schopf ist über eine Nacht beschneit.
Und sie jonglieren nur mit ihren Köpfen.
Seht: wie sie Unrat statt Erinnrung schöpfen!
Im Blitzstrahl zitterte die Ewigkeit.

Ich komme weit vom Tod. Die Dörfer glühten.
Am Rebstock weht des toten Winzers Wisch.
Des Krieges ungeheure Vögel brüten
Gedanken grauenvoll und mörderisch.

Uns klingt kein Ruf von den besonnten Türmern,
Die Gott auf seine vielen Hügel stellt.
Wir ringeln uns im Schlamm mit Regenwürmern,
Bis uns der Gießbach rauschend überfällt.

Ihr Guten: Dank für euren schlechten Wein!
Ich singe, weil ich eine Schwalbe sah …
Sie lauschen. Fallen leise singend ein;
Und singend sind sie der Verzweiflung nah.

Thu-Fu

O MEIN HEIMATLAND

Tschangan, o mein Heimatland,
Spielt man noch in dir das Spiel der Spiele?
Ach, der Kinder wurden wenig, und der Toten viele …
Im Palaste herrscht der Günstling Leid.
Eine spitze grüne Kappe trägt er –
                    Tschangan, o mein Heimatland! –
Und ein silbergrünes Kleid.

Tschangan, o mein Heimatland,
Hoch im Norden klingen alle Felsen von Trompeten,
Und die Straßen stehn voll Kriegsgeräten.
Selbst der Bote mit der kaiserlichen Feder weilt –
                    Tschangan, o mein Heimatland! –
Und die Stunde des Befehls enteilt.

Tschangan, o mein Heimatland,
Tiefer tauchen schon die Fische unter.
Bunter Herbst färbt mein Gewand nicht bunter …
Junger Schmetterling – auf meinen Flügeln trug –
                    Tschangan, o mein Heimatland! –
Ich des goldnen Staubes einst genug …

Tschangan, o mein Heimatland –
Sah Soldaten durch das Osttor reiten,
Sah ein Blumenschiff im Nebel gleiten,
Und beseligt neigte ich mich einem Fächer zu –
                    Tschangan, o mein Heimatland! –
Hinter allen Wolken leuchtest du!

Thu-fu

Ritt

Der Schimmel raucht. Wie Hunde springen braun
Wälder an mir empor. Der Tempel. Fromm.
Geläut des Morgens. Schräge Sonne hängt
Wie Blendlaterne in getrübter Luft.

O welches Glück, auf einem Tier zu sein
Und Flügel haben an dem Ackergold!
Ein Pfeil. Ich falle hell. Zweibeinig steigt
Das Pferd ins Licht. In seinen leeren Augen
Steht das Entsetzen wie ein schwarzer Turm.

Unbekannter Dichter

Krieg in der Wüste Gobi

Am Himmel die Plejaden tropfen Blut.
Blut sickert in der Wüste Gobi Sand.
Mit seiner Freundin nicht der Feldherr mehr auf weicher Matte ruht.
Sein Sichelwagen ist mit Schimmeln hell bespannt.

Von Feuer flammen alle Länder.
Eilboten jagen durch die Nacht.
In Fahnen hüllt der Mordrausch sich wie in Gewänder.
Der gelbe Sandsturm wirbelt in die Schlacht.

Fürst Lu-lans Haupt rollt unterm Schwerte.
Der Khane viele traf der Pfeil in Aug und Stirn.
Der Herbstreif fällt in der Soldaten Bärte.
Schakale beißen sich um eines Menschen Hirn.

Gleich einem Silberschwarm von Vögeln schwingend
Erreicht der Sieg den Kaiser in Stafetten.
Soldaten ziehen in die Heimat singend,
Und Frauen knien am Weg wie Statuetten.

Li-tai-pe

Die weisse und die rote Rose

Während ich mich über meine Stickerei am Fenster bückte,
Stach mich meine Nadel in den Daumen. Weiße Rose,
Die ich stickte,
Wurde rote Rose.

In der kriegerischen Weite bei des Vaterlandes Söhnen
Weilt mein Freund, vergießt vielleicht sein Blut.
Rossehufe hör ich dröhnen.
Ist's sein Pferd? Es ist mein Herz, das wie ein Fohlen tut.

Tränen fallen mir aus meinen Blicken
Übern Rahmen in die Stickerein.
Und ich will die Tränen in die Seide sticken,
Und sie sollen weiße Perlen sein.

Li-tai-pe

Nach der Schlacht

Ich dehne mich im edelsteinbestickten Sattel meines Feindes.
Mein braunes Pferd, jetzt sei der Heimat zugewandt!
Die Luft ruht aus in Stille vom Gekrächz der Lanzen.
Vereinzelt Pfeile noch wie Mücken summen.
Der Mond geht kalt und ruhig auf dem blassen Sand.
Von der erstürmten Festung brummen
Die dumpfe Trommel, das berauschte Gong.
In gelber Seide
Seh ich Mädchen tanzen.
Es gab ein großes Fischesterben heut im See.
Das goldne Schwert in meiner Scheide
Ist dunkelrot und klebrig wie Gelee.

Li-tai-pe

Die vier Jahreszeiten

Die holde Lo-foh im Lande Thsin
Pflückt Maulbeerblüten vor einem Wasserspiegel.
Ihre weißen Hände irren durch die grünen Zweige hin,
Auf ihrem Antlitz glüht der Sonne braunes Siegel.
Sie spricht: Die Seidenraupen haben Hunger. Ich muß eilen.
Des braucht es nicht, o Herr, daß Eure Pferde meinethalb
noch länger hier verweilen.

Am Silbersee (o wär er ein Tablett, die Tafel uns zu schmücken!),
Wenn Lotosblüte ihre Hülle sprengt,
Im fünften Monat trippeln Mädchen, sie zu pflücken.
Das Ufer ist von Menge dicht gedrängt.
Mädchen und Blume scheuen leicht den Mond. Man treibt
die Barken seiner Sehnsucht zu.
Am hellen Tage noch beginnt das Fest von You.

Das Mondkaninchen blinzelt müde.
Die Erde ist ein schmutziggraues Linnen.
Der Herbstwind stöhnt. Es bellt die Rüde.
In tausend Echos klingt der Klatsch der Wäscherinnen.
Wann endlich werden die Barbaren Friede geben?
Der Gatte, ferne kämpfend, seine Sohlen wieder nach der
Heimat heben?

Ein Bote reitet vier Uhr früh zur Grenze.
Frauliche Finger fädeln eine kalte Nadel ein.
Die Nacht trabt wie ein Pferd. Des Frühlings Tänze!
Die kalte Schere! Und das kalte Herz! Es muß wohl Winter sein …
Der letzte Nadelstich am Kleid. Es wird dem Boten auf
sein Pferd geschnürt.
Im Land Lin-to liegt einer tot und friert.

Li-tai-pe

SCHREIE DER RABEN

Vor der Stadt, die sommerlich im gelben Staube wirbelt,
Rasten Raben abends auf den Bäumen, krächzen, schaukeln.
Junge Frau des Kriegers, die an seidnen Fäden zwirbelt,
Hört die Raben schrein und sieht, wie auf den Fenstervor-
hang müde sich die abendroten Strahlen legen.
Ihre Nadel sinkt; sie denkt an ihn, den ihre Wünsche wild umgaukeln.
Schweigend sucht und einsam sie ihr Bett, und ihre Tränen
fallen heiß wie Sommerregen.

Li-tai-pe

Der grosse Räuber

Der große Räuber bindet seinen Helm mit einem dicken Stricke fest.
Sein Säbel ist glatt wie Eis und leuchtet wie Firn.
Wenn er die harten Schenkel an den Schimmel preßt,
Stürmt übern Horizont ein schweifendes Gestirn.

Wer sich ihm stellt, muß es in zehn Sekunden büßen.
Was sind ihm hundert Meilen, die er doch in einer Nacht durchfuhr?
Er schüttelt nach dem Kampf den Staub von seinen Füßen.
Niemand weiß seinen Namen. Niemand weiß seine Spur.

Zuweilen besucht er den Prinzen Si-ling.
Er schnallt den Säbel ab und legt ihn über die Knie.
Der Prinz verehrt ihm einen geheimnisvollen Ring,
Und wie zwei beste Freunde fressen und saufen sie.

Drei Becher Wein sind wie ein Händedruck beliebt.
Viel leichter würdest du von einem Gott als ihm betrogen.
Wenn er schwitzt und der Wein seine Blicke trübt,
Fängt er Sterne wie Fliegen, umarmt einen Regenbogen.

Ein Hammer in seiner Hand genügt, ein Königreich zu retten.
Wie Donnerhall ist seines Namens Schrei.
Nach ewigen Herbsten noch fahren Kinder entsetzt aus den Betten,
Träumen sie von Si-ling und von Tschü-hai.

Um ihre Knochen schwebt des Opfers Duft.
Der Dichter ist beschämt. Die bleiche Stirn errötet.
Ruhmloser steigt er in die Gruft
Als der, der tausend Menschen tötet.

Li-tai-pe

AN DER GRENZE

Auf den himmlischen Bergen schmolz noch nicht der Schnee.
Keine Blume sprießt aus dürrem Ried.
Hört! Der Frühling bläst das Weidenlied!
Aber keine warmen Wolken wehn.

Wenn des Morgens Gong und Trommel schallten,
Schläft man nachts im Sattel, auf des Pferdes Hals gebückt.
Schon in der Scheide ist das Schwert gezückt,
Um dem Barbarenhund mit einem Schlag den Schädel zu zerspalten.

Li-tai-pe

DIE JUNGE FRAU STEHT AUF DEM WARTETURM

Die junge Frau steht auf dem Warteturm.
Von Jentschis Hügeln fliegt das Laub im Sturm
Wie braune Vögel. Wolken drohen dicht.
In Herbst und Regen, Blitz und Donner bricht
Bald der Barbar aus seiner Wüste vor.
Der Han-Gesandte zieht durchs rote Tor.
In tausend Schädeln kriecht der Totenwurm.
Die junge Frau steht auf dem Warteturm.

Li-tai-pe

Winterkrieg

Ich träume von dem Regenbogen
Und den Gärten meiner Heimat Thsin.
Mimosen blühen gelb. Gazellen hüpfen.
Wohl ist Krieg. Aber Krieg von Sonne warm.

Wir frieren mit den Pferden am Wege fest.
Manchem werden eiserne Beine abgeschnitten.
In den Stiefeln. Augen erfrieren wie Glas.
Wohl dem, der unterm Schneeweiß schläft, zu Tod gebräunt.

Wir Bettler. Unsre Kleider sind zerfetzt.
Fels starrt wie Eis, und Eis starrt wie Gestein.
In Spiralen dreht sich zuckend der Paß.
Hündisch klettern wir in den Mond hinauf.

Wie Maulbeerborke platzt die Haut.
Unser eignes Blut rinnt aufs Schwert.
Hörner klingen in dumpfer Qual.
Süßer sang ich zur Flöte einst.

Keiner Heimkehr bin ich mir bewußt.
Ein Tiger, aufgescheucht, schlägt mit dem Schweif,
Fletscht seine Zähne, weiß wie Reif, und dunkel
Rollt sein brüllender Ruf ins Tal.

Zeige jemand sein Herz! Vogel fällt vom Baum.
Trete hervor und zeige sein Herz. Wo ist rot ein Herz?
Tannen stehn beschneit, und auf den Zweigen
Hocken wir steif und krähn im Nebel des Bluts.

O Himmel! Heiliger! Hilf, verbrenne mich!
Laß Wintergewitter grau erdonnern – und wirf
Den Blitz in die erstarrt erhobene Stirne,
Daß ich aufsteige, Feuersäule, in Nacht.

Li-tai-pe

Fluch des Krieges

Im Schnee des Tien-schan grast das dürre Roß.
Drei Heere sanken vor dem wilden Troß.

Die gelbe Wüste liegt von weißen Knochen voll.
Der Pferde Schrei wie schrille Flöte scholl.

Es schlingen Eingeweide sich von Baum zu Baum in Schnüren,
Die Raben krächzend auf die Zweige führen.

Soldaten liegen tot auf des Palastes Stufen.
Es mag der tote General die Toten rufen.

So sei verflucht der Krieg! Verflucht das Werk der Waffen!
Es hat der Weise nichts mit ihrem Wahn zu schaffen.

Er wird die Waffe nur als letzte Rettung schwingen,
Um durch den Tod der Welt das Leben zu bezwingen.

Li-tai-pe

Ode auf Nanking

Du warst im Ringe von sechs Reichen einbezogen.
Drei Becher leere ich, um diese Verse dir zu widmen.
Im Lande Thsin klingen die Gärten in leichteren Rhythmen.
Aber die Hügel spannen sich wie Regenbogen
Bunter als die Gipfel von Lo-yang.

Hier, wo das müde Gras auf den Ruinen wuchert und Libellen
Wie Schleier schwirren, türmte sich das Kaiserschloß.
Die Freundin winkte hoch vom Turm. Im Marstall wieherte das Roß.
Wo sind Burg und Kaiser, Pferd und kleine Freundin? …
ach, dahin wie Wellen
In dem großen Strom des Jang-tse-kiang …

Li-tai-pe

Das Friedensfest

Die Türme des Schlosses durchstoßen den Himmel,
Um blinkende Säulen ringeln sich Drachen.
Florhänge wallen empor, und schöner Frauen Gewimmel
Singt zur Sonne, und tönende Steine lachen.

Der Kaiser hört im Frühlingswind die zarten Noten.
Es ist das Lied: Ach irgendwann muß ja geschieden sein.
Wir fahren nach den ergrünenden Inseln auf zeltüberdachten Booten,
Kleine Wellen springen wie fliegende Fische herein.

Dreitausend Mädchen huldigen dem Herrn mit heitern Tänzen,
Mit Glockenschlag, der wie ein Schwarm von Vögeln durch die Lüfte zieht.
Palast und Erde zittern in den Grenzen.
Menschen jubeln tanzend das Friedenslied.

Die sechsunddreißig unsterblichen Kaiser lenken ihre Wolkenwagen zur Erde,
Sie locken den Gefährten, doch fester hält er nur die goldnen Zügel.
Er bleibt und will, daß China durch ihn glücklich werde.
Und als der Friedenskaiser ragt fortan sein Name steil und
ewig wie ein heiliger Hügel.

Li-tai-pe

Die chinesische Sprache besteht aus lauter einsilbigen Worten, die kurz und prägnant ohne Bindung aneinandergereiht werden. Mond steht Berg. Glanz über Wald. Ferne Flöte. Mädchen tanzt. Gelbe Seide. Dies (etwa) ist die Fiktion eines chinesischen Gedichtes. Nur: daß der Reim fehlt. Die chinesischen Gedichte reimen sich. Versuch, eine Improvisation von Li-tai-pe nachzudichten:

Wolke Kleid,
Und Blume ihr Gesicht,
Wohlgerüche wehn,
Verliebter Frühling.
Wird sie auf dem Berge stehn,
Wage ich den Aufstieg nicht.
Wenn sie sich dem Monde weiht,
Bin ich weit –
Verliebter Frühling.

Eine Fülle klanglicher Assoziationen (… weiht … weit …), bildlicher (Wolke, Kleid; Blume, Gesicht), gedanklicher (wird sie auf dem Berge – eigentlich Yu-chan, einem heiligen Berge – stehn). Eine helle Klarheit. Eine verworrene Dunkelheit. Tag und Nacht. Das vollkommene lyrische Gedicht.

Der Vokal, je nachdem er getönt ist, gibt dem chinesischen Wort den Sinn. Ein Wort kann zwanzigfach gedeutet werden. Wird das Wort geschrieben, entfaltet es sich, wie eine Blüte, noch reicher. Es gibt Schriftzeichen, die, ohne klangliche Überleitung, im chinesischen Bewußtsein farbige Begriffe hervorzaubern. Man sieht ein Zeichen – und denkt: Trauer. Armut. Heiligkeit. Skurrilität. Man setzt Zeichen zusammen. Spielerisch. Baut Mosaik: Auge … Wasser = Träne … Unendliche Möglichkeiten für den Dichter, der sein Gedicht zugleich denkt, malt, formt und singt. Alle Gedichte werden auch (nebenbei) gesungen. Nach durch Tradition vorgeschriebenen Melodien. – Die Monopodie der chinesischen Sprache erweckt (bei äußerlicher Betrachtung) den Eindruck der Monotonie. Die Unruhe, Beweglichkeit, Buntheit, Absonderlichkeit der chinesischen Bilder, Klänge, Sinne durch deutsche Jamben, durch ungereimte Zeilen, durch wohlfeile Feilung wiederzugeben – erscheint mir als eine (unbewußte) Fälschung des chinesisch-lyrischen Charakters. – Die vorliegenden chinesischen Gedichte sind durchaus keine Übersetzungen. Sondern Nachdichtungen. Aus dem Geist heraus. Intuition. Wiederaufbau. (Manche Säulen des kleinen Tempels mußten versetzt oder umgestellt werden.) Den Übertragungen liegen hauptsächlich zugrunde: Marquis d'Hervey Saint Denys: Poësies de l'époque des Thangs, Paris 1862; Judith Walter: Le livre de Jade (gemeinsam mit Tin-tun-ling), Paris 1867; Harlez, Bulletins de l'académie belgique royale (La poësie chinoise) Brüssel. Ergänzend wurden herangezogen: Viktor von Strauß' Übersetzungen des Schi-king (Heidelberg 1899); A. Forke,

Blüten chinesischer Dichtung (Magdeburg 1899, zuerst im Ostasiatischen Lloyd, Schanghai); O. Hauser: Li-tai-po (Weimar); O. Hauser, Die chinesische Dichtung (Berlin 1908); W. Grube, Geschichte der chinesischen Literatur (Leipzig 1902); Pfizmaier, Li-sao (in den Denkschriften der Wiener Akademie 1852) und sonstige Arbeiten Pfizmaiers in den Denkschriften; H. Heilmann, Chinesische Lyrik (München 1905). –

Die chinesische Kriegslyrik überrascht durch die Kraft ihrer Anschauung und die Unerbittlichkeit ihrer Resignation, die sie von der meist hymnisch oder episch gearteten Kriegsdichtung aller übrigen Völker scharf unterscheidet. Sie erscheint sachlich: und zugleich romantisch bedingt. (Vermischung des chinesischen Realismus oder Rationalismus mit Buddhismus und Laotseismus: Fleischeslust und Geisterglaube.) Flucht des Endlichen in die Unendlichkeit. In seinem Sohn allein erscheint der Mensch verewigt. In der Familie ist er unsterblich. Darum heißt Krieg für den Chinesen: fern von der Heimat sterben ... unbestattet im Mondlicht verwesen ... die Knochen nicht von frommer Kinder Hand gesammelt ... kein Ahne sein ... sterben ... (aber ein Ahne ist unsterblich ...). –

Die vorliegenden Gedichte sind in der Hauptsache der klassischen Epoche des Chinesentums, der Epoche der Dynastie Thang (618 – 907 n. Chr.) entnommen, welche die beiden größten Dichter Chinas: Li-tai-pe und Thu-fu, Dichter eines Goethe und Hölderlin ebenbürtig, hervorgebracht hat. Als ihr Vorläufer ist Kiü-yüan (um 310 v. Chr.) zu betrachten. Kong-fu-tse war der Redakteur des Schi-king, des Sammelbuches chinesischer Volkslieder (um 500 v. Chr.). Die übrigen hier vertretenen Dichter gehören wie Thu-fu und Li-tai-pe der Thangperiode an.

Klabund

Li-Tai-Pe

Nachdichtungen

von

Klabund

Thu-Fu an Li-tai-pe

Man nennt dich unversiegbaren Tropfenfall
Himmelgleich –
Vor deiner Verse Hall
Zerspellt des Kriegers Speer, zerfällt des Kaisers Reich.

Du bist die Sonne, der wir im Zenit begegnen.
Du bist Gewitter, wenn die Wolke kracht.
Als Tränen läßt du deine Verse niederregnen –
Es liest sie der Unsterbliche im Mondschein bei der Nacht,
Lächelt und weint und meint, Er habe sie erdacht.

Im Frühling

Wenn Leben innerer Träume Widerschein –
Wozu sich an die blasse Stirne schlagen?
Berauschen will ich mich an allen Tagen
Und schlafe trunken vor den Säulen ein.

Die Wimpern heb ich auf – und bin erwacht.
Ein Vogel singt in blühenden Geweben.
Ich frage ihn, in welcher Zeit wir leben.
Er sagt: da Frühling Vögel singen macht.

Erschüttert bin ich: wenn ich weinen geh.
Ich gieß den Becher voll. Die Lippe trinkt.
Ich singe laut, bis Mond im Blauen blinkt,
Vergesse Mond und Lied und Li-tai-pe.

Mond der Kindheit

Als ich ein Kind war, schien der Mond mir rundes Gold,
Das wie ein Spiegel leicht am Rand der Wolken rollt.

Drin zogen Geister groß mit Seidenfahnen,
Zimtbäume ließen Süßigkeiten ahnen,

Der gelbe Hase braute treffliche Getränke,
Der Mann im Mond saß bei ihm in der Schänke, –

Bis einst der Drache Mond und Mann verschlang,
Und Nacht wie dunkle Trauer niedersank.

Neun schlimme Vögel sind dabei, die Sterne aufzupicken.
Die Götter lagern traurig auf den Wolken, nicken

Und wiegen sich in sturmgepeitschten Böten.
Wer wird die schlimmen Vögel töten? –

Doch wenn der Mond von Nacht zu Nacht entschwand
Und endlich nur als schmaler Strich am Himmel stand,

War er ein Dolch, den ich mir in die Seite stieß,
Weil mich die Angst um dieses Leben nicht verließ.

Im Boot

Frühe schwang den Pinsel,
Malte Wolkenrot.
Ich ließ die Stadt. Zu einer fernen Insel
Befahl mich eines Freundes Boot.

Wie eine Kette klirrte an den Ufern
Metallgeschweißt der Affen Schrei um Schrei.
An welchen Bergen, welchen Klageufern
Trieb nicht mein Segel *fühllos* schon vorbei …

Das Lied vom Kummer

Der Wirt hat Wein. Aber er soll noch nicht die Becher bringen.
Ich will erst noch das Lied vom Kummer singen.
Wenn der Kummer kommt, Lied und Lachen stirbt,
Niemand weiß, wie tote Grille zirpt.
O – he … O – he …

Herr, du kelterst Wein in bauchige Fässer.
Ich besitze eine schlanke Laute und ein kurzes Messer.
Wein trinken und Laute schlagen vertragen sich gut,
Wenn Gold im Sack und Messer in Scheide ruht.
O – he!

Himmel ist ewig. Er mag der Erde halbe Ewigkeit gönnen.
Wie lange werden wir uns des Goldes und des Weines erfreuen können?
Hundert Jahre sind wenig. Hundert Jahre sind viel.
Leben und Sterben ist einzig des Menschen Ziel.
O – he … O – he …

Seht dort unten, wo der Mond sich gelb zu schaffen
Macht, seht zwischen Gräben einsam dort den Affen!
Wie er friert und hockt! Wie er heult und schreit!
Brüder, schenkt ein! Herunter den Becher in einem Zug!
Zum Trinken ward's Zeit …
O – he!

Si-schy

Lotosblüten wehen an die Balustrade.
Der König ruht auf weichem Diwan, fett und satt.
Si-schy schwebt tanzend vor ihm wie ein Wind,
Die Anmut selbst und ein laszives Kind.
Nun hält sie inne, lächelt, fühlt sich matt
Und schmiegt sich seufzend an den Diwanrand von Jade.

Das Landhaus

Es hat der Abend seine Netze ausgespannt,
Und von den blauen Bergen steig ich nieder.
Wie Kähne schwimmen sie im Nebel. Mondeshand
Geleitet still den Wandrer hin und wider,
Des Blick wie Blei in tiefe Täler taucht,
Wo Dämmrung auf den niedren Häusern raucht.

Wir kommen Hand in Hand zum Pavillon.
Ein Diener klinkt an zweiggeflochtner Pforte.
Gras streift des Kleides Saum wie leiser Gong.
Ich bin entzückt, mein Prinz, an solchem Orte
Zu Plauderei mit Euch vereint zu sein!
Ihr seid ein junger Aprikosenbaum … der Wein,

Der Wein ist heute nicht mehr Wein, nur Duft.
Ich sing vom Wind, der in den Fichten surrt.
Erst auf des Himmels Straße trägt man mich zur Gruft,
Wenn Morgen fern wie eine Taube gurrt …
Ihr seid berauscht, mein Prinz, an meines Rausches Wonne!
In wechselseitigem Rausch rollt Erd und Sonne.

Die drei Genossen

In der Laube von Jasmin sitz ich beim Weine.
Gute Genossen heischt die gute Stunde.
Da steigt der Mond übern First, verneigt sich mit goldenem Scheine.
Höflich verneige auch ich mich, und mein Schatten verneigt sich als
Dritter im Bunde.

Mond will trinken. Muß es bleiben lassen.
Schatten hebt den Becher. Aber der Tropf bekommt keinen Tropfen ...
Ich will beider Durst in mir zusammenfassen
Und für dreie trinken und lachen, solange die dürren Äste noch nicht
den Boden klopfen.

Seht den Mond: er lacht zu meinen Gesängen!
Seht den Schatten: er tanzt und springt und tut, als sei er allein!
Wenn sich die Nebel des Rausches um meine Stirne drängen,
Seid ihr berauscht mit mir, schlaft mit mir ein.

Morgen abend, ihr drei, auf Wiedersehn in der Blütenlaube beim Wein!

Einsamkeit zur Nacht

Ich hocke müßig in der Nacht. Der Mond erglänzt.
Einsiedler spielt im Wind die weiße Laute.
Der Wind stöhnt wie ein Kind, für das man Medizinen braute
Und das bestraft wird, wenn es heut die Schule schwänzt.
Der Mond beschwatzt leichtfertig Allerleigewölk. So schlanke Hände
Von Frauen streicheln Teich und Andacht und Gelände.

Singende Gespenster

Herunter mit dem Jadekrug
In einem Zug!
Licht blüht an allen Wegen.
Ich habe nimmermehr genug.
Ich bin ein Pflug. Ein Wolkenpflug;
Und Blumen springen mir entgegen.

Die Lippe lallt. Die Wimper wacht.
Es öffnet sacht
Sich über mir ein Fenster.
Ein Vogelschwarm schwebt durch die Nacht,
Durch unsrer Herzen dunkle Nacht,
Wie singende Gespenster.

Der Pavillon von Porzellan

In dem künstlich angelegten Teiche
Auf der Insel steht der Pavillon von grün und weißem Porzellan.
Man gelangt in seine gläsernen Bereiche
Über eines weißen Tigers Rücken, der sich hier als Brücke aufgetan.

Dort sitzen Freunde froh beim Weine. Licht
Ist der Gewänder Farbe, die sich nicht im Staub der Wochentage placken.
Die Freunde plaudern oder schweigen heiter. Einer schreibt ein Gedicht,
Streift die Ärmel zurück und wirft das Haupt in den Nacken.

Sieh: in dem Teich, in dem die Jadebrücke, in den Wellen leise wehend,
Sich wie ein Halbmond wölbt, der Freunde trunknen Wahn!
Die Kleider zitternd! Auf dem Kopfe stehend
In einem Pavillon von Porzellan!

Der ewige Rausch

Herr, vom Himmel nieder in das Meer
Rast der große gelbe Strom in betäubendem Schwung.
Keine Welle weiß von einer Wiederkehr.
Herr, den Spiegel her: dein Schädel ist alt – nur deine Seufzer sind jung …

Noch am Morgen glänzten deine Haare wie schwarze Seide,
Abend hat schon Schnee auf sie getan.
Wer nicht will, daß er lebendigen Leibes sterbend leide,
Schwinge den Becher und fordre den Mond als Kumpan.

Schmeiß die Taler zum Fenster hinaus, es wird sie schon
wer zusammenschippen.
Im Schlafe fällt kein Vogel aus dem Nest.
Heute will ich auf einen Hieb dreihundert Becher kippen!
Schlachtet den Hammel und sauft und freßt!

Glockenton am Morgen, Trommel im Krieg, Reis im Haus sind entbehrlich –
Ach, Brüder, laßt uns auf einen Rausch, der kein Ende nimmt, hoffen!
Vergangenheit ist tot. Die Zukunft ungefährlich.
Unsterblich nur ist Li-tai-pe – wenn er besoffen.

Improvisation

Wolke Kleid
Und Blume ihr Gesicht.
Wohlgerüche wehn,
Verliebter Frühling!
Wird sie auf dem Berge stehn,
Wage ich den Aufstieg nicht.
Wenn sie sich dem Monde weiht,
Bin ich weit,
Verliebter Frühling …

Der Tschao-yang-Palast im Frühling

Nun drückt der Schnee nicht mehr die Birnenzweige,
Der Frühlingswind erwacht im Weidenstrauch.
Der Vogel Yng stimmt seine helle Geige,
Die Schwalbe fliegt vom Dach wie grauer Rauch.
In Nacht selbst ist die Sonne noch vergossen,
Wie Wein verschüttet aus dem Überfluß.
Die Frauen sind gleich Blumen neu erschlossen,
Daß selbst der Mandarin erbeben muß.

Im Abenddunst verglüht des Wächters Panzer.
Der Morgen ist ja noch so meilenfern.
Und seiner fernsten Wolke Wiederglanz – er
Erhöht die Freuden unserer jungen Herrn.
Die Blumen öffnen ihre Kelche lüstern,
Die Frauen senken die gefärbten Braun.
Im Morgenrot, im blauen Saale knistern
Die Seidentänze kaiserlicher Fraun.

Die schönsten Mädchen gehn am kaiserlichen Wagen,
Sie treten singend aus geheimem Tor.
Wer ist die Schönste, daß wir sie zur Sänfte tragen?
Es ist Fey-yen im silbergrünen Flor.
Ich neige meine Stirne tief zur Erde,
Daß sie durch ihres Kleides Saum beseligt werde …
Im Garten taumeln in den frischgefallnen Blütenschnee
Einsam entrückt zwei junge Liebende.

Der Hummer

Trinke dreihundert Becher guten Wein,
Und du wirst der Gattin Sorge ledig wie ein Junggeselle sein.
Groß ist die Zahl der Schmerzen, und die Zahl der Becher klein:
Es bleibt nichts übrig, als ewig betrunken sein!
Weshalb sich seinen Ruhm wie Dao-schu und Kuan-ji erhungern?
Wir wollen faul auf der Terrasse lungern.
Man spalte einen rotgesottenen Hummer!
Man spalte das Leid, man spalte die Qual und den Kummer!
Wir saugen sie aus bis auf die harten Schalen und häufen
sie mit den Hummerscheren zu heiligen Hügeln –
Laßt trunken uns die Nacht mit ewigen Flügeln überflügeln!

Blick in den Spiegel

Mein Spiegel ist von Herbstnebeln blind. Ich kann nicht
mehr in den Mai zurück.
Ich flechte aus meinen weißen Haaren mir einen langen Strick.
Ich schlinge ihn um das Horn des Mondes am Himmel fest,
Daß er nicht reißt, wenn mich der Frühwind tanzen läßt.
Meine Zunge wird mir aus den Zähnen jappen.
Reißt sie heraus, gönnt einem Hunde den Happen.
(Er wird fortan nur noch nach schönen Versen schnappen.)

Am Ufer des Yo-yeh

Zwischen hohem Schilf in zierlichen Böten
Pflücken Mädchen Lotosblumen ihren Eltern zum Gebinde;
Bespritzen sich und zwitschern in tausend Nöten;
Ihre duftenden Ärmel wehen im Winde.

Oberhalb des Ufers durch die Weiden reiten mit galantem Rufe
Schöne Jünglinge zu dritt und viert.
Plötzlich bäumt ein Pferd, geht durch und galoppiert,
Und die gefallenen Blüten zerknirschen rasende Hufe.

Das eine Fräulein äugt entsetzt dem Pferde nach, und zart
Schlägt plötzlich dunkle Angst ihr Blut ins Angesicht –
Sie scheint ein roter Edelstein, der sich in schillernden Facetten bricht
Und den die goldne Fassung künstlich nur bewahrt.

Wanderer erwacht in der Herberge

Ich erwache leicht geblendet, ungewohnt
Eines fremden Lagers. Ist es Reif, der über Nacht den Boden weiß befiel?
Hebe das Haupt – blick in den strahlenden Mond,
Neige das Haupt – denk an mein Wanderziel …

Die Kaiserin

Die Jadetreppe glitzert weiß von Tau.
Es streift das schleppende Gewand der hohen Frau
Die Tropfen leise ab. Sie schattet mit der Linken ihr Gesicht,
Weil durch den Pavillon der Mondstrahl bricht.

Sie schlägt den Perlenteppich hinter sich zusammen.

Er rauscht, ein Wasserfall, im Mondlicht nieder.
Verrieselt. Über ihre schlanken Glieder
Zuckt grell des ersten Frostes Kälteschauer. –

Gefüllt mit einer unklagbaren Trauer
Betrachtet sie des Herbstmonds milde Flammen.

Schenke im Frühling

Sieben Schimmel
Traben
Über Berg und Himmel.
Blütenwind muß Sporen haben.
Vor der Schenke wacht
Eine alte Vettel.
Sieben Herren beugen sich auf ihre silberweißen Sättel.
Sieben sind bedacht:
Frühling, junge Mädchen, guter Wein –
Sieben treten ein.

Die ferne Flöte

Abend atmete aus Blumenblüten,
Als im fernen Winde wer die Flöte blies.
Laßt mich eine Gerte von den Zweigen brechen,
Flöte schnitzen und wie jene Flöte tun.

Wenn die Nächte nun
Ihren Schlaf behüten,
Hören Vögel, wie zwei Flöten süß
Ihre Sprache sprechen.

Auf der Wiese

Wir liegen im blühenden Schoße des Wiesenrains
Und trinken eins und eins und immer noch eins.
Wenn ich betrunken wie ein offnes Gatter im Winde schnarre:
Geh nach Hause, hol mir die Gitarre!
Und laß mich dann allein in meines Rausches Nachen:
Ich will mit einem jungen Lied im Arm erwachen.

Die Beständigen

Alle Wolken gingen
Über See.
Und die Vögel schwingen
Wie Gelächter über fernem Land.
Nur King-
Ting,
Der spitze Berg,
Und der Zwerg
Li-tai-pe
Sind beständig, stehen, ragen unverwandt. –

Der Fischer im Frühling

Die Erde trank den Schnee. Wie erste Pflaumenblüte durch die Lüfte rudert!
Die Trauerweiden prunken golden.
Falter, die Flügel violett gepudert,
Tauchen samtene Köpfe in Blütendolden.

Wie eine Insel steht der Kahn im Teich. Der Fischer läßt
Sein Netz behutsam in den dünnen Silberspiegel springen.
Der klirrt, zerbrochen. Er gedenkt der Schwalbe fern im Nest;
Bald wird er ihr das Futter bringen.

Der Tanz auf der Wolke

Als ich zu meiner Jadeflöte sang,
War es den Menschen wie ein dunkles Haus.
Sie höhnten furchtsam meine Lieder aus.
Da hob die Flöte ich zu den Unsterblichen.

Die Götter tanzten hell auf sanft erglühter Wolke.
Die Menschen, die die Tänzer sahen, wichen
Beglückt.
Und Jubel wuchs wie Sterngesträuch im Volke,
Als ich zu meiner Jadeflöte sang.

Das rote Zimmer

Es stampft mein Pferd. Der Blütenregen rauscht;
Und Blütenzweige streifen wolkig meine Wange.
Es kriecht der Fluß wie eine braune Schlange,
Auf der ein Segel sich wie eine Wespe bauscht.

Ein Mädchen lächelt. Bambusvorhang hebt
Sich unter ihrer Finger Mondenschimmer.
Und aus der Tiefe stürzt und lockt und schwebt
Ein dunkelrotes, ein ersehntes Zimmer –

Winkt mir, errötend, meines Mädchens Zimmer.

Abschied

Das Gestern, das mich flieht, kann ich nicht halten,
Das Heute drückt mich wie ein Frauenschuh.
Die kleinen Wandervögel schon entfalten
Die Flügel herbstlich ihrer Heimat zu.
Ich steige auf den Turm, die Arme weit zu dehnen,
Und fülle meinen Becher nur mit Tränen.

Ob ich, ihr großen Dichter, euer werde?
Ich bin gekrönt, wenn mich ein Vers von euch umflicht.
Und meine Füße stampfen wohl die Erde,
Doch ach zum Himmel tragen sie mich nicht.

Wer kann den Springbrunn mit dem Degen spalten?
Wie Öl schwimmt oben auf dem Wein die Not.
Das Gestern, das mich flieht, kann ich nicht halten.
Ich werf mich in ein steuerloses Boot,
Das Haar dem Winde flatternd preisgegeben,
Wird mich die Woge auf und nieder heben.

Der Silberreiher

Im Herbst kreist einsam überm grauen Weiher
Von Schnee bereift ein alter Silberreiher.

Ich stehe einsam an des Weihers Strand,
Die Hand am Blick, und äuge stumm ins Land.

Das ewige Gedicht

Ich male Lettern, von der Einsamkeit betreut.
Der Bambus wellt wie Meer. Aus Sträuchern fällt der Tau wie Perlenschnüre.
Ich werfe Verse auf die leuchtenden Papiere,
Als seien Pflaumenblüten in den Schnee gestreut.

Wie lange währt der Duft der Mandarinenfrucht bei einem Weibe,
Die sie in ihrer Achselhöhle trägt? Wie lange blüht im
Sonnenschein der Schnee?
Nur dies Gedicht, das ich hier niederschreibe,
O daß es ewig, ewig, ewig steh!

Li-tai-pe lebte in China von 702 bis 763 nach Christi Geburt. Als ewig trunkener, ewig heiliger Wanderer wandert er durch die chinesische Welt. Kunstsinnige Herrscher beriefen den erlauchten Vagabunden an ihren Hof, und oft genug erniedrigte und erhöhte sich der Kaiser zum Sekretär des Dichters: wenn Li-tai-pe nach einem Zechgelage ihm seine Verse im Morgengrauen in den Pinsel diktierte. Der Kaiser, der den Dichter und Menschen brüderlich liebte, machte ihn zum kaiserlichen Beamten, setzte ihm eine Rente aus und gab ihm als Zeichen seiner höchsten Gnade ein kaiserliches Prunkgewand zum Geschenk – für einen Chinesen damaliger Zeit die höchste Ehrung. Li-tai-pe schleifte das kaiserliche Gewand durch alle Gossen der Provinz und ließ sich an Abenden voll Trunkenheit als Kaiser huldigen. Oder er hielt, in des Kaisers Kleidern, rebellische Ansprachen an die Trinkkumpane und das herbeigelaufene Volk. Er starb im Rausch, indem er bei einer nächtlichen Bootfahrt aus dem Kahne fiel. Die Legende läßt ihn von einem Delphin erretten, der ihn, während in den Lüften engelhafte Geister ihn betreuen, aufs Meer hinaus und in die Weite der Unsterblichkeit entführt.

Sein Volk vergötterte ihn und errichtete ihm einen Tempel; der kunstreichste der chinesischen Lyriker wurde auch der volkstümlichste. Noch heute genießt er in China, dem klassischen Lande des Literatentums, ein Ansehen, wie es nicht einmal Goethe bei den Deutschen genießt. Während eifrige Kommentatoren fortgesetzt am Werke sind, seinen Versen spitzfindige, tiefsinnige und geistreiche Erklärungen unterzulegen, singen junge und alte Burschen seine unsterblichen Lieder auf den Straßen.

Methode und Quelle der vorliegenden Nachdichtungen sind die gleichen wie in meinen Nachdichtungen chinesischer Kriegslyrik „Dumpfe Trommel und berauschtes Gong" (Inselbücherei Nr. 183; vergleiche das Nachwort dazu).

Klabund

Das Blumenschiff

Nachdichtungen
chinesischer Lyrik
von
Klabund

Der toten Freundin

Ich habe diese Verse Dir diktiert.
Du hast den Pinsel sorgsam noch geführt,
Mit deinen zarten Pfirsichblütenhänden
Das Bild zu enden, zu vollenden.

Nun weilst du längst am dunklen Totenstrand.
Der Pinsel sank aus der geschäftigen Hand.
Mir sank das Haupt. Ich steige vom Kothurne
Und häng mein letztes Lied an deine Urne.

Die Sittsame

Steige nicht mehr von der Weide
Übern Zaun in die Rapunzeln.
Willst du, daß ich Arges leide?
Nachbarn möchten boshaft schmunzeln.

Schwing dich nicht vom Maulbeerzweige
Übern Zaun in unsre Gründe.
Glaubst du, daß mein Bruder schweige?
Und ich weiß, es ist doch Sünde.

Ach, zerbrich des Zaunes Latten
Nicht und laß die Sandel leben!
Dem nur, den ich meinen Gatten
Nennen darf, bin ich ergeben.

Schi-king (um 500 v. Chr.)

Ruderlied

Und der Herbst hat sich erhoben,
Und die wilden Gänse toben.
Führ das Ruder, lieber Bruder,
Eh in Asche du zerstoben.

Laß, o laß die Chrysanthemen,
Laß, o laß die blassen Schemen!
Führ das Ruder, lieber Bruder,
Und die Wogen laß uns zähmen.

Nimm ein Weib nach deiner Weise
Auf die wilde Wogenreise.
Führ das Ruder, lieber Bruder,
Eh der Kiel zerbarst im Eise.

Wu-ti (156 – 87 v. Chr.)

Lied vom weissen Haupt

Wie der Schnee so weiß,
Wie der Mond so weiß
Werden unsre Häupter einmal sein ...
Heute in der Nacht
Bin ich aufgewacht,
Und ich fühlte, daß du nicht mehr mein.

Noch ein letztes Mal
Füll ich den Pokal,
Werf ihn dann zu Scherben in den Kot.
Dunkel weint der Fluß,
Weil ich scheiden muß,
Tränenlos besteige ich das Boot.

West und Ost getrennt,
Meine Wange brennt –
Mädchen, sprich, wenn es zur Hochzeit geht:
Liebster, schwöre mir:
Ich gehöre dir,
Bis dein Haupt in weißer Blüte steht ...

Weng-kiun (um 120 v. Chr.)

Der zarte Vogel

Am Ufer, hinter Weiden, blüht ein Haus.
Ein zartes Mädchen sieht zur Tür hinaus.

An der Voliere steht der Mandarin.
Ein zarter Vogel singt und hüpft darin.

Verschließ den Käfig! Hüte gut das Haus!
Sonst fliegt der Vogel in den Wald hinaus!

Mei-scheng († 140 v. Chr.)

Die Verlassene

Ich bin so voll von Liebe und bewegt
Von Winden wie ein Baum, der Blüten trägt.

Die Pfirsichblüten schneien vom Geäst,
Es blüht mein Baum zum heiligen Frühlingsfest.

Nun steigt der kühle Herbstwind aus der Bucht.
Ich stehe kahl und trage keine Frucht.

Es regnet Asche. Meine Wange glüht.
Der Pfirsichbaum hat allzusehr geblüht.

Ein Mädchen aus Mo-ling (um 100 v. Chr.)

Der Fächer

Wie fiel im Sommer Reif auf meines Dorfes Dächer?
So weiß wie Reif und Schnee ist dieser Seidenfächer.
Ihn schickt ein Mädchen aus der Landschaft U,
Er fächle dir Erinnerungen zu …

Wenn einst der Reif in d e i n e n Gärten liegt
Und Winterwind die dürren Äste biegt –
Bedarfst des Frühlingsfächers du nicht mehr … O sprich:
Wirfst du ihn dann so achtlos weg – wie mich?

Pang-tschi-yü (32 – 6 v. Chr.)

Die Brandstifterin

Ich grüße Euch vom Pferde, o charmante,
Bezaubernde Prinzessin im Gesträuch!
Ich trug mein Herz, das allzu licht entbrannte,
Behutsam wie ein Windlicht nun zu Euch.

In Eurer Hand hat sich der Mond gefangen,
Euch fliegt die Blume zu, wenn Ihr sie pflückt.
Um Eure Stirn die Himmelswinde sangen,
Die Gräser, die Ihr streift, sind zart beglückt.

Die Wolke des Unsterblichen ist Euer
Wie eine Glocke schwingendes Gewand.
Die Residenz setzt Euer Blick in Feuer.
Seht, auch der Hie-koh ist schon ganz verbrannt ...

Ein Hie-koh (um 100 n. Chr.)

Sie gedenkt des fernen Gatten

Mir tat die Helligkeit der Lampe weh ...
Ich löschte sie. Nun blinkt der Mond im See.

Mir ist ein bittrer Tränentrunk kredenzt,
Auf dessen Grund dein goldnes Antlitz glänzt.

Wang-seng-yu (um 500 n. Chr.)

Lotos und Mädchen auf dem Teich

Lotosblatt und Frauenkleid,
Lotosblüte, Mädchenblüte,
Weit im Teiche schwimmt dein Boot,
Und ich kann nicht unterscheiden
Mensch und Blume von euch beiden,
Weil ihr ineinander loht:
Lotosblatt und Frauenkleid,
Lotosblüte, Mädchenblüte ...

Wang-tschang-li (700 n. Chr.)

Die drei Frauen des Mandarinen

Die rechtmäßige Frau spricht:
Der Krug ist gut gefüllt. Das Mahl bereit.
Reicht mir den Arm mein Gatte zum Geleit?

Die Nebenfrau spricht:
Der Becher winkt. Die Gans lockt zum Verbleib.
Wer kinderlos, nimmt sich ein zweites Weib.

Die Dienerin spricht:
Der Wein schmeckt süß. Noch süßer das Konfekt.
Wohl weiß ich, was mein Herr am liebsten schleckt …

Der Mandarin spricht:
Kein Wein im Glase, keine Gans im Schacht –
Ist's recht, daß ihr mich alten Mann verlacht?

Tschau-hong (um 730 n. Chr.)

Auf dem Flusse Tschu

Blick ich aus dem blassen Kahne
Nieder in die Wasserwildnis:
Zwischen Schilf und Wolkenfahne
Schwimmt des Mondes goldnes Bildnis.

So in meiner Seele funkelt
Die Geliebte groß und prächtig.
Sonne tags den Mond verdunkelt:
Riesig strahlt er mitternächtig.

Der Kaiser

Das goldne Licht des sonnenhaften Thrones
Fällt auf der Majestät gefurchte Mienen.
Um die Gestalt des hohen Himmelssohnes
Stehn in Ergebenheit die Mandarinen.

Er blickt, dieweil er leitet Licht und Land,
Durchs offne Fenster in den Blütenreigen.
Ein Blumenantlitz ist ihm zugewandt.
Ein Fächer winkt. Der Kaiser hebt die Hand
Und schreitet zwischen Köpfen, die sich neigen.

Rückkehr in das Dorf Ki-ang

Am Neujahrstag erbat ich Audienz.
Der Kaiser war wie immer mir gewogen.
Er gab mir Urlaub. Urlaub bis zum Lenz.
Zu Weib und Kindern bin ich heimgezogen.

Im Westen geht die rote Sonne unter.
Die Spatzen lärmen irgendwo am Tor.
Ich bin am Ziel. Aus Sträuchern lächelt bunter
Bewimpelt wie ein Schiff mein Haus hervor.

Mein Weib! Mein Kind! Da bin ich endlich wieder!
Ihr findet Worte nicht und Tränen nur.
Der Bürgerkrieg zerreißt des Landes Glieder,
Und Galgen stehn statt Bäume auf der Flur.

Ich mußte blutend tausend Meilen rennen,
An tausend Galgen sah ich mich verwehn.
Es wird schon Nacht. Komm, laß die Lampe brennen
Und laß uns schweigend in die Augen sehn …

Einbruch der Hunnen

Der Yu-tschan-Ritter trägt eine Ziegenfellmütze und reitet ein Präriepferd.
Aus seinem grünen Aug ein Blitzstrahl fährt.
Er ist nicht geschaffen zum Ackern und Kärrnen.
Er spannt den Halbmond wie einen Bogen und schießt mit Sternen.

Die Hunnen kamen gezogen vom Baikalsee,
Von des Yang-tschi-tschang-Gebirges ewigem Schnee,
Mit Troß und Roß, mit Weib und Kind,
Mit Ochs und Rind, mit Sturm und Wind.

Sie fressen das rohe Fleisch in sich hinein.
Sie schwanken trunken im Sattel vom geraubten Wein.
Die Raben zu ihren Häuptern krächzen. Die Frauen singen.
Der Sirius blinkt in ihren roten Klingen.

An den Mond

Ich sitz beim Becher hier im Hag
Und warte, daß der Mond erscheinen mag.

Ein Strahl erglänzt. Geheim beginnt ein Chor.
Es hält der Mond mir seinen Spiegel vor.

Wer bin ich, Mond, und wer bist du?
Ich bin der Taumel. Und du bist die Ruh.

Der goldne Hase braut das Elixier
Des ewigen Lebens – braut er's mir?

Jahrtausende schon sahen auf den Mond,
Wo Göttin Tschang-ngu unvergänglich thront.

O wandle, Göttin, daß dein Schleier walle,
Ein Strahl aus deinem Aug in meinen Becher falle …

Das Haus im Herzen

Ein wildes Feuer hat mein Haus verschlungen,
Ich hab mich an den großen Fluß gerettet
Und eine schwarze Barke losgekettet,
Im Strome treibend meinen Schmerz gesungen.

Der Mond zog vor sein Antlitz eine Wolke,
Die Berge sind vor mir ins Knie gebrochen.
Aus meinem Leide stieg ein Lied zum Volke:
Die Bonzen haben meinen Spruch gesprochen.

Schon wollt den Schmerz ich mit dem Dolche merzen,
Da durft ich eine goldne Barke schauen
Und eine Frau darin ... in ihrem Herzen
Will ich ein neues Haus mir auferbauen ...

Thu-fu (714 – 764 n. Chr.)

Der wilde Jäger

Das ist der kühne Jäger,
Den Falken auf der Faust jagt er durchs Feld.
Wir sind der Weisheit bedächtige Heger,
Er ist die wilde Welt,
Die wahre Welt.

Er galoppiert über die Steppe,
Sein Schatten folgt ihm fast zu spät.
Er tritt dem Fürsten auf die Mantelschleppe.
Was tut's? Er ist die Majestät,
Die wahre Majestät.

Zwei Kraniche erlegt er mit einem Schuß.
Der Gelehrte hockt hinter verschlossenem Fenster, vergreist und grau.
Aber seine Gattin sendet dem wilden Jäger einen Kuß.
Ihn liebt die schöne junge Frau,
Die wahre Frau.

Ein junges Liebespaar sieht sich überrascht

Wie kam es, daß ich heut betroffen
Im Mondlicht stehen blieb?
Die Pforte eines Parkes sah ich offen,
Ein Jüngling hatte seine Freundin lieb.

Im Buchsbaum schwirrte eines Vogels Fittich.
Die Schnäbelnden erschraken, und es stob
Ins grelle Mondlicht hell der eine Sittich,
Indes der andre sich ins Dunkel hob.

Trunkenes Lied

Ich will meinen Pelz versaufen,
Herr Wirt.
Ich will mir einen Knaben kaufen,
Der mein lieblicher Diener wird.

Der Pelz hält außen warm;
Der Wein heizt innen.
Hängt, eine Kette, Euch in meinen Arm!
Das Leben ward noch nie begonnen. Wir wollen's beginnen.

Tschau-tschi war ein guter Dichter und konnte prächtig saufen.
Könnt ich's ihm gleichtun!
Ich will mein Pferd verkaufen,
Und ich will es gleich tun.

Die Philosophie ist eine Gottesgabe.
Es gab Philosophen, die nie einen Tropfen getrunken haben.
Glaubt Ihr, daß sie im Grabe
Weniger gestunken haben?

Ich will meine Schuhe in Zahlung geben;
Ich muß noch manchen Becher durch die Kehle seiben,
Ich kann ja auf allen Vieren nach Hause streben,
Meinetwegen will ich auch ewig hier liegen bleiben.

Gemeinsame Lektüre

Die zarte Inbrunst mag sich so entfalten:
Du blätterst Blatt um Blatt in einem Buche.
Und plötzlich mußt du leise innehalten:
Du bist betäubt von einem süßen Ruche,

Der aus den Seiten dir entgegenschlägt.
Du bist von einem holden Hauch bewegt –
Als nun die Freundin, deren Herz sich regt,
Die Wange sacht an deine Wange legt.

Fest der Jugend

Zum Tanz! zum Tanz! Schon stürzt herbei
Der Mond, der goldne Tänzer.
Und unsere Brust zerreißt im Schrei
Der Lust: noch sind wir Lenzer!

Der Mond hat unser Haar gebleicht
Und nicht das graue Alter …
Ein Liebespaar sich seitwärts schleicht,
Und um die rote Lampe streicht
Verliebt ein schwarzer Falter.

Einsamer Trinker am Meer

Die Sonne ruht auf Baum und Bucht.
Gefallne Blätter betten sich im Winde.
Ein Vogel sucht sein Nest. Ein Fräulein ihr Gesinde.
Und eine Wolke schläft in dunkler Schlucht.

Mein Herz ist einsam, weil es keinen Reim hat.
Ich sitz am Meer. Im Schaum erblühn Gedanken,
Die sich zur Oleanderlaube ranken.
Ich sitz und trink. Weit draußen liegt die Heimat.

Beim vollen Becher

Song-tschang ging auf dem Berg King-hau in Strahlen auf.
Was blieb von dem Unsterblichen? Ein Haufen Asche.
Ngan-ki stieg schon als Mensch zu heiligen Malen auf.
Er ließ das Netz zurück. Der Fisch ging durch die Masche.

Ein Blitz bei Nacht: die Dauer unsres Lebens.
Die Zeit läuft über unser Steingesicht
Wie Licht und Schatten. Und die Sonne sticht,
Der Schatten läßt gefrieren uns. Vergebens

Erwartest du Genossen dir zum Weine.
Denn niemand kommt. Der Becher glänzt. Du bist alleine.

Tempel in der Einsamkeit

Heilige Stille, die mich hier umfängt
Wie die Mutter ihren Sohn.
Nur der Glocke und des Stromes Ton
Schwanken sanft, ein Zweig, mit Tau behängt.

Dicht am Wasser die Pagode
Überragt den Mond,
Der im Strome thront,
Welcher singt wie Pe-yas Ode.

Schweigen will ich künftig,
Denn die Worte sind wie billige Perlen.
Heilige Fichten! heilige Erlen!
Schweigen will ich mit euch künftig!

Bekenntnis

Über alle Stränge will ich schlagen,
Alles Enge in die Weite tragen.
Tiger brachen liebend in die Knie,
Wenn ich zu dem Himmelsvater schrie.
Kröten kamen sanft zu mir gekrochen,
Und der Koch mag nicht mehr Hühnchen kochen.
Berge stürzen stumm in sich zusammen,
Tausend Sonnen werden nächtlich flammen,
Wenn mir meine größte Tat gelang:
Daß ich meine Hoffart niederzwang
Und dem letzten Mörder mich vereinte,
Den der Pöbel vor den Toren steinte,
Ach, nicht wissend, daß ein Bruder falle.
Mörder, Mörder, Mörder sind wir alle.

Dem König von Wu droht der Untergang

Ein Rabe schreitet dunkel auf dem First
Des Schlosses von Ku-su. Im Saale drinnen
Knien vor dem Könige die Tänzerinnen.
„Si-schy“ er lächelt, „wie du mich verwirrst!“

Die Sonne sinkt. Die Wasseruhr jagt jach.
Der Mond steigt auf, im Strome zu versinken.
Die Sonne kehrt zurück. Die Gräser blinken.
Der Rabe steht noch immer auf dem Dach.

Klage einer chinesischen Prinzessin, die einem Tatarenfürsten anverlobt wurde

Der wilde Gänserich der Mongolei
Läßt wild ertönen seinen Hochzeitsschrei.

Des Südens Rebhuhn, das er sich erkor,
Schreckt scheu und schüchtern aus dem Rohr empor.

Im Norden fällt der Schnee, der Gletscherwind
Betäubt des Südens heißes Sonnenkind.

Not droht und Tod. Das Feuer bald verschwält,
Wenn Süden sich dem Norden anvermählt.

Ach, stürbe ich, ehe mich, von Frost bereift,
Der Schneegemahl zum eisigen Brautbett schleift.

Zu Schiff

Die jungen Flötenspielerinnen schreiben
Die goldnen Noten in die blaue Nacht.
Die Dschunken schwanken trunken in der Gracht.
Die Bise wird uns an die Wiese treiben.

Der Gott, der auf dem gelben Storche reitet,
Lädt mich zum Ritt auf weißer Möwe ein.
Und ich erhebe mich im heiligen Schein,
Der weiß vom Mond zum Meer herniedergleitet.

Die Flöte tönt. Mit meinem Lied erschütter
Die heiligen fünf Hügel ich. Es muß
Der hohe Baum zersplittern im Gewitter. –
Stromaufwärts donnert der bestürzte Fluß.

Improvisation

Pfirsichblüte,
Wie süß du duftest,
Bunte Trösterin,
Wenn die Regenfee
Sich über dich beugt
Und ihre Tränen
Dich benetzen.

An die Göttin Ma-Ku

Jenseits des grünen Meeres
Wohnt die Göttin Ma-ku.
Sie schöpft es in ein leeres
Gefäß immerzu.

Die See umstürmt das Eiland.
Der Walfisch schnaubt. Kein Schiff
Trägt mich zu meinem Heiland
Durch Woge, Blitz und Riff.

Ein Vogel mit blauem Gefieder
Schwebt über das Meer. Kiwitt.
Ich gebe ihm meine Lieder
Und meine Sehnsucht mit.

Improvisation für Tai-Tsun, die Geliebte des Kaisers Ming-Hoang-Ti

Blume
Frau
Dem Kaiser ist ein Lächeln eingegraben
Eisernes Lächeln
Unvergänglich
Seit er dich sah.
Die Jahreszeiten fliehen an dir vorüber
Auf jagenden Rossen;
Du bleibst dir gleich
Dir treu.
Auf der Nordseite der Terrasse
Beugst du die jungfräulichen Brüste über das Blumengeländer
Eine Blume zwischen den Lippen.

Geleit

Ich geb dir bis zum Ostertor
Das schmerzliche Geleite.
Du reitest in den Frühlingsflor.
Ich schreite, schreite, schreite.

Dort windet sich der Weg am Berg.
Du singst, indes ich schweige.
Du bist nur du, ich bin mein Werk.
Ich steige, steige, steige.

Dein Sinn ist leicht, wie Wolken sind,
Du fliegst durch tausend Reiche.
Dein Pferd ist schneller als der Wind.
Ich schleiche, schleiche, schleiche.

Leb wohl! Auf Wiedersehn – vielleicht:
Beim ewigen Lautenstimmer.
Du hast die Herberg bald erreicht,
Ich – nimmer, nimmer, nimmer.

An der Flussmündung

Die Wellen im Mondlicht glänzen wie tausend Fische
Auf dem Wege zum Meer.
Ich treibe im Kahn, und mit dem Ruder wische
Ich zärtlich einige Lotosblüten zu mir her.

Mich schmerzt ein jeder Atemzug – das Heute wie das Gestern.
Ich fluche meinem Ruhm, dem Wein, dem Fraß, den goldnen Tressen.
Da haben die Lotosblüten im Winde zu flüstern sich vermessen:
Vergiß die Traurigkeit! Wir sind dir gut wie Schwestern!

Selbstvergessenheit

Der Strom – floß,
Der Mond vergoß,
Der Mond vergaß sein Licht – und ich vergaß
Mich selbst als ich so saß
Beim Weine.
Die Vögel waren weit,
Das Leid war weit,
Und Menschen gab es keine.

Li-tai-pe (702 – 763 n. Chr.)

Das nächtliche Lied und die fremde Frau

Ich hörte eine Stimme durch die Nacht,
Die hat mein Reisigherz zur Glut entfacht.

Sie sang im Strom. Sie sang auf einem Boot.
Der Mond hing hoch und apfelsinenrot.

Da schwieg das Lied, das Boot trieb wie versteint.
Und eine leise Stimme hat geweint.

Ich sah das Schiff. An seinem Mastbaum stand
Ein junges Weib, dem Monde zugewandt.

Sie stand am Mast und sah hinauf zum Licht.
Ich rief sie an, doch hörte sie mich nicht.

Sie stand am Mast, mit Mondenlicht bestaubt,
Und sprach kein Wort und schüttelte das Haupt.

Pe-kiü-y (772 – 846 n. Chr.)

AUFLÖSUNG

Die Stadt Hsien-yang erblüht im Mai.
Gelag und Tanz. Ich bin dabei!

Es komme, wie es kommen mag.
Ich bin dabei: Tanz und Gelag.

Die Freundin flicht sich einen Kranz.
Ich bin dabei: Gelag und Tanz.

Ich liege auf den Kissen und
Bin gut und glücklich ohne Grund.

Ja, ohne Grund – so wie das Meer.
Ich bin von Wein und Weisheit schwer.

Doch immer leichter wird mein Sinn,
Ich ahne, daß ich nicht mehr bin.

Ich bin durch Liebe, Sang und Wein
Ins Paradies gegangen ein.

Ich bin nicht mehr. Ich bin nicht mehr.
O Glück! O Tanz! O Glanz! O Meer!

Auf dem Fluss

Ein Boot aus Ebenholz und eine Jadeflöte.
Ein Lied. Der Frühling. Eine schöne Frau.
Mein Herz blüht rot. Der Himmel blau
Und blau das Meer.

Ich zaubre auf der Freundin Wangen
Mit meinem Liede eine leise Röte:
Ich zaubere die Morgenröte
Her.

Es ist die Nacht mit uns … vergangen.
Ich weiß es nicht, wohin ich steure.
O ihr Unsterblichen, ich bin der Eure.

Improvisationen

1.
Die Libelle schwebt zitternd und schillernd über dem Teich.
Der liegt glatt und regungslos. –
So bebt mein Herz
An deinem Herzen.

2.
Das Pfauenauge tanzt von Blume zu Blume.
Die Weinbergschnecke braucht eine Woche von der Rose bis zur Narzisse.
Deine Liebe ist die Liebe des Pfauenauges,
Meine Liebe ist die Liebe der Weinbergschnecke.

3.
Ich sah einen Raubvogel über dem Garten kreisen.
Der Hund bellte. Die Hühner wurden unruhig.
Da sah ich dich am Fliederzaun winken.
Meine Augen verschleierten sich. Mein Blut rauschte.

4.
Der Himmel blüht wie eine dunkle Dolde.
Der Fluß fließt durch die Nacht. Das Herz tickt.
Jenseits des Stromes wandert ein Licht über die Heide:
Ein Arzt, der zum Kranken eilt, oder ein Jäger oder mein Mädchen,
das zum Nebenbuhler schleicht.

Schmetterlinge

Schmetterlinge in den Lenzen:
Ist der Schmelz auf euren Schwingen
Das, wovon die Dichter singen?
Süßer Seele leises Glänzen?

Anonymus der Sammlung Thang-schi-yie-tsai (um 800 n. Chr.)

Reise durch die Sommernacht

Schöne Dämmrung, deine Kühle
Breit ich ihr und mir zum Pfühle;
Diese laue Sommernacht
Ist zum Reisen wie gemacht.

Und ich hab das Dach vom Wagen
Sachte, sacht zurückgeschlagen,
Daß der volle Mond den Schlaf
Meines holden Mädchens traf.

Brust und Erde atmen wohlig.
Sinnend lausch dem Goldpirol ich.
Hoch vom Bambus tropft der Tau
Auf die Stirne meiner Frau.

Im Morgengrauen

Mich fröstelt kalt. Der Docht verglüht.
Ich wurde alt. Ich wurde müd.

Durchs Fenster in mein Zimmer bricht
Die Morgenröte und sieht mich nicht.

Sie tanzt, ein eitles Weib, vorbei
Und spiegelt im Spiegel ihr Konterfei.

Die Hofdamen

Des Mittags Schweigen liegt auf der Terrasse.
Es ist so still. Die Blumen duften leise.
Und schattenhaft bewegen sich zwei blasse
Gestalten unterm Oleanderkreise.

Die eine hebt den Kopf, versucht zu sprechen,
Daß nicht ein unterdrückter Schrei sie sprenge.
Da stutzt sie, schweigt – um einen Zweig zu brechen.
Ein Papagei hüpft schillernd vom Gestänge.

Thu-hing-yu (um 800 n. Chr.)

Das erfrorene Herz

Der Sperling pickt die letzten Vogelmieren.
Schon läßt ein kalter Wind die Bäche frieren.

Ach, käme doch der Frühling bald! die Quellen,
Wie würden hurtig sie zu Tale schnellen!

Die du mich doch nicht frieren sehen willst:
Komm, meine Sonne, daß mein Schneeherz schmilzt …

Unbekannter Dichter (um 1000 n. Chr.)

Herbstliche Elegie

Der Unsterbliche meißelte am Marmorbild des Himmels, daß Splitter stiebten
Und auf die Erde fielen. Die liegen nun auf den Gräsern als Reif.
Wir wollten schlafen gehen, aber der Vogel Greif
Erschreckt uns mit dem Ruf nach der Geliebten.

Die Lampe lischt. Die bleichen Sterne scheinen.
Von meinem Herzen sind so viele Splitter abgesprungen,
Ich hab so viele Lieder in die Welt gesungen,
Nicht eines fand ein Echo bei der Einen …

Die Unbestechliche

Ihr wißt es wohl, ich habe einen Mann,
Und dennoch bietet Ihr mir Perlen an.
Ich ließ die Perlen schimmern auf der Haut
Des Halses, und ich träumte mich als Braut …

Es ist mir untertan viel Traum und Troß.
Mein Schloß steht mauerdicht am Kaiserschloß.
Mein Gatte führt die Lanze und das Schwert
Und hat in manchen Schlachten sich bewährt.

Verzeiht, Durchlaucht, gewiß … ich zweifle nicht,
Daß Eure Neigung rein wie Sonnenlicht.
Doch schwur ich Treue dem gewählten Mann,
Die ich nicht brechen will noch brechen kann.

Ich gebe Euch die Perlen hier zurück,
Und Tränen perlen weiß in meinem Blick.
Warum hat Gott, den jedes Schicksal rührt,
Euch, als ich frei, nicht an mein Herz geführt?

Tschang-tsi (um 800 n. Chr.)

Das Blumenschiff

Im Meere hinter Brandungsschaum und Riff
Schwimmt wie ein Kormoran das Blumenschiff.

Ich bin nicht gegen seinen Duft gefeit,
Ich heb den Arm. Das Schiff ist allzuweit.

Mimosen hängen traubengleich am Bug.
Ein Fächer schlägt den Takt zum Ruderzug.

Ich werfe eine Blume in das Meer,
Die treibt nun auf den Wellen hin und her.

Vielleicht, daß, wenn der Wind sich abends dreht,
Er meine Blume bis zur Barke weht …

Die Schaukel

Frühlingsnacht.
An der Mauer steh ich stumm gelehnt.
Echo lacht
Einem Lachen, das mich ferne wähnt ...

Flöte klingt.
Mir zu Füßen blinkt ein Tränensee.
Eine Schaukel schwingt
Bis zur Mauer fast, an der ich steh ...

Der Bauer und die Erde

Wie eine Wolke weißer Schmetterlinge
Befällt der Schnee den Acker und die Schwinge.

Der Bauer legt den heiligen Spaten nieder,
Sonnt am Kamine die erstarrten Glieder.

Er schnallt sich enger um die Brust den Riem,
Die Erde schläft den Winterschlaf gleich ihm.

Doch wenn des Frühlings laue Tage blaun:
Wird er ihr neue Saaten anvertraun.

Die Saat wird sprossen, sein Gedanke blühn,
Die Erde himmlisch ihm entgegenglühn.

Und nieder stürzt er auf die braunen Schollen,
Die ihm wie Frauenbrüste brustwärts rollen.

Die unendliche Woge

Wie des Meeres Wellen
Auf und nieder wellen:
Also wogt unendlich mein Verlangen,
Dich zu fangen, zu umfangen.

Wie entflieh ich meinem Wahne?
Neige ich mich aus dem Kahne:
Immer seh den einzigen Gedanken
Ich im Meere auf und nieder schwanken.

Der zahme Vogel

Ich habe einen zahmen Vogel. Streichelst du ihn mit zarten Händen,
Glaubt er aus Furcht vor deiner Liebe zu verenden.
Du läßt ihn frei ins freie Waldrevier.
Er springt
Zurück in deinen Käfig, singt
Und singt –
Von dir.

Su-tung-po (1036 – 1101 n. Chr.)

Das Weidenblatt

Die junge Frau des goldnen Fensterrahmens,
Ich liebe sie nicht wegen ihres Namens,
In dem die Mandarinenpauken schallen …
Sie ließ ein Weidenblatt ins Wasser fallen …

Der Ostwind, der von Veilchendüften schwanger,
Ich lieb ihn nicht, weil er am Blumenanger
Stieß in des Frühlings strahlende Trompete,
Ich lieb ihn, weil das Blatt er zu mir wehte.

Das kleine Weidenblatt, ich lieb es nicht,
Weil es von Sprossen, Blühen, Treiben spricht,
Nicht, weil es mit Parfümen zart bespritzt ist …
Ich lieb es, weil ein Name drein geritzt ist …

Tschang-tiu-hing (um 1500 n. Chr.)

DER ORANGENZWEIG

Zum Mädchen, das in ihrer Kammer näht,
Ist plötzlich süß ein Flötenton geweht.

Durchs Fenster fällt ein Schatten auf ihr Knie
Von dem Orangenbaum und streichelt sie.

Ist es des Liebsten Hand? Und dünkt ihr nicht,
Daß er ihr bald Orangenblüten flicht?

Tin-tun-ling (um 1850 n. Chr.)

IN DEN WIND GESUNGEN

Wenn ich, an ihren Brüsten hingesunken,
Den heiligsten der Tränke tief getrunken:

Komm, Drache Tod, laß mit dem letzten Hauch
Uns in die Luft vergehn wie blauer Rauch,

Und laß uns noch nach hunderttausend Jahren
Vereint als Sturmwind durch die Lüfte fahren!

Li-hung-tschang († 1901 n. Chr.)

Der Kreidekreis

Spiel in 5 Akten

Nach dem Chinesischen

von

Klabund

Elisabeth Bergner
zu eigen

Figuren:

Tschang-Haitang
Frau Tschang
ihre Mutter
Tschang-ling
ihr Bruder
Tong
ein Kuppler
Pao
ein Prinz
Ma
ein Mandarin
Yü-pei
seine Gattin ersten Ranges
Tschao
Sekretär beim Gericht
Tschu-tschu
Oberrichter

Eine Hebamme
Zwei Kulis
Gerichtspersonen
Polizisten
Soldaten
Ein Wirt
Blumenmädchen
Ein Dichter
Zeremonienmeister
Ein Kind

Orte der Handlung:

1. Akt: Teehaus
2. Akt: Garten und Veranda bei Ma
3. Akt: Gerichtssaal
4. Akt: Schneesturmlandschaft
5. Akt: Kaiserpalast

I. Akt

Das Innere eines Teehauses. Hintergrund Mitte: schwarzer Papierparavent, hinter dem die handelnden Personen hervortreten. Links und rechts schwarze, mit weißen Emblemen, Blumen, Vögeln bestickte Vorhänge. Wenn der große Vorhang sich hebt, ertönt schwermütige Musik von Gong, Flöte und Kin (einer Art Geige). Tong, der Besitzer des Teehauses, ein fetter Eunuch, watschelt hinter dem Paravent hervor.

TONG:

Ich bitte untertänigst, mich vorstellen zu dürfen. Mein Name, der Name eines niedrigen und verachteten Geschlechtes, lautet Tong. Das klingt, wie wenn man leise ein mißgestimmtes Gong anschlägt. Ich bin der Besitzer dieses

(runde Geste)

zwar bescheiden anmutenden, aber erstklassigen Etablissements. Geschmack und feinere Lebensart, den adligsten Geschlechtern abgelauscht, verbieten mir aufdringliche Anpreisung oder robustere Reklame. Das Zeichen meines Hauses ist ein weißer Reiher auf schwarzem Grunde – sonst nichts. Ich habe keine Schlepper an den Hauptplätzen der Stadt stehen, ich verteile keine Handzettel mit diskreten Hinweisen, und mit der Polizei bin ich im besten Einvernehmen. Der Herr Polizeipräsident läßt sich zuweilen herab, mich zu beehren. Wer von mir weiß, der weiß mich zu finden. Übrigens gewähre ich nur Damen von bestem Leumund und feinsten Manieren Unterkunft unter meinem Dach. Meiner erlauchten Kundschaft darf ich nur das Beste vom Besten bieten. Hören Sie die Musik? Ich hoffe nicht, daß sie Ihre Ohren beleidigt. Ich habe mein möglichstes getan, die Damen in der kunstvollen Handhabung der Instrumente zu unterweisen. Meine drei Damen spielen die Serenade des Frühlings. Yo bläst die Flöte, Yu streicht die Geige, Yau schlägt das Gong.

(Er zieht die Vorhänge im Hintergrund zurück. Und in drei Käfigen sitzen drei schöne Mädchen und spielen die Instrumente. Ein vierter Käfig ist leer.)

Die eine singt:

Allen Männern zu gefallen
Bin in Taumel ich und Tand.
Wenn sie ihre Wünsche lallen,
Sitz ich in mich abgewandt.
Geben Gold und geben Speise,
Keiner gab ein gutes Wort.
Und so wein' ich wild und leise
Meine süße Sehnsucht fort.
Gestern trieb nun das Gelüste
Einen Jüngling zu mir her,
Der mich auf die Stirne küßte –
Ach, ich sehe ihn nicht mehr.

TONG:

(zieht die Vorhänge wieder zu.)

Es ist eine eigne Kunst, seiner Schwermut den entsprechenden künstlerischen Ausdruck zu geben. Vor den großen Dichtern der Nation kann eine junge Dame mit ihren bescheidenen Reimübungen natürlich nicht bestehen. Aber sie muß gelernt haben, sich wenigstens einigermaßen zierlich in Versen auszudrücken. Denn Verse machen und Liebe machen: geht es nicht auf dasselbe seelische Grundgefühl zurück? – Wissen Sie, woran das Gong mich immer erinnnert? An eine Hinrichtung. Ich war in meinem früheren Beruf, Sie werden es mir kaum glauben, und dennoch ist es lautere Wahrheit, ich war früher Henker. Damals habe ich den Männern den Kopf abgeschlagen, jetzt verdrehe ich ihnen nur den Kopf mit Hilfe meiner Blumenmädchen. Um nicht selber in Versuchung zu fallen und mein Geschäft durch unschickliche Handlungen zu stören und zu beeinträchtigen, beispielsweise etwa die Eifersucht meiner Herren Klienten zu erregen, habe ich in meiner Selbstbescheidung freiwillig auf die Attribute der Männlichkeit verzichtet. Ich habe mich seinerzeit einer kleinen Operation unterzogen; so stehe ich zwischen Mann und Weib, keines von beiden, und also zur Mittlertätigkeit berufen und auserwählt. – Meine Schwester naht, die Dämmerung, die gewiegte Kupplerin von altersher. Ich höre Schritte die Gasse herauf.

(Hinter dem Paravent hervor treten Frau Tschang und Haitang, ihre Tochter; beide in Trauer. Die Musik verstummt.)

HAITANG:

Mein Name ist Haitang. Ich bin die Tochter dieser ehrwürdigen Dame, Frau Tschang geheißen. Ich bin sechzehn Jahre alt. Sechzehn Jahre jung. Ich habe viel erlitten. Ich werde noch mehr erleiden. Viel Schmerz. Ein wenig Glück. Rote Abendwolken nach einem düsteren Gewittertag. Es ist das Leben.

TONG:

Ich bin der demütige Diener der hochachtbaren Damen. Darf ich, ohne vorlaut zu erscheinen, meine Verwunderung und zugleich auch mein tiefes Bedauern bezeugen, die Damen in Trauerkleidung dies Haus der Freude betreten zu sehen? Ist kürzlich ein Todesfall in Ihrer nächsten Verwandtschaft vorgefallen, so bitte ich, mein innigstes Beileid nachsichtig entgegennehmen zu wollen. Das nicht geheuchelte, sondern ehrlich empfundene und ehrlich mitgeteilte Mitgefühl eines Mitmenschen träufelt Balsam auf Qual und Verzweiflung.

HAITANG:

Es ist kaum eine Stunde her, daß wir den ehrwürdigen Herrn Tschang, Seidenraupenzüchter und Gemüsegärtner seines Zeichens, den Gatten dieser Dame und meinen Vater, in die Erde senkten. Ich habe mit meinen eigenen Händen die Erde für den Grabhügel aufgerissen und über dem Sarge wieder zugeworfen. Denn wir hatten kein Geld, den Totengräber zu bezahlen.

(Frau Tschang schluchzt.)

Ich habe ihn geliebt. Und liebe ihn nur um so inniger, da er nun bei den Ahnen weilt, und seinem teuren Gedächtnis ich morgens und abends Räucherkerzen entzünden werde. Auf Blumenblättern brachte er mir die Früchte des Gartens. Er träumte den stolzen Traum meiner Erhebung aus niederer Kaste in hohen Stand. Der Traum ist ausgeträumt. Der Hochzeitskuchen zerbröckelt. Der Baum steht entlaubt. Durch Todesherbstlaub am Boden raschelt mein Fuß. Im Frühling war ich eine Eidechse, die lustig zwischen den Gräsern hin- und herschoß.

TONG:

Ist das Segelboot auch auf eine Sandbank geraten, die Winde des Schicksals werden sich erheben und es wieder auf die offene See treiben, wer weiß, wie bald. Gestatten Sie mir aber die etwas dreiste Frage: wie ist der Tod Ihres geehrten Herrn Vaters so plötzlich eingetreten? Ich erinnere mich seiner sehr wohl. Ich sah ihn vorgestern früh noch mit Melonen zum Markt eilen.

(Haitang senkt das Haupt.)

FRAU TSCHANG:

Das Rad des Unglücks ist über uns dahingerollt. Mein treuergebener Gatte, ein ehrlicher, nüchterner, in seinem Berufe geschickter Mann, hat seinem armseligen Leben, das nur wie ein altes Kleid noch an ihm hing, selbstherrlich ein Ende gemacht.

(Haitang verbirgt ihr Haupt in den Falten ihres Ärmels.)

TONG:

Die Dämonen der Unterwelt mögen ihm gewogen sein, und der Herr der ewigen Nacht ihm ein mildes Urteil sprechen. – Darf man sich nach dem Grund seiner plötzlichen Abreise in die unteren Bezirke erkundigen?

HAITANG:

Der Mandarin und Steuerpächter Ma hat uns um Hof, Haus, Geld und Gut gebracht. Es gab eine Mißernte. Viele Menschen hungerten. Herr Tschang, mein Vater, konnte seine Abgaben nicht bezahlen. Vorgestern war die Steuer fällig. Wir hatten an Wert nichts zu eigen als einen Sarg, der schon seit Jahren dem ersten Mitgliede unserer Familie, das sterben würde, bestimmt war. Herr Ma schämte sich nicht, diesen Sarg durch den Gerichtsvollzieher beschlagnahmen zu lassen. Da ging mein Vater vor das Haus des Mandarinen und erhängte sich an dem Türpfosten.

TONG:

Der Mandarin Ma, ein mir wohlbekannter und in Liebesangelegenheiten freigebiger Herr, wird von der Anklage, die Ihr sehr zu schätzender Vater durch seinen Tod und noch im Tod gegen ihn erhob, nicht sehr erbaut gewesen sein.

FRAU TSCHANG:

Das Volk hat ihm mit Steinen die Fenster eingeworfen. Die Rache der Geister wird ihn treffen. Durch alle seine Träume wird der Erhängte wandeln, bleich, die blaue Zunge wird ihm aus dem Munde hängen. Füchse und Füchsinnen werden über seinen Weg laufen, ein Wolf wird sein Blut trinken. In seinem Hirn werden tausend Fliegen schwirren. Tausend Wespen werden seine Augen stechen, daß er erblindet.

TONG:

Die Dämonen des Südens mögen mich vor den Anschlägen der Dämonen des Nordens bewahren.

(Leise Musik ertönt wieder.)

HAITANG:

Wer ist die Ursache dieser schönen Musik? Es klingt, als spiele die Göttin des Morgenrotes Harfe, und als gäbe ein Hirte mit seiner Flöte ihr Antwort. Meine Trauer beginnt in diesen Tönen zu schweben, wie ein Schmetterling in der Luft.

TONG:

Es sind die Bewohnerinnen dieses Hauses, die Töchter der Freude, die diese einfachen, aber edlen Melodien auf ihren Instrumenten hervorlocken wie Grillen aus ihren Löchern.

FRAU TSCHANG:

Darum kam ich her, hochwohlgeborener Herr Tong, Sie zu bitten, meine Tochter Haitang als eine Tochter der Freude in Ihr achtbares und geachtetes Haus aufzunehmen.

TONG:

Ich bin auf das höchste überrascht und bitte Sie, mich fassen zu dürfen, ehe ich zu einem Entschluß komme.

HAITANG:

Ich habe mancherlei Fähigkeiten, ich weiß, sie sind noch gering; aber sie werden unter Ihrer Leitung wachsen, reifen und Früchte tragen.

FRAU TSCHANG:

Herr Tong, wir sind völlig ruiniert. Wovon sollen wir leben? Wir müßten verhungern. Ich bin gezwungen, meine Tochter zu verkaufen. Auf ihre Schönheit brauche ich Sie nicht besonders hinzuweisen. Sie sind ein Frauenkenner, Herr Tong.

TONG:

Sie schmeicheln und übertreiben, Frau Tschang.

FRAU TSCHANG:

Ich muß meine kluge, schöne und sittsame Tochter verkaufen, Herr Tong. Und wem sollte ich sie wohl lieber anvertrauen als Ihnen, der ungeachtet seines oft angezweifelten Berufes in der Stadt im besten Leumund steht?

TONG:

Ich fühle mich geehrt, daß Sie zuerst an mich denken, Frau Tschang. In der Tat ist mir die außerordentliche Schönheit Ihrer Fräulein Tochter nicht entgangen. Bei der Frühlingsfeier oder beim Laternenfest pflegen sich alle jungen Männer nach ihr umzudrehen, und niemand ist, dem ihr Anblick nicht einen wollüstig-schmerzhaften Pfeil ins Herz jage.

HAITANG:

Ich spiele die Laute, die Flöte und das Instrument Kin. Das Schachspiel ist mir nicht fremd, und ich habe die Kalligraphie studiert. Ich vermag die zierlichsten Glückwunschkarten zum Neujahr und zum Geburtstag zu malen. Ich tanze und singe. Soll ich Ihnen vortanzen?

FRAU TSCHANG:

Tanze, mein Kind, damit Herr Tong Deine Talente schätzen lernt.
(Haitang tanzt nach der Musik, die wieder auftönt, ein paar Takte und bricht zusammen. Sie bleibt am Boden liegen.)

TONG:

Vortrefflich, ausgezeichnet, eine seltene Begabung, ein fast dramatisches Talent. Was ist der Preis, den Sie für das Fräulein fordern?

FRAU TSCHANG:

Hundert Taels in Gold.

TONG:

Hm, hm, das ist eine immerhin bedeutende Summe, auch für ein so wohlsituiertes Unternehmen wie das meinige, verehrte Frau Tschang. Das Fräulein ist schön, daran ist kein Zweifel, aber wenn meine alten Augen mich nicht täuschen, so hat sie im Nacken einen kleinen, störenden Leberfleck. Junge, verliebte Herren pflegen auf einen untadeligen Nacken viel Wert zu legen.

FRAU TSCHANG:

Neunzig Taels.

TONG:

Sie ist zwar klug und wohlgebildet, versteht zu tanzen, aber ihr Tanz war mir zu melancholisch – es fehlt die leicht schwebende Lustigkeit, die die Männer fortreißt.

FRAU TSCHANG:

Sie ist noch unberührt, Herr Tong.

TONG:

Noch unberührt? Nun, sagen wir achtzig Taels. Soll der Handel gelten?

FRAU TSCHANG:

Er gilt.

TONG:

(abgehend)

Ich werde mir gestatten, Ihnen sofort die Summe auszuzahlen.

TSCHANG-LING:

(stürzt herein)

Ich habe Dich, Schwester, gesucht von Straße zu Straße. Abgefallene Blütenblätter einer weißen Chrysantheme haben mir den Weg gewiesen. Hier muß ich die Blüte völlig entblättert finden.

HAITANG:

Die Blüte, die ich im Gürtel trage, hat noch kein Blütenblatt verloren.

TSCHANG-LING:

Ehe die Nacht um ist, wird sie welk sein.

HAITANG:

Meine Pflicht als Tochter gebietet mir, für meine Mutter zu sorgen.

TSCHANG-LING:

Unsere Ahnen zurück bis ins siebente Glied sind durch literarische Erfolge bis zu den höchsten Ämtern emporgestiegen.

HAITANG:

Ach, bis zu dem Amt eines Gemüsegärtners und Seidenraupenzüchters. Aber dieser Gemüsegärtner war gebildeter und ein besserer Mensch als alle Gelehrten und Literaten und Mandarine erster Klasse.

TSCHANG-LING:

Wie kann Dein mütterliches Herz, Mutter, damit einverstanden sein, daß Deine Tochter den entwürdigenden Beruf eines Teehausmädchens ergreift? Ist sie nicht auch meine Schwester, der ich doch gedenke, den Doktorgrad zu erwerben?

FRAU TSCHANG:

Warum sorgst Du, ein Mann, so wenig für Deine Mutter und Deine Schwester und trägst nicht einen Kesch zu unserm Lebensunterhalt bei?

HAITANG:

Hast Du das Buch der Sitten und Gebräuche, das Liki, vergessen? Hast Du nicht in der Schule auswendig gelernt: Die Pflicht des Sohnes ist es, dafür Sorge zu tragen, daß Winters und Sommers die Eltern sich jeder Bequemlichkeit des Lebens erfreuen? Jeden Abend soll der Sohn selbst das Lager betten, auf dem sie ruhen, jeden Morgen beim ersten Hahnenschrei sich auf das liebevollste nach ihrem Befinden erkundigen. Er soll sie oftmals im Laufe des Tages fragen, ob sie Kälte leiden, ob die Hitze sie quäle …

FRAU TSCHANG:

Es ist die Pflicht des Sohnes, die Mutter zu stützen und ihr Schirm und Schutz zu sein. Es ist seine Pflicht, die zu lieben, die von ihr geliebt, die zu ehren, die von ihr geehrt werden.

HAITANG:

Sohn und Tochter sollen selbst die Hunde, Vögel und Pferde lieben, die ihre Eltern lieben.

FRAU TSCHANG:

Solange die Mutter lebt, soll ohne ihre Einwilligung der Sohn sich nicht aus dem Hause entfernen.

TSCHANG-LING:

Ich lächle – und lache Eurer Predigt. Ihr kennt die kleinen Pflichten des Sohnes und habt sie auswendig gelernt, wie Papageien die Stimme ihres Herren. Aber es gibt noch größere Pflichten, die ein Sohn zu erfüllen hat. Sagt nicht das Buch Haiking: Der höchste Grad der kindlichen Liebe besteht darin, nach hohen Würden zu trachten und mit dem Ruhm seines Namens die kommenden Jahrhunderte zu erschüttern, wie der Sturm die Bäume erschüttert?

FRAU TSCHANG:

Strebst Du vielleicht in den Schenken und Garküchen, in denen Du herumlungerst, nach hohen Würden? Verluderst Du nicht die paar Kesch, die Du Dir durch Abschreiben verdienst? Bringst Du sie nicht in niedern Teehäusern unter die Mädchen? Du verkehrst mit Teehausmädchen und wagst, wenn Deine Schwester den gleichen Beruf ergreift, Schmutz auf sie zu werfen?

HAITANG:

Bruder, ich will versuchen, auch für Deinen Lebensunterhalt mitzusorgen. Das Haus des Herrn Tong ist ein angesehenes Haus. Es beherbergt stets wohlhabende und wohlmeinende Gäste.

TSCHANG-LING:

Verworfenes Geschöpf! Willst Du mich zu Deinem Mitschuldigen machen? (Er schlägt sie ins Gesicht.)

FRAU TSCHANG:

Hättest Du mich geschlagen! Da ich Euch gebar, bin ich an allem Unheil schuld. Hätte ich Euch nie geboren, und wären doch meine Ahnen nie auf die Erde herniedergestiegen!

TSCHANG-LING:

Macht den schimpflichen Handel rückgängig!

HAITANG:

Der Handel ist ehrlich abgeschlossen, – und ein ehrlich gegebenes Wort muß ehrlich gehalten werden. Die Wahrheit hat kein doppeltes Gesicht.

FRAU TSCHANG:

Dort kommt Herr Tong mit dem Geld.

TSCHANG-LING:

Ich hasse Euch. Mein Name wird durch alle Gassen der Stadt gezogen werden. Ich werde durchs Examen fallen und nie ein staatliches Amt bekleiden können.

HAITANG:

Ein Vogel bleibt ein Vogel, auch wenn man ihm die Flügel beschneidet.

TONG:

Hier ist das Geld, gnädige Frau.
(Zählt es auf; Frau Tschang will das Geld einstecken, da fährt Tschang-ling dazwischen.)

TSCHANG-LING:

Achtzig Taels? Zehn für mich, – Ihr seid mich los! Ich will in diesem Fall versuchen, auch meine moralischen Anschauungen zu revidieren.

HAITANG:

Armer Bruder! – Gib ihm fünfzehn Taels, Mutter. Der heilige Geist meines Vaters wird mich nicht verlassen.
(Tschang-ling streicht zwanzig Taels katzenhaft ein und verschwindet.)

TONG:

Ein etwas sonderbarer Herr, Ihr Herr Bruder! Er war so unhöflich, sich mir nicht einmal vorzustellen. – Aber erlauben Sie mir, Ihnen den goldenen Käfig zu zeigen, in dem Sie singen und Ihr schönes Gefieder spreizen sollen. Bitte, hier.
(Er zieht den Vorhang zu dem vierten leeren Käfig. Umarmung von Mutter und Tochter. Tong geleitet die Mutter hinaus. Haitang im Käfig singt.)

HAITANG:

Am Ufer hinter Weiden steht das Haus,
Ein zartes Mädchen sieht zur Tür hinaus.
An der Volière steht der Mandarin.
Ein zarter Vogel singt und hüpft darin.
Verschließ den Käfig! Hüte gut das Haus!
Sonst fliegt der Vogel in den Wald hinaus!

(Pao, ein junger Prinz, betritt den Raum. Tong vor ihm her in vielen rückwärtigen Bücklingen verschwindet in der Kulisse.)

PAO:

Ich bin ein Abenteurer,
Ein Trunkener dieser Welt,
Ein müder Tatbefeurer,
Ein träumerischer Held.

Ich schwinge tausend Schwerter,
Die ich dem Feinde bot,
Wie dennoch unbewehrter
Mein Herz der Liebe loht.
Ob ich den Kampf ersehne,
Die Schwerter senk' ich schwer,
Bricht eine Kantilene
Singend über mich her.

Ich bin der kaiserliche Prinz Pao. Einer von den vielen kaiserlichen Prinzen. Es gibt deren so viele, wie Regentropfen an einem Apriltage. Die Kaiserwahl ist eine Art Staatslotterie. Das Los entscheidet unter den Prinzen, wer als Sohn des Himmels den Drachenthron besteigen soll. Ich bin dem Ruf einer Nachtigall gefolgt. Sie sang so lockend, wie eine Nachtigall in Freiheit nicht singt. Nur gefangene und geblendete Nachtigallen singen so bezaubernd. Wo ist der Vogel, daß ich ihn fange und sein kleines Vogelherz ängstlich in meinen Händen pochen fühle?

(entdeckt Haitang)

Ich hörte eine Nachtigall, folgte ihrem Ruf und finde statt eines Vogels eine Blume. Ihr Duft verwirrt mich, sie trägt das weiße Gewand der Trauer und hält den Kelch geschlossen. Darf ich versuchen, Sie ein wenig zu erheitern und die Blüte zu öffnen?

HAITANG:

Sind Sie die Sonne? Nur der Sonne neigen die Blumen sich zu.

PAO:

O – weit gefehlt, daß ich eine Sonne wäre. Ich bin nicht einmal ein Stern, aber vielleicht das Kind eines Sternes und, als die Sternenmutter mich säugte, aus der Milchstraße gefallen.

HAITANG:

Vielleicht sind Sie nur eine Sternschnuppe. Sie glänzen auf, ziehen Ihre schmale goldene Bahn, ein, zwei, drei Sekunden, und erlöschen im Dunkeln wie ein Lampion, der beim Frühlingsfest ins Wasser fällt.

PAO:

Ein Erlöschen mit Ihnen im Dunkel, im Tode, würde ich einem einsamen Leben in Glanz und Helligkeit vorziehen.

HAITANG:

Diese bilderreichen Komplimente pflegen die jungen Herren in den Anstandsstunden von ihrem Hofmeister und Literaten zu lernen. Sie kommen von den Lippen und berühren nur leise das Ohr.

PAO:

Nun, machen Sie dieses wahr. Lassen Sie meine Lippen Ihr Ohr berühren. Ich will Ihnen etwas zuhauchen, was man mit Worten nicht sagen kann.

HAITANG:

Aus einem Hauch wird leicht ein Wind, und aus einem Wind ein Sturm. Denken Sie einmal nach, ob Sie nicht aussprechen können, was Sie dachten.

PAO:

Ich dachte nichts. Ich fühlte alles.

HAITANG:

Ein Gefühl ist ein Nachtschmetterling. Wie wollen Sie ihn bei Tag fangen?

PAO:

Schwingen Sie den Käscher, schöne Freundin!

HAITANG:

Ich bin kein Gelehrter, kein Zoologe und fange keine Schmetterlinge, sie aufzuspießen. Ich lasse sie in Licht und Luft leben und schweben, wie es ihnen paßt.

PAO:

Sie führen die Sprache einer Dame von erlesener Erziehung.

HAITANG:

Ich habe sehr wenig gelesen.

PAO:

In Büchern, aber mein Inneres liegt aufgeschlagen vor Ihnen, wie vor dem Philosophen das Taoteking. Wie lange weilen Sie schon in diesem Hause? War der feiste Bruder, der mir die Tür öffnete, Ihr Erzieher?

HAITANG:

Mein Vater erzog mich. Er trug einen einfachen, braunen Kittel, aber jedermann verneigte sich vor ihm.

PAO:

Darf ich ihm meine Aufwartung machen?

HAITANG:

Er ist tot.

PAO:

Gestatten Sie, daß ich sein Andenken ehre, indem ich die Erde dreimal mit der Stirn berühre.

HAITANG:

Wer sind Sie, daß Sie einem Mann niederen Standes Achtung bezeigen?

PAO:

Ich bin ein junger Mann, sonst nichts. Vielleicht nur dazu nütze, gut zu essen, lange zu schlafen, meinen Schneider zu besuchen und Schach zu spielen.

HAITANG:

Wollen Sie eine Partie Schach spielen? Hier steht ein Schachbrett schon aufgebaut.

(Sie setzen sich nieder und machen einige Züge.)

HAITANG:

Weiß zieht an, Schwarz zieht nach.

PAO:

Schach der Dame.

HAITANG:

Ich bin keine Dame. – Schach dem König.

PAO:

Ich bin kein König. Zug, Gegenzug. These, Antithese. Sie gehen scharf vor, wie ein Feldherr vieler Grade. Ich gebe das Spiel auf, aber nur, um ein besseres Spiel zu beginnen.

HAITANG:

Und welches Spiel?

PAO:

Das Spiel der Liebe.

HAITANG:

Das Spiel der Liebe? Ich wußte nicht, daß die Liebe ein Spiel sei. Als mein Vater sagte: Ich liebe Dich, da war seine Stirn gefurcht, sein Auge glänzte, da spielte er nicht mit mir.

PAO:

Die Liebe des Vaters, die Liebe des Mannes: es ist ein Unterschied wie zwischen Blumenliebe und Tierliebe. Blumen lieben einander vielleicht wie Vater und Tochter. Löwen lieben einander wie Mann und Frau.

HAITANG:

Ich bin noch keine Frau, bin nur ein Mädchen. Soll ein Löwe eine Blume lieben? Seien Sie nur eine Vase, in die man eine Blume stellt für einige Stunden. Soll ich Ihnen das Blumenschiff unseres großen lyrischen Meisters Su-Tung-Po rezitieren?

Im Meere hinter Brandungsschaum und Riff
Schwimmt wie ein Kormoran das Blumenschiff.
Ich bin nicht gegen seinen Duft gefeit.
Ich heb' den Arm. Das Schiff ist allzuweit.
Mimosen hängen traubengleich am Bug.
Ein Fächer schlägt den Takt zum Ruderzug.
Ich werfe eine Blume in das Meer,
Die treibt nun auf den Wellen hin und her.
Vielleicht, daß, wenn der Wind sich abends dreht,
Er meine Blume bis zur Barke weht ...

(Einen Augenblick Schweigen.)

Können Sie mir dies Gedicht kommentieren?

PAO:

Ich wandle am Strand des Meeres. Die Wogen schäumen: Vergänglichkeit ... Vergänglichkeit ... Ich denke des blauen Meeres von Ku-Ku-Noor, des toten Meeres, wo die Gebeine der Unbestatteten am Strande verwesen. Welches Kind, welcher Enkel soll mir die Ahnenbräuche erweisen, soll mich bestatten, da mir die Mutter meiner künftigen Kinder ihr jungfräuliches Herz verweigert? Wie die Wellen sich am Riff brechen, so bricht mein strömendes Herz am starren Herzen der Geliebten. Wie fern weilt sie mir! Auf den Wogen des Meeres, unerreichbar weit wie der Kormoran, gleitet, in der Silhouette einem Kormoran nicht unähnlich, dort nicht ein Schiff der Freude, des Gesanges und des Tanzes auf Bastschuhen, der leichten Lust und der schweren Liebe, ein Blumenschiff? Der Gesang klingt zu mir einsam Wandelnden hinüber; herüber weht ein Duft von Blumen und Parfümen. Ein Mädchen winkt mit dem Fächer, mit dem sie den Takt der Ruderschläge begleitet, nach dem Lande. Langsam gleitet das Blumenschiff. Mir ist es, als trüge es meine Freundin dahin ... dahin ... Wohl wäre es möglich, das Schiff zu halten mit einem Ruf, daß es auf mich den Kurs nähme, aber was gewönne ich? Ich vermöchte wohl mit Gold das Blumenmädchen zur Hingabe, doch niemals zur Liebe der geliebten und liebenden Seele zu zwingen.

HAITANG:

Liebe muß herzlich und sinnvoll mit der reinsten Leidenschaft, dem herrlichsten Herzen errungen, sie kann nicht erzwungen werden.

PAO:

Nichts anderes vermag ich, als dem Blumenschiff eine Blume zuzuwerfen

(er wirft Haitang eine Blume zu, die sie aufnimmt.)

als Symbol meines Herzens. Vielleicht, daß die Winde des Schicksals es an den Ort seiner Bestimmung führen. –

HAITANG:

Sie sind so nachdenklich! Soll ich Sie erheitern? Soll ich tanzen? Ich kann den Tanz der vier Jahreszeiten, den Tanz des Südwindes, den komischen Tanz des Herdgottes. Soll ich spielen? Die ewige Frühlingsmusik? Soll ich singen? Das Lied vom weißen Haupt?

Wie der Schnee so weiß,
Wie der Mond so weiß
Werden unsre Häupter einmal sein.

Soll ich etwas malen oder zeichnen? Hier ist ein Stück Kreide, mit dem Herr Tong am Türpfosten wohl säumige Schuldner aufzuschreiben pflegt. Ich werde hier auf die schwarze Tapete mit der weißen Kreide einen Kreis zeichnen.

(Tut es.)

PAO:

Der Kreis ist das Symbol des Himmelsgewölbes, der Kreis ist das Symbol des Ringes, der Gatten aneinander schmiedet, Herzring an Herzring reiht.

HAITANG:

Was außerhalb dieses Kreises ist, ist das Nichts. Was innerhalb dieses Kreises ist, ist das All. Wie verbinden sich Nichts und All? Im Kreise, der sich drehend fortbewegt,
(Zeichnet Speichen in den Kreis.)
im Rad, das rollt. Ich bin an das Rad geschmiedet, das Rad des Schicksalswagens, den die Sonnenrosse durch die Äonen mit sich reißen. Ein junger Gott steht mit feuriger Peitsche im Wagen und treibt die Rosse. Er achtet meines Jammers und meiner Tränen nicht.

PAO:

Ich knie vor Dir, Kwanyin, Göttin der Reinheit.

HAITANG:

Stehen Sie auf, was tun Sie?
(Wischt die Speichen aus dem Kreise.)
Sehen Sie den Kreis, er ist schon wieder leer. Jetzt umrundet er das Symbol des Spiegels, in dem ich mich eitel drehe und wende.
(Dreht sich vor dem Kreis wie vor einem Spiegel.)
Wie kleidet mich dies Gewand der Trauer? Gibt es der Lust nicht einen besonderen Reiz? Auf dem Gesicht zerreibe ich einige Puderkugeln, aus der Schminkbüchse betupfe ich meine Lippen,
(wirft das weiße Übergewand ab.)
bauschig sind meine Hosen aus grüner Seide, ihre Bänder golddurchwirkt. Meine Füße sind wie Lilien. Die Schuhe aus rotem Atlas sind über und über mit Blumen bestreut. Auf den Schuhspitzen schweben gestickte Libellen. Sähe mich heute der Buddha, ich glaube, er würde seinen frommen Wandel auf ewig abschwören. Wie finden Sie meine Frisur? Soll ich diesen Kamm ein wenig höher stecken? Was ist mit diesem grünen Gürtel?

PAO:

Lösen Sie ihn, Schwester, den grünen Gürtel.

HAITANG:

In dieser Hand, die noch keinen Mann geliebkost hat, steht mein Schicksal geschrieben. Wie verläuft die Linie meines Lebens? Ich sehe es im Spiegel, verkehrt.

PAO:

Ich werde diesen Spiegel zerschlagen.
(Ballt die Faust.)

HAITANG:

Dann schlagen Sie auch das Bild im Spiegel – und schlagen mich. Wollen Sie mich schlagen? Ich bin schon einmal heute geschlagen worden.

PAO:

Wer schlug Sie? Ich werde ihn stäupen lassen.

HAITANG:

Ich habe seinen Namen vergessen; es war kein böser, es war nur ein schwacher Mensch. Aber sehen Sie, ich will dem Spiegel einen anderen Charakter geben, ich schreibe ein paar Zauberzeichen in den Kreidekreis,
(macht mit der Kreide ein paar Striche.)
und schon blickt aus dem Spiegel Ihr Gesicht. Finden Sie sich ähnlich?
(Lachend.)
Habe ich Sie gut getroffen?

PAO:

Sie haben mich getroffen, Sie haben mich gut getroffen, Sie haben mich ins Herz getroffen.

HAITANG:

(zu dem Bild)
Ich wollte, dieser wäre mein Freund ...

Zwei schwarze Vögel seine Blicke sich wiegen,
Die mit den Adlern um die Wette fliegen.
Lange Wimpern schatten ihre Glut,
Wie Weidengesträuch, das vor einem Waldsee ruht.
Seine Hände leuchten schlank;
Blasser Erinnerungen sind sie krank.
Aber die Lippen hat er schmalrot zusammengebissen,
Als wollten sie nichts von Küssen
Und nichts von Lächeln mehr wissen.
Weh, sie sind wie des großen Räubers gedoppeltes Schwert,
Das rotsingend durch meine schlaflosen Nächte fährt. –

Immer, wenn ich morgens in den Spiegel sehe, werde ich an Sie denken.

PAO:

Ich lasse mir jeden Spiegel gefallen, den Sie mir vorhalten. Wie aber, wenn ein anderer mein Bild innerhalb des Kreidekreises auswischt oder auslöscht und sich an seine Stelle setzt?
(Ein dicker Kopf hat die Papierwand innerhalb des Kreidekreises durchstoßen. Es ist der Kopf des Mandarinen Ma. Haitang und Pao weichen seitwärts zurück.)

MA:

Mein Name ist Ma. Ganz einfach Ma. Wenn ich den Namen Ma nenne, so sollte das eigentlich genügen, daß jedermann sich ehrfurchtsvoll vor mir verneige. Denn ich besitze Geld, Geld, viel Geld, sehr viel Geld, sodaß ich mir alles kaufen kann, was ich will, und wonach ich Gelüst und Sehnsucht trage. Wie der Habicht nach Raub ausgeht, so verlasse ich meinen Palast und ziehe auf Abenteuer aus. Sehe ich ein schönes Pferd, besteig' ich's. Sehe ich ein schönes Weib, entführ' ich's. Wenn es mir paßt, gehe ich durch die Wand, wie im vorliegenden Falle. Was kann die zerrissene Tapete

kosten? Ich bezahle alles, und was ich bezahle, zahle ich bar. Ich habe mir den Doktortitel gekauft und bin Ehrendoktor der Universität Peking, obwohl ich das Schriftzeichen für Liebe nicht von dem Schriftzeichen für Geld unterscheiden kann. Ich habe einen Sitz im Gericht gekauft und spreche Recht, obwohl ich nicht einmal recht sprechen kann, und mir in meinen eigenen Geschäften der Unterschied zwischen Diebstahl und reellem Kommerz ziemlich schwer fällt. Ich bin Steuerpächter und treibe die mir zustehenden Steuern rücksichtslos ein. Ich bin streng, aber gerecht. Zum Lohn für meine Nachsicht, daß ich ihm die geschuldete Steuer schon einmal stundete, erhängte sich vorgestern ein gewisser Gärtner Tschang vor meinem Hause, zu dem ausgesprochenen Zweck, mir Ungelegenheiten zu bereiten, was dem Lumpen auch gelang. Der Pöbel hat mir die Fenster eingeworfen und mich Blutsauger und Volksverderber geschimpft. Um mich von den Aufregungen der letzten Tage zu erholen und mich zu zerstreuen, betrat ich dies mir wohlbekannte Haus des Herrn Tong. Denn ich liebe, um mich gebildet auszudrücken, die Blumen und Weiden. Ich habe mir von meinem Privatzauberer das Horoskop stellen lassen für heute. Der heutige Tag ist meinen Liebesunternehmungen zweifellos günstig.
(Sieht Haitang.)
Eine neue Blume im Garten des Herrn Tong! Seien Sie mir gegrüßt, zartes Fräulein! Sie sind so zart, daß ich Sie nicht anzufassen wage; ich könnte Sie ja zerbrechen. Sie sind so leicht, daß ich kaum zu reden wage; mein Atem könnte Sie verwehen bis in die Wolken hinauf und über die Wolken hinaus bis in den Taumel der Sterne. – Und was hätte ich dann? Ich bliebe allein mit meinem Liebesschmerz untröstlich auf der trostlosen Erde zurück.
(Er klatscht dreimal in die Hände. Herr Tong erscheint.)

TONG:
Euer Hochgeboren wünschen?

MA:
Tong, diese junge Dame, die ich erst einige Minuten gesehen habe, gefällt mir ausgezeichnet. Ein junges Mädchen rührt mein Herz.

TONG:
Es ist noch unberührt.

MA:
Eine Jungfrau also?

TONG:
Eine Jungfrau. Jungfrauen sind selten, wie ein Fuchs in der Falle.
(Tong lacht devot.)

MA:
Sie haben mir schon manche falsche Jungfrau angedreht, Tong; widersprechen Sie nicht! Diese Jungfrau aber ist echt. Ich habe das im Gefühl, Tong. Diese Jungfrau ist echt, ich kaufe Ihnen das Fräulein ab. Völlig, mit Leib und Seele. Keine Widerrede, Tong! Kein Widerspruch des Fräuleins! Sie

gehören Herrn Tong, er kann mit Ihnen tun, was er will. Später werden Sie mir gehören, und ich werde mit Ihnen tun, was ich will. Ich biete hundert Taels in Gold.

TONG:

Euer Hochgeboren, sie hat mich selbst zweihundert gekostet.
(Der Prinz tritt aus dem Hintergrund.)

PAO:

Ich biete dreihundert.

MA:

Vierhundert.

PAO:

Fünfhundert.
(Tong reibt sich die Hände. Er hat Haitang, die die Versteigerung entsetzt verfolgt, wie einen Gegenstand auf einen Tisch gehoben.)

MA:

Sechshundert.

PAO:

Siebenhundert.

MA:

Tausend.

PAO:

(erbleichend)
Ich muß zurücktreten. Tausend Taels in Gold kann ich nicht überbieten. Die Dame
(er verneigt sich vor Ma und Haitang)
gehört Ihnen.
(ab)

HAITANG:

Er hat meinen Vater in den Tod getrieben. Das Schicksal wirft mich in seine Arme. Ich bin nur ein Mensch. Was soll ich tun? Es wird, was nötig ist, was mir vergönnt ist, von den Göttern getan werden. Sie haben meine Hand geführt, als ich meines Vaters Grab aufriß und seinen Sarg mit Erde bewarf. Sie haben meine Hand geführt, als ich den Kreidekreis zog. Sie werden sie nicht sinken lassen, und neue Kreise werde ich ziehen auf der schwarzen Tafel des Verhängnisses, wie der Gott der Nacht das Himmelsgewölbe mit Sternen beschreibt. Herr Tong, schicken Sie bitte zu meiner Mutter, und lassen Sie ihr sagen, ich würde mich noch heute mit Herrn Ma vermählen.

TONG:

Zu Diensten, ich muß da wohl sagen: gnädigste Frau. Nicht umsonst hängt hier das Bild des Glücksgottes an der Wand. Bei Vater Tong macht man sein Glück.

MA:

Haitang, Du weißt, was das Weib dem Manne schuldet?

HAITANG:

Ich weiß, was im Buch Siao steht: Das Weib hat zu schweigen, wenn der Mann spricht; es hat zu lächeln, wenn er tadelt; zu bitten, wenn er grollt; zu danken, wenn er züchtigt; zu lieben, wenn er verachtet und haßt.

MA:

(nimmt Haitang auf seine Arme und trägt sie hinaus.)

Komm, mein Haus wartet.

VORHANG.

II. Akt

Garten und Veranda vor dem Hause Mas. Im Hintergrund zieht die Straße vorbei.

FRAU MA:

Mein Name ist Yü-pei, das bedeutet Kleinod. Ich bin die erste Gattin, die Gemahlin erster Klasse des Herrn Ma. Es ist jetzt ein Jahr her, daß Herr Ma eine zweite Gattin ins Haus genommen hat, eine unausstehliche Person, namens Haitang, über deren sittliche Qualitäten ich mich nicht äußern will. Aber es sagt wohl schon genug, daß Herr Ma sie von der Straße aufgelesen, wo sie in einem Teehause die zweifelhafte Rolle einer Sängerin, Tänzerin und Kurtisane – ich gebrauche dieses beschönigende Wort – spielte. Ich bin in tiefster Seele verletzt, daß Herr Ma mir, seiner Gattin ersten Ranges, eine solche Persönlichkeit vorzieht. Zu allem Überfluß hat sie ihm einen Knaben geboren, einen Erben, während mein Schoß unfruchtbar geblieben ist. Die Götter wägen das Schicksal der Menschen wohl auf der Goldwage. Weh mir, was habe ich zu erwarten, wenn ich nicht selbst mein Geschick entschlossen in diese kleinen Hände nehme? Zum Glück wird mir jemand beistehen, der mir ergeben ist auf Leben und Tod.

TSCHAO:

(auftretend)

Und das ist niemand anderes als Ihr dienstwilliger Knecht Tschao, Gerichtsbeamter am hiesigen Amtsgericht.

FRAU MA:

Ich freue mich, Sie zu sehen, Tschao. Wo kommen Sie zu dieser Stunde her?

TSCHAO:

Herr Ma hatte die Freundlichkeit, mich in einer geschäftlichen Angelegenheit zu sich zu bitten.

FRAU MA:

Was ist das für eine geschäftliche Angelegenheit?

TSCHAO:

Ich bin leider noch nicht unterrichtet, gnädige Frau.

FRAU MA:

Ich hatte diese Nacht einen Traum. Ich träumte, wir beide gingen eine steinige Straße, viele, viele Stunden lang. Die Sonne brannte unerträglich. Kein Baum, kein Strauch, nicht der Schatten eines Schattens. Mich dürstete, daß ich zu sterben meinte; kein Quell weit und breit. Da nahmen Sie ein Messer, Tschao, stießen es sich ins Herz, Ihr Blut rann nieder, und Sie sprachen, schon vergehend: Yü-pei, trinken Sie mein Blut, das ich gern für Sie verströme.

TSCHAO:

Und Sie?

FRAU MA:

Ich trank und war gerettet. Ich bereitete Ihnen ein prunkvolles Begräbnis und verbrachte meine Tage damit, Ihren heroischen Tod zu bejammern und zu beweinen. Und fast schien es mir im Traum, als liebte ich Sie, da Sie tot waren, noch inniger, als da Sie noch lebten.

TSCHAO:

Wann werden wir einander völlig angehören dürfen, frei vor aller Welt, und nicht heimlich wie jetzt im Garten, wenn Herr Ma einmal ausgegangen ist?

FRAU MA:

Bald, vielleicht eher, als Sie meinen.

TSCHAO:

Seit ich Sie sah, Yü-pei, ist das Sternbild der Weberin von seinem Platz am Himmelsgewölbe verschwunden und leuchtet nun auf Erden. Wie ein Glühkäfer schwirrt es vor mir her, und manchmal darf ich es fangen, und erstaunt halte ich es in meiner Hand; es leuchtet, aber es verbrennt mich nicht. Es bleibt aber nicht bei mir. Immer wieder fliegt es davon, und immer wieder muß ich durch Gebüsch und Gesträuche ihm nach. – Yü-pei, zuweilen bin ich ganz verzweifelt, und zuweilen will es mich würdiger dünken, ich machte diesem qualvollen Leben ein Ende, als daß ich noch weiter dahinsieche und meine Tage dahinschleppe wie ein Kahntrecker seinen elenden Kahn den Yang-tse-kiang hinauf. In den Falten meines Mantels trage ich ihn immer bei mir, den Tröster, der ewigen Trost brächte.

FRAU MA:

Süßer Tschao, was haben Sie für schreckliche Gedanken! Zeigen Sie, was Sie in den Falten Ihres Mantels tragen.

TSCHAO:

(holt ein kleines Büchschen hervor.)

Ich kaufte es einem Mönch ab im Tempel des Wu-wang.

FRAU MA:

Gift!

TSCHAO:

Ich habe mich in den Schutz des Gottes der Krähen gestellt. Niemand wird mich begraben; ich habe keine Anverwandten. Auf das freie Feld wird man meinen Leichnam werfen. Die Krähen werden kommen und ihre Mahlzeiten halten.

FRAU MA:

Süßer Tschao, gib mir das Gift, gib es mir, Du darfst es nicht bei Dir tragen in einem Zustand, da Dein Gemüt verdunkelt ist.

(Sie entwindet ihm die Büchse.)

Ich hebe es auf! Wer weiß, ob nicht die Stunde einmal kommt, da wir gemeinsam die Reise in die unteren Bezirke antreten.

TSCHAO:

Mit Dir zu sterben, wäre mir höchste Seligkeit.

FRAU MA:

Jetzt sollst Du noch mit mir leben, und diese Seligkeit wird süßer sein.

(Zieht ihn hinter einen Baum. Umarmung.)

Ich bat Dich bei unserer letzten Zusammenkunft, die Gesetzesbücher auf einen strittigen Punkt durchzusehen und mir Auskunft zu geben über die Frage: wer ist Erbe von Geld und Gut, Haus und Hof, wenn der Mann stirbt?

TSCHAO:

Erbe, und zwar Alleinerbe, ist die erste Frau, die Gattin erster Klasse.

FRAU MA:

(freudig)

Tschao!

TSCHAO:

Doch tritt in der Erbfolge eine Änderung ein, falls sie kinderlos bleiben sollte.

(Frau Ma stampft mit dem Fuß auf.)

TSCHAO:

Hat eine Nebenfrau einen Knaben geboren, dann tritt sie und das Kind in die Rechte der Alleinerben, und die Hauptfrau wird auf ein Pflichtteil gesetzt.

FRAU MA:

Das ist also mein Schicksal, wenn Ma stirbt. Habe ich ihm nicht schon treu gedient, als diese Hure von Haitang noch garnicht auf der Welt war? Jetzt soll ich mein Alter in Armut und Elend wie einen Leinensack tragen, während sie mit ihrem Bankert in goldner Sänfte an mir vorbeigetragen wird, und ich hocke am Straßenrand und bettle um ein paar Kesch.

TSCHAO:

Das wird nie geschehen, solange ich lebe.

FRAU MA:

Großes Kind – bist Du nicht arm wie ein Kirchenmaus? Dein dürftiges Gehalt, um das Dich Herr Tschu, der Oberrichter, obendrein meist betrügt, reicht kaum zum Tabakkauen für Dich. Muß ich Dir nicht immer von mir aus noch einige Taels zustecken und Dir Reis und Kuchen schicken? Du wärst wohl längst verhungert ohne mich.

TSCHAO:

So siehst Du keinen Weg aus dem Elend?

FRAU MA:

(langsam)

Ich sehe – einen. Wirst Du mir versprechen, mir auf diesem Wege zu folgen, auch wenn dieser Weg ein krummer Weg sein sollte? Wirst Du die Augen schließen und Dich ganz meiner Führung anvertrauen? Mir zu Liebe?

TSCHAO:

Ich will es versprechen, weil ich keinen Weg sehe.

FRAU MA:

Die Stunde des Gerichts hat eben zu schlagen begonnen. Ich werde gehen, Dich Herrn Ma zu melden.
(ab)

TSCHAO:

Tschao-hai nennt man mich auf dem Gericht: Tschao, den sich durch Tugenden Auszeichnenden. Werde ich diesen Ehrentitel noch lange tragen dürfen? Ich werde heute abend Räucherwerk entzünden, um die bösen Geister, die sich in meinem Hause und meinem Herzen schon festgenistet haben, zu vertreiben.
(Ma erscheint auf der Veranda, hinter ihm Frau Ma, Haitang, die sich alle drei verneigen. Tschao ebenfalls.)

MA:

Wie tief im Tal der schwarze Fluß, daran
die Stadt gelagert wie ein Haufen
von den Söldnern nach der Schlacht!
Es warf ein jeder
sich in das Feld, grad wo er stand, so sehr
ermüdeten ihn Blutrausch, Mord und Tod.
Also die Häuser, da und dort verstreut,
gehalten nur
von einem Turm, der herrisch in der Mitte
den Strahlenhelm nach allen Seiten dreht.
Der Yang-tse-kiang, so sagt man, berge Perlen
in seinen schwarzen Wassern. Wer um Mitternacht,
mit reinem Sinn und Zauberspruch begabt,
sich an das Perlenfischen macht, dem ist
zuweilen wohl ein seltner Fund gegönnt.
Ich ging die Nacht an seinen dunklen Ufern und fand
ganz ohne Zauber – auch das Herz
war nicht so rein, wie die Beschwörung fordert –
ich fand ein Perlchen doch und hob es auf.
Und strahlender als des Mikado Perlen
hat's mir die Nacht erleuchtet, süßer mich
als alle Perlen Indiens beglückt.

TSCHAO:

Ihr Knecht Tschao ist auf das höchste geehrt, mit seinen geringen seelischen und geistigen Kräften Euer Hochgeboren vielleicht einen bescheidenen Dienst leisten zu dürfen.

(Frau Ma und Haitang bringen je eine Strohmatte, die sie ausbreiten.)

MA:

Ich bitte Platz zu nehmen.

(Ma und Tschao setzen sich auf die Strohmatten. Zu den Frauen:)

Laßt uns allein.

(Haitang und Frau Ma ab.)

TSCHAO:

Ein herrlicher Frühlingstag!

MA:

Lau und milde wie ein Sommertag. Er tut meinen alternden Gliedern wohl. So ist Haitang.

(Tschao schweigt.)

MA:

Man nennt Sie auf dem Gericht Tschao-hai: der sich durch Tugend, Gerechtigkeit und Unbestechlichkeit auf das höchste auszeichnet.

TSCHAO:

Meine Verdienste sind unbeträchtlich, meine Charaktereigenschaften einer Hervorhebung nicht würdig – man übertreibt.

MA:

Ich möchte Sie daher ersuchen, meine Interessen in einer juristischen Angelegenheit zu vertreten, die mir schon lange im Kopf herumgeht.

TSCHAO:

Ich werde nicht verfehlen, Ihnen nach Möglichkeit zu dienen.

MA:

Über das Honorar werden wir uns leicht einigen. Ich höre, daß Sie nicht in den besten Verhältnissen leben.

TSCHAO:

Ich kann leider nicht widersprechen.

MA:

Ich bitte Sie, im Rahmen des Möglichen natürlich, jede beliebige Summe als Vorschuß entnehmen zu wollen.

TSCHAO:

Und worum handelt es sich, wenn ich mir die Frage gestatten darf?

MA:

Ich habe beschlossen, mich von meiner Gattin ersten Ranges, Yü-pei, scheiden zu lassen und Haitang in ihren Rang zu erheben. Ich liebe Haitang, sie

hat mir einen Erben geboren. Ich beauftrage Sie mit der Erledigung der juristischen Formalitäten.
(Tschao ist aufgesprungen.)

MA:
Warum bleiben Sie nicht sitzen?

TSCHAO:
Ich leide in letzter Zeit an Rheumatismus; die Strohmatte hält die Feuchtigkeit des Erdbodens zumal im Frühling nicht genügend zurück. Ich bitte für meine Formlosigkeit um Entschuldigung.

MA:
Nun? Wollen Sie meine Angelegenheit führen?

TSCHAO:
Ich bin selbstverständlich entzückt, Ihnen behilflich sein zu können.

MA:
Es würde die Lösung erleichtern, wenn man Frau Ma eine Untreue nachweisen könnte, irgend ein Verhältnis mit einem Mann, das die Sittenlehre nicht billigt.

TSCHAO:
Ein solches Verhältnis läßt sich zur Not auch künstlich herbeiführen. Man konstruiert einen Ehebruch.

MA:
Ich sehe, wir verstehen uns.
(Klatscht dreimal in die Hände, Frau Ma und Haitang erscheinen.)
Yü-pei, geleite den Herrn bis an das Tor. Haitang, Du hast mir heute den Knaben noch nicht gezeigt? Komm, zeige ihn mir!
(Beide ab ins Haus.)

FRAU MA:
Was wollte er?

TSCHAO:
Er will sich scheiden lassen.

FRAU MA:
Von – mir?

TSCHAO:
Von Dir. Er beauftragt mich, die Scheidung einzuleiten.

FRAU MA:
Wir müssen handeln, jeder Aufschub wäre Torheit und Verrat am eigenen Geschick.

TSCHAO:
Was willst Du tun?

FRAU MA:

Schließe die Augen! Der Gott des Dunkels sei mit Dir!

(Frau Ma ab ins Haus. Am Gartenzaun erscheint, völlig zerlumpt, Tschang-ling.)

TSCHANG-LING:

Nun bin ich gegangen
von Haus zu Haus, von Stadt zu Stadt,
blieb niemand an mir hangen.
Stein ward mein Herz, staubweiß mein Haar;
Wie doch die Landstraß' staubig war.
Trugglanz ist alles, und nichts ist wahr.
Ich habe keine Heimat, wenn nicht das Feld.
Ich habe kein Haus, wenn nicht die Welt.
Kein Geld, kein liebes Lächeln, das mich hält.
Ihr Herren und Damen, in aller Heiligen Namen,
Wollet mir etwas schenken!
Und wenn ich's versaufe, wer kann mir's verdenken?
Ich laufe durch die Welt, wie elend,

wie schwelend mein Herz! Flamme unter der Asche! Rauch und Ruß überall. Tags saß ich in hohlen Baumstämmen und schlief. Nachts machte ich mich auf den Weg und lief da- und dorthin. Schwirrte wie eine Fledermaus; die Dunkelheit tat mir wohl. Das Licht schmerzte mich. Wohin sind meine eleganten Kleider? Die trunkenen Abende in den Schenken? In Fetzen hängen mir einige Lumpen am Leibe. Mein Magen ist eine gedörrte Pflaume. Vor den Tempeltüren kniee ich und flüstere heiser: einen Kesch, schöne Dame, im Vorüberwandeln, im Namen der Göttin Kwanyin, die Ihr selbst eine Göttin seid, geschnitzt aus Bergkristall. Einen Kesch, hoher Herr, im Namen des Gottes Fo, den zu besuchen Ihr Euch anschickt, um sein brüchiges Standbild neu vergolden zu lassen. Vergolde mir Eure Güte eine Stunde meiner schwarzen Tage. – Ich traf einen alten Zauberer. Ich bat ihn um Aufklärung über das Wesen Himmels und der Erde. Er sagte mir: Bruder, tritt der Gesellschaft Himmels und der Erde bei, so wirst Du es erfahren. Die drei großen Mächte sind: Himmel, Erde, Mensch. Warum willst Du, der Mensch, Dich Deiner Macht begeben? Einsicht und Nachdenken wird Dich zu den Gestirnen erheben. Du wirst neben der Weberin im goldenen Kreise ziehen. Ich schwieg und dachte, und nachdem ich nachgedacht, trat ich der Gesellschaft bei, die das Los der armen Menschen bessern will. – Das höchste Wesen will nicht, daß Millionen Sklaven sind von einigen wenigen, denen der Zufall Gold und Edelsteine in Fülle in den Schoß warf. Der furchtbare Unterschied von arm und reich muß aufgehoben werden. Weh uns, daß Männer ihre Seele, Mütter ihre Töchter verkaufen müssen, um des nackten, dürftigen Lebens willen. Vater Himmel und Mutter Erde haben nie und nimmer Tausenden ein Recht gegeben, das Eigentum ihrer Millionen Brüder zur Befriedigung ihrer Üppigkeit zu verschlingen. Sie prassen von dem Schweiß und der Arbeit ihrer

unterdrückten Brüder. Die Sonne mit ihrem strahlenden Antlitz, die Erde mit ihren reichen Schätzen, die Welt mit ihren Freuden ist gemeinschaftliches Gut, das zur Bestreitung der dringendsten Bedürfnisse Millionen nackter Brüder aus den Händen der paar Tausend zurückgenommen werden muß. Die Menschheit muß endlich einmal von ihrem Jammer erlöst werden. Der edle Same des Menschentums darf nicht unter dem Unkraut der Unmenschlichkeit erstickt werden. Ein solch verruchtes Unkraut, das den Blumen und nützlichen Pflanzen die Erde wegnimmt, ist Herr Ma, der Besitzer dieses Hauses. Er hat meinen Vater in den Tod, mich in das Elend getrieben und meine Schwester gezwungen, sich ihm zu verkaufen. Sein Name ist in der Liste der Brüderschaft längst mit einem Kreidekreis umgeben. Das bedeutet seine Trennung von dieser Welt. Sein Urteil ist gesprochen. Und ich bin erkoren, es zu vollstrecken.
(Haitang erscheint.)

HAITANG:
Was will der fremde Mann am Zaun?

TSCHANG-LING:
Er bittet demütigst um eine Schale Reis. Ihn hungert.

HAITANG:
Warte, fremder Mann.
(Geht und kommt im Augenblick mit einer Schale Reis wieder, die sie ihm bietet.)
Wer bist Du, fremder Mann?

TSCHANG-LING:
Der Sohn eines Vaters, der sich erhängte, der Sohn einer Mutter, die in Kummer starb. Der Bruder einer Schwester, die sich verkaufte.

HAITANG:
Bruder! – Laß mich vor Dir niederknieen und den Staub von Deinen Füßen küssen. Wie weit bist Du gewandert durch Schmutz und Kot?

TSCHANG-LING:
Kannst Du mir verzeihen, daß ich Dich einst schlug, wie man ein Maultier schlägt? Wie darf Mensch den Menschen schlagen, Bruder die Schwester?

HAITANG:
Unsere Mutter starb, als Du in der Fremde warst. Herr Ma, mein Gebieter, hat ihr ein sieben Stock hohes Denkmal errichtet.

TSCHANG-LING:
Hätte Herr Ma unserm Vater ein einstöckiges Haus errichtet, da er lebte, und ihm die geringen Schulden erlassen, Herr Ma hätte besser gehandelt.

HAITANG:
Er handelte, wie seine Natur ihm gebot.

TSCHANG-LING:
Gebot sie ihm, Dich zu kaufen und als seine Sklavin zu halten, seinen bösartigen Trieben dienstbar?

HAITANG:
Herr Ma kaufte mich als seine Sklavin, er hat mich als seine Gattin ehren und achten gelernt.

TSCHANG-LING:
Und worin besteht diese Achtung?

HAITANG:
Er hat mir ein Kind geschenkt.

TSCHANG-LING:
Wie, Du hast Dich dazu hergegeben und erniedrigt, diese verfluchte Rasse der Ma fortzupflanzen?

HAITANG:
Es ist auch mein Kind, und auch ich werde in ihm auf Erden wandeln, wenn mein Leib längst im Sarge fault. Ich flehe Dich an, Ma nicht zu hassen. Dein Elend macht Dich ungerecht gegen ihn. Ich werde Ma bitten, Dir eine Stellung zu verschaffen. Er hat ausgedehnte Geschäfte, es wird sich gewiß etwas für Dich finden.

TSCHANG-LING:
Ich will von seinen verbrecherischen Händen Güter nicht empfangen.

HAITANG:
Er ist kein Verbrecher. Er ist weder gut noch schlecht. Dies ist sein Charakter. Er kennt weder das eine noch das andere. Er lebt wie der Panther im Busch.

TSCHANG-LING:
Das Raubtier, das sich vom Blute lebender Menschen nährt, muß zur Strecke gebracht werden.

HAITANG:
Was willst Du tun?

TSCHANG-LING:
(zieht ein Messer.)
Sieh dieses Messer –

HAITANG:
Ich beschwöre Dich –

TSCHANG-LING:
Siehst Du dieses Zeichen hier am Knauf?

HAITANG:
Es ist das Zeichen der weißen Lotosblume.

TSCHANG-LING:

Ich bin Mitglied der Bruderschaft vom weißen Lotos. Die Bruderschaft hat sein Todesurteil gesprochen. Sein Haus soll angezündet und in der Verwirrung geplündert werden. Der Verband der Feuerwehr ist von der Bruderschaft benachrichtigt. Er wird zum Löschen zu spät kommen.

HAITANG:

Das Rad des Schicksalswagens rollt, und ich bin mit Stricken daran gebunden. Gewähre Aufschub, ihm und mir. Ich will mit ihm reden. Er wird der Bruderschaft eine Stiftung von tausend Taels in Gold machen; gewiß, das wird er.

TSCHANG-LING:

Er wird sich nicht vom Gericht loskaufen. Das Gericht der Bruderschaft ist unbestechlich.

HAITANG:

Das Orakel – laß mich das Orakel des Kreidekreises befragen.

(Sie zieht einen Kreis.)

Gib mir das Messer. Ich werfe mit dem Messer nach dem Kreis. Der Kreis umschließt sein Leben. Trifft das Messer den Raum innerhalb des Kreises, so haben die Götter gerichtet, so soll die Lotosblüte sich entfalten, so muß er sterben.

(Sie schleudert das Messer; das Messer trifft genau die Kreislinie.)

Das Messer ist nicht innen, nicht außen, es hat genau die Linie des Kreises getroffen. Bruder, nimm das Messer, und berichte der Bruderschaft von dem wunderlichen Orakel. Laß es die Weisesten der Bruderschaft deuten. Dies eine versprich mir, das Urteil nicht eher zu vollziehen, als bis der Sinn des Orakels geklärt.

TSCHANG-LING:

Ich werde es den Brüdern berichten. Ich werde wiederkommen.

HAITANG:

Bruder, lieber Bruder, wie siehst Du so armselig drein. Komm, nimm dieses Pelzgewand

(sie zieht es aus.)

über Deine Lumpen und nun geh! Fo sei mit Dir! Er gebe dem Pfeil Deines edlen Willens das rechte Ziel.

TSCHANG-LING:

Kwanyin segne Dich!

(ab)

(Haitang sieht ihm am Gartenzaun nach, Frau Ma erscheint.)

FRAU MA:

Sie sprachen am Gartenzaun mit einem fremden Mann. Wer war es?

(Haitang schweigt.)

FRAU MA:

Ich kann mir wohl denken, wer es war. Es gehört keine üppige Phantasie dazu. Schämen Sie sich nicht, an der Straße mit Männern anzubändeln? Sie haben wohl Ihre Teehausmanieren noch nicht verlernt? Haben Sie vergessen, daß Sie die, wenn auch zweite, Gattin eines hochgeachteten Mannes geworden sind? Sie treten die Ehre des Herrn Ma, meines hohen Gebieters und Herrn, mit Füßen. Wissen Sie, was Ihnen gebührt? Dreißig Stockschläge auf die Sohlen! Und was sehe ich soeben? Wo ist der kleine Mantel geblieben, den Sie heut früh noch über dem Kleid trugen?

HAITANG:

Ich habe ihn verschenkt.

FRAU MA:

Ein Geschenk des Herrn Ma zu Ihrem Geburtstage haben Sie verschenkt?

HAITANG:

Ich habe ihn jenem armen Mann am Zaun geschenkt. Er ist so arm, und wir sind so reich. Es war ein Bettler.

FRAU MA:

Bettler hin, Bettler her. Sind Sie schon so weit heruntergekommen, daß Sie sich unter den Bettlern einen Liebhaber suchen?

HAITANG:

Das Sittengesetz gebietet, den Armen wohlzutun.

FRAU MA:

Das, was Sie „wohltun“ nennen, wird das Sittengesetz nicht gemeint haben.

HAITANG:

Wieviel Elend ist in der Welt, wollen wir nicht versuchen, nach unsern schwachen Kräften dazu beizutragen, es zu lindern?

FRAU MA:

Herr Ma zahlt pünktlich seine Kirchensteuern, das genügt. Aber jetzt genug der überflüssigen Kontroversen. Herr Ma will hier im Garten bei dem schönen Wetter seinen Tee nehmen. Richten wir den Teetisch.

(Tun es, Ma kommt aus dem Hause. Frau Ma und Haitang verneigen sich.)

MA:

Wo bleibt der Tee?

HAITANG:

Sofort, lieber Herr.

(Geht ins Haus.)

FRAU MA:

Darf ich eine Frage an meinen Herrn richten?

MA:

Ich bitte darum.

FRAU MA:

Haitang scheint Ihrem Herzen seit einiger Zeit besonders nahe zu stehn?

MA:

Sie schenkte mir einen Erben.

FRAU MA:

Sie haben mir seit Monaten nicht mehr die Ehre eines nächtlichen Besuches erwiesen.

MA:

Ich bin Ihnen Rechenschaft nicht schuldig.

FRAU MA:

Haitang betrügt Sie! Ich sah sie mit einem fremden Menschen am Gartenzaun stehen. Vielleicht hat sie gar dunkle Pläne, wer weiß? Sie hat dem Fremden ihren mit Pelz besetzten Überwurf geschenkt, den Sie ihr zum Geburtstag verehrten.

MA:

Ich werde Haitang sofort zur Rede stellen.

(Haitang kommt mit einer Tasse Tee.)

MA:

Haitang, man hat mir eben schlimme Dinge berichtet.

HAITANG:

Nicht alle Zungen reden wahr.

FRAU MA:

Ich pflege nicht zu lügen.

MA:

Du hast mit einem fremden Mann hier am Gartenzaun geredet?

HAITANG:

Ich habe mit einem Bettler gesprochen.

MA:

Du hast ihm den kleinen, mit Pelz besetzten Mantel geschenkt, ein Geschenk von mir? Achtest Du so die Geschenke Deines Mannes, der Dich liebt?

HAITANG:

Ich diene in Demut meinem Herrn und weiß seine Güte gebührend zu schätzen. Aber der Bettler hatte nur Lumpen auf seinem Leib. Er fror. Er dauerte mich.

MA:

Sahst Du den Bettler heut zum ersten Male?

HAITANG:

Nein.

FRAU MA:
Erkennen Sie nun ihre Treulosigkeit?

MA:
Wer war der Bettler?

HAITANG:
Mein Bruder.

FRAU MA:
Glauben Sie der lügnerischen Person?

MA:
Ich glaube, denn ich liebe. Seit ich Dich kenne, Haitang, hast Du mein Herz verwandelt. Du hast nichts dazu getan, mich zu überzeugen. Dein einfaches Dasein wirkte. Hättest Du mich, der ich Deinen Vater in den Tod, Deine Familie in Jammer und Elend gestürzt, nicht hassen müssen? Hättest Du mir den Tod gewünscht, es wäre nur allzu natürlich gewesen. Ich habe Dich aus dem Teehaus geraubt wie ein wilder Affe im Urwald ein Menschenweib. Du warst immer gleich, immer Du, sanft wie eine Göttin. Daß es Göttinnen gibt, habe ich durch Dich erfahren. Durch Dich habe ich erst an das höchste Wesen zu glauben gelernt. Haitang, fühlst Du, daß ich zu lieben vermag, und daß ich Dich liebe?

HAITANG:
Tränen der Freude steigen mir ins Auge. Am Himmel die Sonne lächelt wieder. Es wird alles wieder gut werden, da Du, Ma wieder gut wurdest.

MA:
Zum erstenmal sagst Du „du" zu mir, Haitang. Wie bin ich froh darüber, daß die Wand zwischen uns fiel, daß ich wie im Hause des Herrn Tong nicht mehr durch die Wand zu kommen brauche. Himmel, Erde, Mensch sind die drei großen Mächte. Du, ich, das Kind – wir werden die drei kleinen Mächte sein. Eins und drei in der einen, seligen Dreieinigkeit.

FRAU MA:
Sie wollten Tee trinken, gnädiger Herr.

HAITANG:
Ich vergaß den Zucker. Wie nachlässig ich bin.

FRAU MA:
Geben Sie die Tasse! Ich werde den Zucker hineintun.
(Sie nimmt die Tasse, geht bis zur Veranda, zieht die Büchse, die ihr Tschao gegeben, heraus; leise:)
Ich werde den Zucker hineintun, den mir Tschao gegeben.
(Schüttet das Gift in den Tee.)

HAITANG:
Die Liebe zu Dir hat sich heut wie eine Lotosblume in mir entfaltet.

MA:

Ich danke Dir für Deine Liebe.

HAITANG:

Warum sprach ich soeben von einer Lotosblüte? Erinnere mich, wenn Du den Tee getrunken hast, daß ich Dir von einer Lotosblüte erzählen muß.

FRAU MA:

(Gibt Haitang die Tasse mit Tee.)

Kredenzen Sie ihm den Tee. Aus Ihren Händen mundet er ihm doppelt gut.

MA:

Erzähle mir, während ich trinke, das Märchen von der Lotosblüte …

(Er trinkt, läßt die Tasse fallen, die in Scherben klirrt. Faßt Haitang am Handgelenk.)

Haitang – ich – sterbe –

(fällt tot zusammen.)

HAITANG:

Mein lieber Mann – mein lieber Mann – ich wollte Dir noch das Märchen von der Lotosblume erzählen – hörst Du mich nicht? Siehst Du mich nicht? Bist Du nicht mehr bei mir?

(Sie kniet hin vor Ma, legt seinen Kopf in ihren Schoß.)

FRAU MA:

Hilfe! Hier ist jemand ermordet. Herr Ma ist vergiftet.

(Hin- und Herlaufen von Dienern und Dienerinnen. An der Straße tauchen Tschao und Tschang-ling auf. Eine Polizeipatrouille erscheint.)

FRAU MA:

Ma ist tot. Wir sind frei!

TSCHAO:

(entsetzt zurückweichend)

Wer hat ihn getötet?

(Polizei)

EIN POLIZIST:

Was gibt es?

FRAU MA:

Diese Person da, Herrn Mas zweite Gattin, ehemals ein Teehausmädchen niedersten Ranges, hat meinen erlauchten Gatten, Herrn Ma, vergiftet.

POLIZIST:

Bindet sie!

HAITANG:

In der ersten Stunde, da ich Dich kennen lernte, muß ich Dich verlieren, Ma. – Gebt mir mein Kind! Reißt mich nicht von meinem Kinde!

FRAU MA:

Von *ihrem* Kinde? Ihr Geist ist verwirrt oder voll böser Anschläge. Sie hat kein Kind. Das Kind im Hause ist *mein* Kind, das ich von Herrn Ma empfangen, und das sie nur gewartet hat.

POLIZIST:

Führt die Verbrecherin ab!

TSCHANG-LING:

Ein Gott hat gerichtet!

HAITANG:

(vor Mas Leiche)

Er wird abwischen alle Tränen von meinen Augen.

VORHANG.

III. Akt

Im Hintergrund Mitte Sessel des Hauptrichters mit Tisch. Links und rechts Sessel für Beisitzer. In der Mitte über dem Sessel Gobelin mit dem Bildnis des fünfklauigen Drachen. Rechts und links daneben lange schmale Fahnen mit chinesischen Schriftzeichen. Vor dem Sessel des Richters ist ein Kreidekreis gezogen, in den die Angeklagte zu knien hat. Links und rechts im Vordergrund der Raum für Zeugen und Publikum, vom Mittelraum durch Barrieren getrennt. Tschu-tschu, der Richter, sitzt auf dem Richterstuhl und frühstückt.

TSCHU:

Mein Name ist Tschu-tschu, ich bin der von Seiner Kaiserlichen Himmlischen Majestät

(erhebt sich, setzt sich wieder.)

eingesetzte oberste Richter von Tscheu-kong. Das Publikum erwarte deshalb nicht, von mir mit der üblichen Devotion begrüßt zu werden. Ich neige weder meine Knie noch meine Stirn vor einer derartigen Gesellschaft miserabler Kreaturen, wie ich sie hier zu meinem Abscheu versammelt sehe. Es dürfte nicht einer im Publikum sein, der es mir an Rang, Ansehen und Bildung gleich tut, und deshalb dürfte es weit eher am Platze sein, wenn sich das Publikum zu meiner Ehre von seinen schmutzigen Bänken erhöbe und dem Prinzip des Staats, der Rangordnung, des Rechtes und der Sittlichkeit denjenigen Respekt bezeigte, der diesen erhabenen Prinzipien der Menschheit zukommen dürfte. Um neun Uhr sollen die Gerichtsverhandlungen beginnen, jetzt will ich erst einmal in Ruhe frühstücken.

(Er knabbert an Früchten, beißt in ein Brot.)

Das Frühstück gehört zu den angenehmsten Dingen des Lebens. Mit vollem Magen kann man einen Angeklagten, einen Dieb etwa, der aus Hunger gestohlen, nochmal so leicht und mit doppelt gutem Gewissen zum Galgen verurteilen. Heute bin ich leider ein wenig verkatert. Ich habe Kopfweh. Ich habe die Nacht im Hause des Herrn Tong verbracht in Gemeinschaft mit den drei reizenden Mädchen Yü, Yei, Yau. Sie haben mich mit Gong, Flöte und Geige in den Schlaf musiziert, nachdem wir Reiswein in erheblichen Portionen zu uns genommen und die reizende Yau mir mit Seele und Leib, besonders Leib, hihi, angehört hatte. Ich habe hier eine kleine farbige Tuschzeichnung, welche die drei Mädchen völlig unbekleidet in allerlei verfänglichen Stellungen zeigt. Die will ich mir jetzt in Muße betrachten, indem ich mich würdig auf den heutigen Abend vorbereite. Der Nacken von Yü, alle Achtung! Aber die Schenkel von Yau, auch nicht zu verachten! Aber erst die kleinen Brüste von Yei, ihnen muß ich doch den Preis zuerkennen!

(Tschao tritt ein.)

TSCHAO:

Ich bitte um Vergebung, wenn ich Sie in Ihren Meditationen störe, Exzellenz. Frau Ma, die Klägerin in dem ersten der heute angesagten Prozesse, beauftragt mich, Ihnen als Zeichen ihrer devotesten Unterwürfigkeit unter Eurer Exzellenz richterliche Einsicht diesen kleinen Beutel übersenden zu dürfen.

(Überreicht ihm einen Beutel mit Gold und zieht sich zurück.)

TSCHU:

(läßt das Gold über den Tisch rollen.)

Gold – Gold – keine schönere Musik, als wenn Gold über den harten Tisch rollt. Es klingelt wie Pagoden-Glocken. Beim Geläut des Goldes werde ich förmlich fromm. Frau Ma ist eine überaus freigiebige Dame. Sie dürfte ihr Recht finden. Man nennt mich im Volksmund nicht umsonst den Herrn Doppelkopf mit der gespaltenen Zunge. Ich werde schon alles so drehn und deuteln, daß der Schein des Rechtes hell leuchtet, und man mir auf keinen Fall an den Wagen fahren kann. Jetzt will ich mich aber noch ein wenig in das Strafgesetzbuch vertiefen

(packt das Gold und sein Frühstückszeug zusammen)

und mich in das Beratungszimmer zurückziehen. Die Paragraphen über Beamtenbestechung werden mir keine Kopfschmerzen machen. Ich entferne sie einfach, ritsch, ratsch,

(reißt Blätter heraus)

aus meinem Buch. Da ich jedesmal dieses Buch, Gesetze und Verordnungen des Herrscherhauses der Mantschu, beschwöre, danach Recht zu sprechen, so werde ich keinen Meineid leisten, und mein Herz ist rein wie die Wolle eines jungen Lämmchens.

(Ab durch eine Tapetentür im Hintergrunde. Der Raum hinter der Barriere füllt sich. Frau Ma erscheint. Frau Ma winkt einer dicken Frau, der Hebamme; zieht sie in die Mitte des Raumes.)

FRAU MA:

Vorsicht, treten Sie nicht in den Kreidekreis, sonst werden Sie selbst angeklagt, oder der Zauberkreis bannt Sie.

HEBAMME:

O je, o je, wie habe ich's nur verdient, aufs Gericht zu kommen. Die Schande, die Schande! O je, o je, mein Herz schlägt, als sollte es mir die Brust zerschlagen. Was wird mein Mann sagen? Ich habe solche Angst, Frau Ma. Was wird mit mir geschehen? Wird man mich foltern?

FRAU MA:

Reden Sie keinen Unsinn, Frau Lien. Sie sind nur hier als Zeugin geladen. Sie sollen zeugen –

HEBAMME:

O je, o je, ich glaubte immer, daß nur die Männer zeugen können, wovon ich ja in meinem Berufe mich hinlänglich überzeugen konnte, und nun soll ich selbst zeugen?

FRAU MA:

Sie sollen Zeugnis ablegen, Frau Lien, daß der Knabe Li m e i n Kind ist, und nicht das der Haitang.

HEBAMME:

Aber wie soll ich dieses Zeugnis ablegen, da es doch nicht wahr ist?

FRAU MA:
Pst!

HEBAMME:
War ich doch selbst es, die die Nabelschnur zwischen dem Kinde und der Frau Haitang trennte.

FRAU MA:
Frau Lien, Sie irren sich! Hier haben Sie zwanzig Goldtaels, um Ihrem Gedächtnis auf die richtige Spur zu helfen.

HEBAMME:
Frau Ma sind zu gütig, zu gnädig zu einer armen, alten Frau. Ja, ja, ja, ja, jetzt dämmert es mir, mir ist da in der Dämmerung eine Verwechslung unterlaufen – ich habe Sie und Haitang verwechselt! Diese Haitang ist eine stolze und hochmütige Person, und obwohl aus dem gleichen niedrigen Stande wie ich, hat sie nie ein freundliches Wort für mich gehabt. Immer von oben herab!

FRAU MA:
Da ist es ja wohl kein Wunder, daß sie Herrn Ma,
(schluchzend)
meinen geliebten Mann, vergiftet hat.

HEBAMME:
Was Sie nicht sagen! Vergiftet? Ja, ja, ja, ja, es gibt böse Menschen auf der Welt. Da kann ja auch wohl das Kind nicht von ihr sein.

FRAU MA:
Kommen Sie nach Schluß des Prozesses zu mir nach Hause, ich habe noch einige abgelegte Kleider, glänzend erhalten, es wird sich gewiß noch ein Staatskleid für Sie darunter finden.

HEBAMME:
Meinen innigsten Dank, Frau Ma.
(Küßt ihr die Hand.)
Frau Ma sind zu gütig zu mir, zu herablassend.
(Frau Ma läßt sie gehen und zieht zwei Kulis nach vorn.)

FRAU MA:
Ihr seid doch Männer, die wissen, was sich schickt?

ZWEI KULIS:
Das wollen wir meinen!
(Spucken in den Saal und sprechen immer gleichzeitig.)

FRAU MA:
Die der Gerechtigkeit zum Siege verhelfen wollen?

ZWEI KULIS:
Gerechtigkeit, was ist das?

FRAU MA:

Gerechtigkeit ist, wenn ich Euch hier ein paar Taels gebe und ein Päckchen Kautabak, und Ihr sagt hier als Zeugen vor Gericht das aus, was ich Euch vorsagen werde.

ZWEI KULIS:

Wir haben in der Schule immer gut auswendig gelernt. Also schießen Sie nur los. Wir werden es genau behalten, denn wir sind helle Köpfe, daran ist kein Zweifel. Wir haben in der Schule gelernt, uns in unserem moralischen Lebenswandel nach Sprichwörtern zu richten. Wir kennen einige treffliche Sprichwörter, nach denen wir uns richten werden: Geld kommt vor allen Tugenden der Welt. Oder dieses: Hast Du von jemand Geld bekommen, so handle ihm zu Nutz und Frommen.

FRAU MA:

Ich sehe, ich kann mir weitere Belehrungen ersparen. Ihr seid in der Tat aufgeweckte Burschen. Ihr werdet also bezeugen, daß Ihr Nachbarn von Herrn Ma seid, der, als ich seinerzeit den Knaben Li gebar, ein Fest für das ganze Stadtviertel und jedem der armen Leute eine Unze Silber als Festgabe gab. Ihr werdet bezeugen, daß Ihr mich, Herrn Ma und den Knaben oft genug zum Tempel Fo habt pilgern sehn, wo wir zu Ehren des Fo, und daß er den Knaben in seine Hut nehme, Weihgeschenke niederlegten und Weihrauch entzündeten. Ihr müßt beschwören, daß der Knabe mein Kind, und nicht das Kind Haitangs ist.

ZWEI KULIS:

(heben grinsend die Finger zum Schwur.)

Haben wir den Schwur erst mal auf der Gabel hier, dann wird er auch heruntergeschluckt. Der Eid wird geschworen, darauf können Sie das Gift nehmen, das, wie wir hören, Haitang Herrn Ma in den Tee gerührt hat.

FRAU MA:

Sie ist eine Mörderin, vergeßt das nicht! Sie verdient das Schlimmste.

(Kulis zurück in den Haufen.)

(Die Gerichtsglocke ertönt. Die Tapetentür öffnet sich, und es erscheinen in gemessenem Zug: Tschu-tschu, Tschao und noch drei Richter. Sie nehmen ihre Plätze ein, bleiben stehen. Zwei Gerichtsdiener halten Zeugen und Publikum, darunter Tschang-ling, im Schach.)

TSCHU:

Im Namen Seiner Kaiserlichen Himmlischen Majestät

(brabbelt unverständliches Zeug)

eröffne ich die heutige Sitzung.

(Die Richter setzen sich.)

739. Sitzung, 850. Verfahren, Abteilung Ma contra Ma. Gerichtsdiener, führen Sie die Angeklagte herein.

(Gerichtsdiener führt aus einer zweiten Tür im Hintergrund Haitang herein.)

TSCHU:

Angeklagte, nehmen Sie Ihren Platz dort innerhalb des Kreidekreises.

(Haitang macht einen dreimaligen Kotau und steht dann wieder aufrecht da.)

TSCHU:
Herr Tschao, Sie protokollieren?

TSCHAO:
Sehr wohl, Exzellenz.

TSCHU:
Angeklagte, Sie heißen?

HAITANG:
Tschang-Haitang, Tochter des Tschang, Frau des hochgeborenen Herrn Ma.

FRAU MA:
(unterbrechend)
Nebenfrau des hochgeborenen Herrn Ma, seine bloße Beischläferin, Konkubine sozusagen, aus einem Freudenhause aufgelesen, die Gattin ersten Ranges bin ich.

HAITANG:
Ich war Herrn Ma rechtlich angetraut. Da ich ihm einen Knaben geboren hatte, der Schoß seiner ersten Gattin unfruchtbar geblieben war, gedachte er, mich in den Rang der Hauptfrau zu erheben und sich von Frau Ma zu scheiden.

FRAU MA:
Sie lügt wie eine Elster. Seht nur die freche Person. Sie hat ihm ein Kind geboren? Ei, wann denn?

TSCHU:
Beruhigen Sie sich, Frau Ma. Im Laufe der Verhandlung wird sich ja alles der Wahrheit gemäß herausstellen. Wer erhebt die Anklage?

FRAU MA:
Ich, Yü-pei, rechtmäßige Hauptgattin des verewigten Herrn Ma, klage Haitang, Tochter des Gärtners Tschang und Nebenfrau des hochgeborenen Herrn Ma, des versuchten Kindesraubes und des vollendeten Giftmordes an Herrn Ma an.
(Bewegung im Zuschauerraum.)

TSCHU:
Angeklagte, was haben Sie zu dieser außerordentlich präzisen Anklage zu bemerken?

HAITANG:
(leise)
Ich bedaure, dieser Frau Unangenehmes sagen und sie Lügen strafen zu müssen.

TSCHU:
Welches ist die erste der fünf Haupttugenden?

HAITANG:
Liebe.

TSCHU:
Haben Sie Ihren Gatten geliebt, wie es das Gesetz fordert?

HAITANG:
Ich bin ihm stets mit Achtung begegnet und habe ihn lieben gelernt am letzten Tage seines Lebens. Da hat er mir die Kammer seines Herzens geöffnet und ein Licht darein gestellt, und ich konnte sehen, in diesem Herzen war ein Sessel für mich errichtet; der Sessel aber, auf dem einst jene Frau gesessen, war leer. Ein welker Pfirsichblütenzweig lag auf dem Polster.

FRAU MA:
Sie rezitiert Gedichte, wie sie es in ihrem schimpflichen Beruf gelernt. Denn Liebe machen und Verse machen gilt gleich viel.

TSCHU:
Welches ist die zweite der fünf Haupttugenden?

HAITANG:
Gerechtigkeit.

TSCHU:
Nach Recht und Gerechtigkeit wird hier geurteilt. Um nichts anderes geht es.

HAITANG:
Gerechtigkeit – ich bitte, daß sie mir zuteil werde, obwohl ich ihrer vielleicht nicht wert bin. Denn habe ich selbst immer recht gehandelt und geurteilt? Habe ich nicht über meinen Gatten ein Jahr lang bis heute eine ungerechte Anschauung gehabt in meinem Innern? Ich bitte die Götter, daß sie alle Schleier von meinen Augen nehmen, und ich klar sehe und nicht ungerecht urteile über jene Frau, die mir so bitter feind gesinnt ist, und der ich als erster Gattin zu dienen stets bestrebt war; der ich nie ein böses Wort gesagt habe, nie einen bösen Gedanken über sie gehegt, nie eine böse Tat getan habe. Diese Frau, ich habe es bemerkt, wenn ich sie morgens schminkte, hat viel Gesichter, wie ein Schauspieler viele Masken trägt und bald diese, bald jene Rolle spielt. Welches ihrer Gesichter ist echt? Welches wahre Gesicht liegt hinter all den Masken? Kann eine Maus die Rolle einer Libelle spielen? Kann eine Hyäne ein Lamm oder einen Hasen vortäuschen?

FRAU MA:
Den Tiernamen der Frau, der ich immer nur Gutes getan, und die mich so schamlos verleumdet, ich nenne ihn: sie ist eine zischende Schlange.

TSCHU:
Welches ist die dritte der Haupttugenden, Angeklagte?

HAITANG:
Schicklichkeit.

TSCHU:
Sie ließen sie in Ihren Äußerungen eben vermissen.

HAITANG:
So bitte ich um Vergebung. Aber es geht um mein Leben, Herr Richter, es geht um mein Kind. Soll ich aus Gründen der Schicklichkeit und des Wohlanstandes mir mein Kind stehlen lassen? Herr Richter, man hat mir im Gefängnis mein Kind verweigert! Man hat mich ohne Nachricht von ihm gelassen! War das wohl anständig, war das schicklich gehandelt, einer Mutter dieses Folterspiel zu bereiten? Li, mein Knabe, erkennst Du mich?

FRAU MA:
Sie heuchelt. Nie sah man das Laster sich so frech mit Tugenden wie falschen Papierblumen schmücken. Wie kann sie Muttergefühle vortäuschen, da ihr Schoß verdorrt ist wie ein Baum in der Wüste Gobi ohne Wasser?

HAITANG:
Mein Schoß verdorrt? Ich unbegnadet? Das heiligste Recht des Weibes mir nicht verliehen? Trug ich doch in diesem meinem Leibe, unter diesem meinem Herzen, neun Monate lang meinen Knaben Li, die Erfüllung meiner Sehnsucht, die Hoffnung meines Alters. Ich blühte nur, damit ich eine Frucht trüge. Die Blüte fiel ab, die Frucht reifte, reifte in Sonne und Sturmgewitter, in Wollust und Schmerzen. Ich, die ich keine Wollust empfunden, da ich ihn empfing, ich verging vor Wollust, da ich ihn gebar. Fo hat mich begnadet, gesegnet. Ich habe ihm Weihrauch entzündet jeden Tag meines Lebens.

FRAU MA:
Seht doch die ausgezeichnete Schauspielerin, wie sie fremde Charaktere spielt, sich gebärdet wie auf dem Holzgerüst einer Schmiere, wie auf dem Jahrmarkt! Warum ist sie nicht Naive geworden bei einer Wandertruppppe? Den dummen Bauern auf den Dörfern hätte sie diese Mätzchen vormachen können, aber nicht einem hohen Gerichtshof von Tscheu-kong.

TSCHU:
Welches ist die vierte der fünf Haupttugenden, Angeklagte?

HAITANG:
Wahrheit.

TSCHU:
Halten Sie sich streng an diese Tugend?

HAITANG:

Meine Augen sollen erblinden, mein Mund verstummen, mein Ohr taub werden, wenn ich nicht die lautere Wahrheit sagte. Dies Kind ist mein. Mein Schoß hat es geboren.

TSCHU:

Wir wollen zu diesem Punkt die Hebamme vernehmen, die der Mutter bei der Geburt des Knaben Li in ihren Wehen behilflich war. Treten Sie vor, Frau Lien!

HEBAMME:

O je, o je, womit habe ich das verdient, vor dem hohen Gerichtshof erscheinen zu müssen.

TSCHAO:

Fürchten Sie sich nicht, gute Frau! Sie haben nur der bereits soeben erwähnten vierten Kardinaltugend, der Wahrheit, die Ehre zu geben.

HEBAMME:

Ich werde mir die Ehre geben, der Ehre die Ehre zu geben.

TSCHU:

Also wie war der Hergang?

HEBAMME:

Der Hergang war damals ein großer Hin- und Hergang, als der Knabe Li geboren wurde.

TSCHAO:

(zu Tschu)

Die gute Frau steht dem gebildeten Idiom, das Eure Exzellenz zu sprechen belieben, unverständlich gegenüber.

HEBAMME:

Alles, was recht ist, oder alles, was unrecht ist: beleidigen lassen brauch ich mich auch von dem hohen Gerichtshof nicht. Wenn ich auch eine einfache Frau aus dem Hefenteig des Volkes bin, ein Idiom bin ich darum noch längst nicht.

HAITANG:

Frau Lien, Sie waren es doch, die mir bei der Geburt des Knaben die Schnur gelöst hat! Frau Lien, erkennen Sie mich denn nicht wieder?

HEBAMME:

(dicht herantretend)

Ich bin ein wenig kurzsichtig und muß Sie mir deshalb aus der Nähe betrachten.

TSCHU:

Frau Lien, erkennen Sie die Angeklagte?

HEBAMME:

Ich kenne die Angeklagte schon. Es ist die Haitang, die Nebenfrau des verstorbenen hochgeborenen Herrn Ma, Fo hab ihn selig!

TSCHU:

Und ist sie die Mutter des Knaben Li?

HEBAMME:

Sie hat den Knaben wohl oft auf den Armen getragen, gewartet und in den Schlaf gewiegt, wie es die Pflicht der Nebenfrauen ist; aber die Mutter des Knaben ist jene!

(Zeigt auf Frau Ma.)

Obwohl das Zimmer der Wöchnerin wie üblich verhängt war, und man in der Dunkelheit kaum die Mutter vom Kinde unterscheiden konnte, so ist doch kein Zweifel, daß Frau Ma den Knaben geboren hat.

HAITANG:

Frau Lien, als ich in Wehen lag,
Da waren Sie um mich Nacht und Tag.
Wie waren Sie zärtlich, waren gut,
Stillten mein fast verrinnendes Blut.
Haben meinem Kind und dem Leben
Mich, die dahin schon, zurückgegeben.
Betteten mich mit freundlichem Sinn
Auf das Lager von Matten hin.
Sie lösten die Nabelschnur, riefen meinen Mann,
Zündeten vor dem Hausaltar die Kerzen an.
Sie weinten mit mir um mein Mutterglück.
O rufen Sie die Tränen zurück.
Die Wahrheit, die Wahrheit: dies Kind ist mein,
Und darf mir nicht genommen sein.

FRAU MA:

Das listige Weib macht sich der Beeinflussung der Zeugin schuldig.

TSCHU:

Man schlage die Angeklagte wegen ungebührlichen Benehmens vor Gericht. Im Wiederholungsfalle werden ihr Heißwasserschlangen angedroht. Sie wird auf Glassplittern knien, und man wird ihr die Knöchel zerquetschen.

(Zwei Soldaten springen vor und schlagen sie zwei-, dreimal mit eckigen Bewegungen.)

HAITANG:

Wie Feuer brennt mein Rücken,
Wie Sturm weht mein Atem.
Verflöge doch meines Lebens Hauch,
Der Nachtschmetterling.

(Das Kind beginnt zu weinen.)

TSCHU:
Still! Ich rufe das Kind zur Ordnung!

TSCHAO:
(zu Frau Lien)
Können Sie Ihre Aussage beschwören?

HEBAMME:
Das will ich meinen!

TSCHU:
Die Zeugin wird vereidigt. Sprechen Sie die Worte nach: Ich schwöre bei den Gebeinen meiner Ahnen –

HEBAMME:
Beinen meiner Ahnen –

TSCHU:
Daß ich die reine Wahrheit gesagt –

HEBAMME:
Keine Wahrheit gesagt –

TSCHU:
Nichts verschwiegen und nicht hinzugesetzt habe – So wahr mir Fo helfe!

HEBAMME:
So wahr mir Fo helfe!

TSCHU:
Die Zeugin ist abzuführen.

TSCHAO:
Die Zeugen, Gebrüder Sang!

ZWEI KULIS:
(die immer gleichzeitig sprechen, treten vor und leiern sofort herunter.)
Hoher Gerichtshof, Herr Ma war ein sehr vermöglicher, womöglicher und viel vermögender Mann. Wir konnten uns natürlich nicht schmeicheln, zu seinem näheren Umgang zu gehören. Aber als seine erste hochgeborene Gattin einen Knaben gebar, gab er seinem Stadtviertel, in dem auch wir die Ehre haben zu wohnen, ein Fest, eine Festivität, wo es so lustig herging, daß wir beide noch heute betrunken sind, wenn wir daran denken. Jeder von uns erhielt auch eine Unze Silber als Festgeschenk. Später haben wir noch oft Gelegenheit gehabt, Herrn und Frau Ma, letztere den Knaben auf dem Arm, zum Tempel des Fo, des Beschützers der Kleinen, wandeln zu sehen.

HAITANG:
Ihr lügt, bestochen von Frau Ma. Saht Ihr nicht täglich mich, mein Kind auf den Händen, zum Tempel Fos, des Gottes, eilen, es seiner Obhut zu vertraun?

ZWEI KULIS:

Die Wahrheit, die wir bekunden, wird wahrscheinlich so ziemlich beinahe fast immer wahr sein. Daran ist nicht zu tüfteln. Sollte eine Lüge über unsere wahrheitsliebenden Lippen gekommen sein, so möge uns daran ein Geschwür wachsen, so groß wie eine Teetasse.

TSCHU:

Können die Zeugen die Wahrheit ihrer Aussage beschwören?

ZWEI KULIS:

Und ob!

TSCHU:

So sprechen Sie den Schwur nach.

(Zeremonie wie oben.)

Die Zeugenvernehmung über den geplanten Kindesraub wird geschlossen. Es bleibt die Frage des Giftmordes. Wer hat gesehen, daß die Angeklagte ihrem verewigten Gatten statt Zucker Gift in den Tee schüttete, um sich unrechtmäßig Knabe und Erbteil anzueignen?

FRAU MA:

Ich!

HAITANG:

Himmlisches Licht, du hast dich ganz vermummt.
Wo leuchtest du?
Himmlische Glocke, du bist verstummt.
Wann läutest du?
Kommt es nie an den Tag, bleibt es in der Nacht,
Wer Herrn Ma zu Tod gebracht?
Ich bin wehrlos, ehrlos ganz,
Trag auf meinem armen Kopf einen Brennesselkranz.

TSCHAO:

Frau Haitang hatte wohl noch ein anderes Motiv, sich Herrn Mas zu entledigen.

TSCHU:

Das wäre?

TSCHAO:

Darf ich an die Angeklagte eine Frage stellen?

TSCHU:

Ich bitte darum.

TSCHAO:

Angeklagte, wer war die Ursache des selbstgewählten Todes Ihres Herrn Vaters?

(Haitang schweigt.)

TSCHAO:

So will ich selbst die Antwort übernehmen. Herr Ma war die Ursache seines Todes. Man schuldete ihm Abgaben, die man nicht aufbringen konnte. Seit jenen Tagen trug die Angeklagte ein Gefühl der Rache im Busen gegen ihren Gatten, der ihren Vater in den Tod getrieben. Zu dem Motiv der Erbschleicherei gesellt sich das Motiv der Rache.

TSCHU:

Ihre Beweisführung leuchtet mir vollkommen ein, Herr Kollega. Die Angeklagte erscheint auf das schwerste belastet.

HAITANG:

Das Schicksal lastet auf mir wie ein Grabstein.

TSCHU:

Können Sie Ihre Wahrnehmung beschwören?

FRAU MA:

Ich beschwöre bei den Gebeinen meiner Ahnen, daß die, die nicht die Mutter des Kindes ist, ihren Gatten mit Gift aus dem Wege geräumt hat, um sich unrechtmäßig Knabe und Erbteil anzueignen.

HAITANG:

(entsetzt)

Sie schwört die Wahrheit.

TSCHU:

Die Inkulpatin hat gestanden! Die Zeugenaussagen werden geschlossen. Das Gericht zieht sich zum Urteilsspruch zurück.

(Tschu, Tschao usw. ab.)

FRAU MA:

Ihr habt das Spiel verloren.

HAITANG:

Ich spielte nicht.

FRAU MA:

Ihr werdet bald um ein Viertel kleiner sein als jetzt.

HAITANG:

Man kann mir den Kopf abschlagen, man kann mir das Herz aus dem Leibe reißen, aus meinem zerrissenen, aufs Rad geflochtenen Leib wird noch die Flamme der Wahrheit emporspringen.

FRAU MA:

Ich sprach die Wahrheit.

HAITANG:

Ihr sagtet sie. Seht mich vor Euch knieen. Nehmt das Vermögen des Herrn Ma, nehmt alles, was Ihr wollt. Seht, diese kleine Kette gefällt Euch vielleicht, es sind indische Perlen; diese Schuhe sind bestickt, nehmt alles, alles, nur laßt mir mein Kind.

FRAU MA:

Das Kind bleibt mein.
(Gericht zurück.)

TSCHU:

Im Namen seiner Himmlischen Majestät
(brabbelt)
erkennt der hohe Gerichtshof als zu Recht folgendes Urteil: Die Angeklagte Tschang Haitang wird wegen versuchten Kindesraubes und vollzogenen Giftmordes an ihrem Gatten Ma zum Tod durch des Henkers Schwert verurteilt. Gerichtsdiener, legt ihr den neunpfündigen Block um den Hals.

DIENER:

Zu Befehl, Exzellenz.
(Er legt Haitang den Block um.)
Hinein mit dem Hals in den Block, Du Weibstück.

HAITANG:

Mein Recht! Mein Kind!

TSCHU:

Unverschämtes Geschöpf! Ich sollte Dich mit dem Pantoffel ins Gesicht schlagen. Merke Dir eines: wenn ich ein Urteil spreche, so ist es gerecht, die Verhandlung führe ich streng unparteiisch, und alles geht objektiv und absolut gesetzmäßig her.
(Ein Kurier tritt auf, Haitang wird abgeführt.)

KURIER:

Stafette aus Peking.

TSCHU:

(erbricht sie)
Ich bin erschüttert. Ich ersuche alle Anwesenden mit der Stirn die Erde zu berühren. Seine Himmlische Majestät ist im hohen Alter von 75 Jahren an Altersschwäche verschieden. Zum Nachfolger wurde durch das Los Prinz Pao erkürt, der den kaiserlichen Thron bestiegen hat. Er entbietet seinen Untertanen seinen kaiserlichen Gruß. Alle Todesurteile werden suspendiert und kraft seiner Machtvollkommenheit Richter und Gerichtete nach Peking berufen. Denn Seine erste Amtshandlung soll im Zeichen der Gerechtigkeit stehen. Großer Fo, im Zeichen der Gerechtigkeit!
(Wischt sich den Angstschweiß von der Stirn.)

TSCHANG-LING:

(im Zuschauerraum des Gerichtes.)
Was fürchtest Du alter Mann, alter Narr? Kaiser und Richter, Ihr steckt ja doch unter einer Decke. Der neue Kaiser wird nicht besser sein als der alte. Wir Armen werden auch unter seinem Drachenbanner rechtlos am Straßen-

rand verrecken. Haitang ist unschuldig wie eine Sonnenblume oder der Abendstern. Sie soll nicht sterben. Die Unschuld ist unsterblich. Mit meinen Fäusten will ich dem Henker das Beil aus der Hand reißen und der Ungerechtigkeit in den erhobenen Arm fallen.

TSCHU:

Wer ist der Kerl, der die Majestät lästert? Gerichtsdiener, auch mit ihm in den Block. Er hat des Kaisers Majestät gelästert. Seine Majestät wird sich mir erkenntlich zeigen, wenn ich ihr einen solchen Übeltäter bringe, der das Fundament des Staates unterwühlt wie ein Maulwurf. Es soll nicht heißen, daß ich es an Strenge revolutionären Elementen gegenüber fehlen lasse. Auf nach Peking!

VORHANG.

IV. Akt

Schneesturm.
(Man hört die Soldaten hinter der Szene singen:)

Soldat, Du bist mein Kamerad,
Marschierest mir zur Seite.
Der Kaiser, der befehligt uns,
Kein Mädchen mehr beseligt uns,
Soldat, Du bist mein Kamerad,
Marschierest mir zur Seite.
Soldat, Du bist mein Kamerad,
Wenn Du das Schwert verloren,
So deck' ich Dich mit meinem Schild
Und bin als Bruder Dir gewillt.
Soldat, Du bist mein Kamerad,
Wenn Du das Schwert verloren.
Soldat, Du bist mein Kamerad,
Wenn unsre Knochen bleichen,
Mond fällt auf uns wie gelber Rauch,
Der Affe schreit im Bambusstrauch.
Soldat, Du bist mein Kamerad,
Wenn unsre Knochen bleichen.

(Haitang, gefesselt und im Holzblock, von zwei Soldaten eskortiert, die sie prügeln. Die Kleidung der Soldaten: Hut aus Bastgeflecht, dunkelgrüner Rock, Schuhe aus hellgelbem Leder.)

ERSTER SOLDAT:
He, vorwärts, Tochter einer Schildkröte! Ich werde Deine Mutter schänden, wenn Du Deine Beine nicht flinker bewegst. Meinst Du, es ist ein Vergnügen, Dich durch den Schneesturm zu eskortieren?

HAITANG:
Erbarmen, lieber Herr!

ERSTER SOLDAT:
Hopla, Grashüpfer! Spring ein wenig!

HAITANG:
Das Gewicht des Blockes ist zu schwer für mich. Es zieht mich nieder. Ich bin am Ende meiner Kräfte.

ERSTER SOLDAT:
Und wir am Ende unserer Geduld.

HAITANG:
Ich leide.

ZWEITER SOLDAT:

Die Leiden sind dem Weibe nötig, damit sein Charakter sich entwickelt – steht in einem pädagogischen Buch. Vorwärts!

HAITANG:

Ich sterbe.

ERSTER SOLDAT:

Ein guter Tod ist das halbe Leben. Vorwärts!

HAITANG:

Kennt Ihr nicht das Gebot des heiligen Katechismus, Mitleid mit jeder Kreatur zu haben?

ZWEITER SOLDAT:

Ja, Mitleid mit jeder Kreatur. Jeder kann sich die Kreatur aussuchen, mit der er Mitleid haben will. Ich habe in diesem scheußlichen Schneesturm zum Beispiel mit mir Mitleid.

HAITANG:

Ich falle. Der Weg ist vereist. Ich kann keinen festen Boden unter den Füßen finden.

ERSTER SOLDAT:

Du hast den Boden unter den Füßen längst verloren. Vorwärts!
(Haitang fällt.)

ERSTER SOLDAT:

Wart, ich will Dich lehren zu fallen. Verdammtes Weibsstück, Du hast
(fällt selbst)
mich behext.

HAITANG:

Die Knie brechen mir.

ERSTER SOLDAT:

Wer ein Verbrechen begangen hat, muß es auch büßen. Warum hast Du Deinen dicken Mann umgebracht und der ersten Frau das Kind rauben wollen?

HAITANG:

Ich habe keinen rechtschaffenen Richter gefunden. Der Herr der sieben Hügel, der über den Wolken thront, der Herr des südlichen Polarsterns, der Herr der hundert Zeichen mag es bezeugen. Er wird gnädiger sein als die Menschen.

ERSTER SOLDAT:

Wie, beschuldigst Du den Herrn Oberrichter, Exzellenz Tschu-tschu, eines Falschspruches? Danke dem Himmel, daß wir über diese freche Anschuldigung hinweghören. Gemäß unserem Reglement müßten wir's zur Anklage bringen, und bevor man Dir den Kopf abschlägt, würdest Du wegen Beamtenbeleidigung noch ein wenig gestäupt werden.

ZWEITER SOLDAT:
Warum gibst Du uns nichts von dem Deinen? Kesch ... Kesch ... Dann brauchtest Du Dich den Teufel um die Redlichkeit oder Unredlichkeit der Richter scheren. Wir ließen Dich sofort laufen und machten uns selbst aus dem Staube.

HAITANG:
Wie gern würde ich Euch beschenken, ob Ihr mich freiließt oder nicht. Ich würde es nicht zulassen, daß Ihr mich freigebt und meinetwegen Unannehmlichkeiten hättet, aber ich habe nichts als mein armseliges Herz.

ERSTER SOLDAT:
Selbstlose Liebe ist ein allzubilliges Vergnügen.

HAITANG:
Hätte ein Wolf mich angeklagt, eine Hyäne über mir zu Gericht gesessen, sie hätten Mitleid mit mir gehabt. Wäre eine Dohle, die als besonders lügnerisch gilt, als Zeugin gegen mich aufgetreten, sie hätte nicht solche Lügen erfinden können wie diese meineidigen Zeugen.

ZWEITER SOLDAT:
Du wirfst den Zeugen Meineid vor? Wo hast Du denn Beweise dafür?

HAITANG:
Mein Herz.

ERSTER SOLDAT:
Dein Herz? In Dein Herz vermögen wir nicht zu sehen. Es wird wohl auch finster genug sein.

HAITANG:
Noch leuchtet ein schwaches Licht darin, die Hoffnung –

ZWEITER SOLDAT:
Die Hoffnung, worauf?

HAITANG:
Sind alle Menschen denn schlecht, ist einer die Bestie des anderen?

ERSTER SOLDAT:
Du darfst nicht von Dir auf andere schließen. Ich z.B. habe noch nie etwas Böses getan. Sieh mich an! Ich habe alle Gebote der Zeremonienbücher immer strikt gehalten, ich habe Vater und Mutter geehrt und ihnen kostbare Särge gekauft, ich diene meinen Vorgesetzten in Ergebenheit, ich habe ein gutes Gewissen.

HAITANG:

Wie kannst Du ein gutes Gewissen haben, wenn Du einen armen Menschen, wie mich, gezwungen bist zu schlagen?

ERSTER SOLDAT:

Woher weiß ich, daß Du unschuldig bist?

HAITANG:

Ich dachte immer, daß unschuldige Menschen einen Glanz um die Stirne haben. Es stand in dem ersten Schulbuch zu lesen, das ich las.

ZWEITER SOLDAT:

Laß sehen! Ich sehe keinen Glanz um Deine Stirne als den Glanz der Schneeflocken.

HAITANG:

Mein Kind – wo ist mein Kind?

ERSTER SOLDAT:

Bei seiner Mutter, verstocktes Weib, das selbst der Holzblock nicht zur Buße und Einkehr zwingt.

HAITANG:

Da kein Mensch mich hört, will ich meine Klage in den Schneesturm schreien. Höre mich, Sturm! Ich klage es dir, Schnee! Ihr Sterne hinter den Wolken, lauscht! Und unter der Erde, ihr, die ihr den Winterschlaf schlaft: Maulwurf und Hamster und Kröte, ihr träumenden Dämonen auch, wacht auf! Es darf kein Schlaf und kein Traum sein, wenn einem Menschen Unrecht und Untat geschieht. Ihr Toten in den Särgen, angetan mit den Gewändern aus Brokat oder Sackleinwand, schüttelt Eure schlotternden Glieder wie Pagodenglocken, daß sie klingen, daß sie zum Aufruhr läuten! Erhebt Euch! Kommt über die weißen Felder gewandert wie weiße Ratten über den Schnee! Helft mir, die Eure Schwester schon, und halb nur noch im Leben wandelt! Ich rufe Euch, Ihr Toten, zum Gericht über mich. In Euch, die Ihr allen Flitter der Welt abgeworfen, selbst Euer Fleisch, ist kein Falsch. Ihr toten Mörder, kommt und sagt, ob ich gemordet! Ihr toten Lügner, kommt und sagt, ob ich log! Ihr toten Mütter, alle Mütter der Welt, schreit, ob ich mein Kind nicht mit Recht von den Räubern fordere! Seht doch, die Erde selbst trauert, sie hat ein weißes Gewand angelegt mir zu Ehren – es schneit – es schneit – weiß – immer weißer – die Erde trägt eine Robe aus dem Fell weißer Schafe, und sie hat sich eine weiße Fuchspelzkappe über das Haupt gezogen. Wie der Schnee so weiß, wie der Mond so weiß, werden unsere Häupter einmal sein. Was ist das für ein weißer Kreis am Himmel, wie mit Kreide gezogen? Zwischen den Wolken, du mildes Angesicht des Mondes, blinke mir Hoffnung zu! Der Schnee fällt, Flocke um Flocke. Die Götter scheren ihre kleinen Lämmer. Meine Tränen fallen wie die Flocken. Wo meine Tränen in den Schnee fallen, färbt sich der Schnee rot. Ich weine Blut. Ich höre die Schreie der Raben in den Lüften. Ich sehe ihre Fußspuren im Schnee. Man sagt, die Schrift sei den Fußspuren der Vögel nachgebildet. Ich lese mein jämmerliches Schicksal im Schnee. Ach, selbst die Aasgeier bejammern mein Los. Unter der Eisdecke des Flusses ein Stöhnen. Es ist die Flußgöttin, sie seufzt über das Elend der Menschen. Ich bitte Euch, liebe Herren, nehmt Eure Schwerter und schlagt ein Loch in das Eis, und laßt mich in die nassen, kalten Fluten sinken, versinken! So eisig die Umarmung der Flußgöttin – sie wird wie Feuer brennen gegen die kalten Herzen der Menschen ...

ERSTER SOLDAT:

Zu lang schon haben wir Dein Quäken mit angehört, Wasserfrosch. Vorwärts jetzt! Der Weg nach Peking, wo der neue Kaiser in eigner himmlischer Person den ersten Hinrichtungen seiner Ägide beizuwohnen geruhn wird, ist noch weit.

ZWEITER SOLDAT:

Es ist eine Ehre für Dich, unter den Augen des Kaisers zu sterben. Sieh zu, daß Du anmutig den Kopf auf den Richtblock legst, damit der Kaiser ein Wohlgefallen an Dir habe.

ERSTER SOLDAT:

Vorwärts!

(Wie ein Echo von der andern Seite: Vorwärts mit Dir, Du Lump!)

ERSTER SOLDAT:

Hörtest Du nicht Stimmen im Dunkel?

ZWEITER SOLDAT:

Mir war so, als riefe uns jemand zu.

(Von rechts kommt Tschang-ling, ebenfalls von zwei Soldaten eskortiert, die hölzerne Krause um den Hals)

DRITTER SOLDAT:

Vorwärts, Du Schwerverbrecher, Du Revolutionär, Dir wird man es eintränken.

VIERTER SOLDAT:

Begehrt gegen die Staatsgewalt auf, die sich in uns verkörpert.

DRITTER SOLDAT:

Hat ein Attentat auf die geheiligte Person der Majestät an geweihter Stelle mitten im Gerichtssaal begangen.

VIERTER SOLDAT:

Wollte ihm das Messer mit dem Zeichen der Lotosblüte in die Brust stoßen.

TSCHANG-LING:

So einsam wir durch unsre Tage gehen,
Daß wir kein Weib, keinen Hund uns zur Seite sehen.
Sie stehen links und rechts und reichen sich die Hände,
Und stehen da wie schwere, graue Wände,

Mich zu zerschmettern. Gepeitscht von ihren Gedanken,
Muß ich durch ihre dumpfe Gasse schwanken.
Sie schließt sich hinter mir zum eisernen Wall.
Grell durch die Einsamkeit dröhnt meiner Taumelschritte Widerhall.

O Leid! O Zeit! Was kam ich in einem Land zur Welt, wo Gerechtigkeit nur ist für die Reichen, und die Armen ein Spielball sind ihrer herrischen Lüste! In diesem Land gilt gut als böse, und böse als gut. Der Ochsenfrosch bläst sich auf und will fliegen. Der Schmetterling fällt in den Teich und ertrinkt. Wer vor Hunger zu Boden stürzt, erhält noch einen Tritt in den Leib. Der Reiche, der sich von der Arbeit der Armen mästet wie eine feiste Ente, lächelt ihrer Tränen. Hier spricht jeder eine andere Sprache. Der Vater versteht den Sohn nicht, und der Sohn nicht den Vater. Liebe – Liebe – was ist das für ein sinn- und gewinnloses Wort! Krähenspuren im Schnee, wie bald sind sie verweht. Der Mann prügelt grinsend die Frau. Lächelnd betrügt die Frau den Mann. Die Kinder werfen mit Steinen nach dem Greis. Der blinde Bettler an der Tempelpforte ist ihnen ein Hohngelächter. Wenn Krieg ist, winseln sie um Waffenstillstand, aber wenn Friede ist, gehen sie mit Messern aufeinander los. Einer ist die Bestie des andern. Sie hassen den eigenen Volksgenossen heißer als den Feind außerhalb der Landesgrenze. Da der Feind mächtig ist, und ihre Waffen wie Weidenruten sind gegen einen Wald von Speeren, so erproben sie ihren Kampfesmut an ihren schwächeren Volksgenossen und schlagen todesmutig und todeswütig den eigenen Bruder tot, wenn er keine Waffe hat, sich zu wehren; oder sie schießen aus dem Hinterhalt mit vergifteten Pfeilen nach ihm. Auf den Kathedern der gelehrten Schulen sitzen Esel als Professoren – dutzendweise. Sie haben sich Löwenfelle übergezogen und predigen den Krieg. Der Esel gegen die Löwen, der Hase gegen die Füchse. Neulich begegnete ich aber einem wahrhaft weisen Manne. Er war als Zugtier vor einen Karren gespannt, die Geißel flog über seinen entblößten Rücken, und er wieherte wie ein Pferd. Laßt ihn nur, schrie der Kutscher blökend, er ist im Monat des Pferdes geboren. Laßt ihn nur Pferd sein. Der Kaiser aber sitzt in Peking auf seinem Thron auf Lapislazuli. Er hält die Augen geschlossen wie Gott Fo. Er sieht nur nach innen und meditiert. Ach, daß ich Gott selbst das Messer mit der Lotosblüte in den Bauch rennen könnte!

DRITTER SOLDAT:

Er lästert Gott und die Heiligkeit der Majestät! Na warte, Bürschchen! Tausend Bambushiebe sind Dir vor der Exekution noch so sicher wie das Amen beim Gebet.

HAITANG:

(aufschreiend)

Bruder!

TSCHANG-LING:

Schwesterseele!

ERSTER SOLDAT:

Kamerad, wenn es Dir recht ist, so wollen wir, da unsere Transporte ja doch den gleichen Weg nach Peking haben, die Verbrecher mit den Zöpfen zusammenbinden. Nun werden sie leichter vorwärts zu treiben sein.

DRITTER SOLDAT:

Das wollen wir also tun.

(Morgenstimmung, es hat aufgehört zu schneien.)

Hier muß eine Schenke in der Nähe am Wege liegen. Da wollen wir uns Glühwein geben lassen und unsere erstarrten Glieder etwas wärmen. Er war eine bitterkalte Nacht.

(Klopfen an die Schenke, die aus dem Morgenrot taucht.)

Heda! Aufgemacht!

(Wirt von innen: Sofort, meine Herren, sofort! Schlüsselrasseln. Von fern Trompetenstöße.)

ERSTER SOLDAT:

Das ist das Zeichen Seiner Exzellenz, des Oberrichters Tschu-tschu. Er ist ebenfalls auf dem Weg nach Peking.

(Läufer. In einer Sänfte wird Tschu-tschu vorübergetragen. Kotau der Soldaten und des Wirts. Tschang-ling und Haitang bleiben aufrecht stehen. In einer zweiten Sänfte Tschao. In einer dritten Yü-pei, jetzt Frau Tschao, mit dem Kinde. Als Haitang das Kind sieht, stürzt sie auf die Sänfte zu, reißt Tschang-ling mit sich.)

ZWEITER SOLDAT:

Zurück mit Dir, Weibsstück! Wirst Du wohl die hohen Herrschaften nicht belästigen?

HAITANG:

Mein Knabe Li! Erkennst Du mich? Erkennst Du Deine Mutter?

(Der Zug der Sänften wie ein Schattenzug ab.)

ERSTER SOLDAT:

Wirt, schnell für jeden von uns einen Glühwein. Und dann ihnen nach. Um Mittag müssen wir in Peking sein.

WIRT:

Sofort! Heißes Wasser ist schon angesetzt. Sollen die Herren Verbrecher ebenfalls einen Schluck ?

DRITTER SOLDAT:

Wenn sie das Geld haben zu zahlen, habe ich nichts dagegen.

TSCHANG-LING:

(ist zusammengesunken.)

Ich habe kein Geld; aber ich sterbe, ich erfriere, ich verdurste.

HAITANG:

Herr Wirt, ich habe kein Geld; aber ziehen Sie mir den kleinen Übermantel aus, ich flehe Sie an, nehmen Sie ihn als Bezahlung für ein Glas Wein. Trink, Bruder, trink, das wird Dich wieder zum Leben erwecken.

TSCHANG-LING:

Die Sage geht, daß vom Silberstern zuweilen Engel auf die Erde herniedersteigen. Haitang, bist Du ein Mensch?

ERSTER UND ZWEITER SOLDAT:

Vorwärts nun, zum Kaiser!

HAITANG:

Sonne, ich habe meinen Schatten verloren.
Sonne, rote Blüte im Schnee,
Wenn Du am Abend verblaßt, wirst Du Deine welken Blütenblätter auf das Doppelgrab eines Bruders und einer Schwester streuen.

(Alle ab. Gleich darauf erscheint mit einer Papierlaterne der Wirt und ruft ihnen nach:)

WIRT:

Herr Unteroffizier, Herr Unteroffizier, Sie haben das Bezahlen vergessen!

SOLDATEN:

(aus der Kulisse)

Komm her, wenn Du bezahlst sein willst – 25 Stockhiebe für jeden Glühwein!

WIRT:

Da steh ich nun, ich armer Mann,
Und nimmt kein Gott sich meiner an.
Wer eine Waffe trägt in der Hand,
Der hat die Macht im ganzen Land.
Darf ungestraft stehlen, rauben, morden,
Und ist am Ende gar Kaiser geworden.
Der Heilige ein Dummkopf, der Mörder ein Held –
Wo ist Gerechtigkeit auf der Welt?

(Er bläst seine Laternen aus. Die Sonne steht als roter Ball über der Schneelandschaft.)

VORHANG.

V. Akt

Die ersten Szenen spielen vor einem Vorhang, der später sich öffnet und den Thronsaal des kaiserlichen Palastes in Peking zeigt.

KAISER:
(der ehemalige Prinz Pao)
Diktiere, Bruder Dichter, Deine Verse, die Verse, die Dir heute Nacht zwischen Traum und Wachen eingefallen sind; ich will sie niederschreiben, mit silberner Tusche, auf Schwarz.

DICHTER:
Improvisation des Kaisers für eine ferne Geliebte – schreib, Bruder Kaiser –
Blume
Frau,
Dem Kaiser ist ein Lächeln eingegraben,
Ewiges Lächeln, unvergänglich seit er Dich sah.
Die Jahreszeiten fliehen an Dir vorüber
Auf jagenden Rossen –
Du bleibst Dir gleich,
Dir treu.
Auf der Nordseite der Terrasse
Beugst Du die jungfräulichen Brüste über das Blumengeländer,
Eine Blume zwischen den Lippen.

KAISER:
(erst schweigend)
Du sprichst aus meinem Herzen, Li. Kennst Du die Frau, an die ich oft denke?

DICHTER:
Ich kenne sie nicht, doch wird sie Deiner würdig sein.

KAISER:
Sie war Teehausmädchen in Nanking. Es ist ein Jahr her. Damals lebte der alte Kaiser noch, damals war ich noch der simple Prinz Pao, und hatte mich nicht das Los unter fünfzehn kaiserlichen Prinzen zum neuen Kaiser erwählt. Ich wollte einen Abend totschlagen, wie ich so viele meiner leeren Abende und Nächte totgeschlagen, mit einem Mädchen, Reiswein, Gesang und Tanz, in einem Teehaus. Ich ging in das erste beste am Weg. Ein weißer Vogel auf schwarzem Grund war sein Schild. Was für einen schönen, weißen Vogel traf ich im Käfig drinnen!

DICHTER:
Ihr zwitschertet zu zweit im Wechselgesang –

KAISER:
Bis ein Habicht aus den Wolken stieß und mir den kleinen, weißen Vogel raubte.

DICHTER:

Du verfolgtest den Räuber Deines Glückes?

KAISER:

Ich hatte kein Recht dazu.

DICHTER:

Und fragt ein Liebender nach Recht und Macht?

KAISER:

Vielleicht, daß ich zu wenig liebte?

DICHTER:

Wer liebt, der stiehlt und mordet um sein Glück.

KAISER:

Gerechtigkeit – so heißt des Kaisers oberstes Gesetz und aller Tugenden Tugend. Ich habe darum für heute alle Verbrecher, die in meinem Reich seit meiner Thronbesteigung zum Tode verurteilt wurden, samt ihren Richtern hierher in meinen Palast entboten, um Gerichtstag zu halten. Ich habe Frieden geschlossen mit den Feinden des Landes, den Tataren; mich dauerte das unnütz vergossene Blut. Vergossen um den Besitz einer dürren, unfruchtbaren, gleichgültigen Provinz an der Wüste Gobi. Ich trat sie leichten Herzens dem Feinde ab. Nun will ich gegen die inneren Feinde zu Felde ziehen. Der innere Feind aber ist vor allem – ein bestechliches Beamtentum. Ungetreue Richter, deren Seele vergeizt und verfilzt, und deren Urteil käuflich ist wie Fische am Markt. Ich will den Unterdrückten meines Volkes helfen, ich will ihr Bruder, nicht ihr Richter sein. Mein Schatten aber genüge schon, den Bösewichtern Schrecken einzujagen. Die Lilie meines Wappens für die Guten, das Schwert darin für die Schurken. Auf den steinernen Tisch, in den die Gesetze eingegraben sind, habe ich das Zeichen „Im Namen des Gottes" eingraben lassen. Wer dieses Zeichen sieht, der sei von heiliger Scheu durchdrungen. Denn der Gott richtet durch meinen Mund.
(Ein Zeremonienmeister tritt auf.)

ZEREMONIENMEISTER:

Untertänigst zu vermelden, Euer Majestät, es ist Zeit, sich zu der Sitzung umzukleiden.

KAISER:

Ich komme. Begleite mich, Li. Setz' mir die Krone auf. Aus wessen Händen nähme ich sie lieber, als aus den Deinen. Ich will, daß unsere Freundschaft immer bestehe, und Du immer um mich seist. Ich werde Dich zum Mitglied der Kaiserlichen Akademie der Wissenschaften und Künste und zum Oberaufseher der Annalen und Staatsarchive ernennen. Du mußt die sonderbaren und hervorragenden Ereignisse meiner Regierungszeit, der Nachwelt zum Denkmal, in Worte und Schriftzeichen fassen. Möge die Zeit meiner Regierung Dir nur Anlaß zu guten Zeichen geben.

DICHTER:

Ich danke Dir: dem Menschen, dem Freund, dem Kaiser.

(Alle drei ab.)

(Es erscheinen Tschu-tschu, Frau Ma, jetzt Frau Tschao, das Kind auf dem Arm.)

TSCHAO:

Warum bist Du überhaupt mitgekommen? Deine Anwesenheit ist hier völlig deplaciert, um nicht zu sagen überflüssig.

FRAU MA:

Kaum sind wir verheiratet, so hast Du Deine Maske der Ergebenheit und dienenden Liebe schon abgeworfen. Du gönnst mir auch keine Freude. Daß ich den Kaiser von Angesicht zu Angesicht sehen soll, das achtest Du gering? Ich brenne danach, den Sohn des Himmels zu sehen.

TSCHAO:

Er wird weniger nach Dir brennen.

FRAU MA:

Ist es wahr, daß die Krone ihm nach und nach auf dem Kopf festwächst? Daß seine Haare pures Silber werden und seine Fingernägel Perlmutter? Ist es wahr, daß der Blick seiner Augen töten kann, wen er will? Daß seine Augen blaue Saphire sind, und daß ihm die menschlichen bei der Thronbesteigung ausgestochen werden?

TSCHAO:

Red' keinen Unsinn, ungebildete, abergläubische Gans, und verhalte Dich nur recht ruhig im Hintergrunde.

TSCHU:

Ich muß ja sagen, daß mir nicht ganz wohl zumute ist, wenn ich daran denke, daß der Kaiser mit seinen Augen mich anblitzen wird. Er ist ein junger, tatkräftiger Herr. Er wird, wie alle jungen Menschen, reformsüchtig sein. Unter dem alten hatte unsereiner nichts zu befürchten. Er war so alt, daß er seine Augen selbständig gar nicht mehr aufhalten konnte. Bei Audienzen mußte man kleine Elfenbeinstäbchen zwischen die Lider stecken. Vor diesen Augen konnte man anstellen, was man wollte, sie entdeckten nichts. Aber der neue Herr – ich fühle einen leichten Schwindel im Kopf.

TSCHAO:

Wenn Ihr Euch nicht zu beherrschen wißt, so könnt Ihr ihn leicht verlieren.

TSCHU:

Den Schwindel? Das will ich hoffen!

TSCHAO:

Den Kopf.

TSCHU:

Nun, so fest wie der Eure sitzt er mir auch noch auf der Schulter.

(Sie treten seitwärts. Der Vorhang hebt sich, und die Bühne stellt den Thronsaal dar. Im Hintergrund der Thronsessel des Kaisers. Trompetenstoß des Zeremonienmeisters. Alles fällt im Kotau nieder. Der Kaiser im Ornat schreitet langsam bis zum Thronsessel, auf dem er sich niederläßt.)

KAISER:

Durch Gottes Gnade auf den Thron berufen,
Sandt ich in die Provinzen meines Reichs Stafetten,
Daß ich als erste Handlung meines Amts
Des Rechtes Banner hier errichten wollt –
Die goldene Fahne mit dem Drachen drin.
Es sollten Richter und Gerichtete
Vor meinem Thron erscheinen, Rechenschaft
Von sich und ihren Taten abzulegen.
Ich bin den Schmeicheleien unzugänglich,
Die Ohrenbläser blasen in die Luft.
Ich richte auch die Richter. Wer Beschwerde
Gegen sie hat, erhebe sie. Der gelbe Saal
Hat tausend Augen, alles zu durchschaun,
Und tausend Hände, die das Richtschwert schwingen.
Hier auf den Stufen meines Tribunales steht
Ti-sching gemalt: Sprich leise, handle leise, denke leise!
Ein jeder gehe mit sich selbst zu Rat,
Der hier das Wort ergreift. Im Park die Bäume
Sind kahl und ohne Blätter. Doch sie werden
Verbrecher, falsche Zeugen, falsche Richter
Als sonderbare Blüten tragen.

(Zu Tschang-ling)

Du da, mit Deinem Zopf an jenes Weib gebunden –
Soldaten, löst die Zöpfe – sage mir,
Warum bist Du im Block, und was ist Dein Verbrechen?
Was bleibst Du stehn und fällst nicht in die Knie?

TSCHANG-LING:

Gäb es Gerechtigkeit in diesem Land,
Ich stünde nicht im Block vor Dir.
Wer so viel litt, wie ich, der kniet
Vor keinem Menschen mehr.

KAISER:

Du wagst es, mich zu duzen?

TSCHANG-LING:

Ich stehe vor dem Tod – vor Dir –
Und soll ich mir den Kopf da noch beschweren
Mit all den Riten, Du und Sie und Euch
Und Majestät?
Doch wenn's Dich schmeichelt, daß

Ein Mann aus niederer Kaste,
Niederer Gesinnung,
Dich „Majestät“ nennt, gut, es sei.
Ich beuge mich der Majestät des Todes.

KAISER:
Der Richter.
(Tschu Kotau.)

KAISER:
Was verbrach der Mann?

TSCHU:
Er lästerte des Himmels Sohn, die geheiligte Majestät. Keine Strafe ist zu hoch für ihn. Er muß in hundertzwanzig Stücke zerschnitten werden, und sein Kopf auf der Mauer aufgespießt werden, den Raben zum Fraß, den Untertanen zur Warnung, ihre Zunge besser im Zaum zu halten.

TSCHANG-LING:
Das vollgefressene Schwein stinkt aus dem Maul. Die Lippe trieft vor Fett und Lügen.

KAISER:
Er lästerte die Majestät mit welchen Worten?

TSCHU:
Er beschmutzte mit dem Unflat seiner Flüche den hohen Gerichtssaal von Tscheu-kong –

KAISER:
Die Worte –

TSCHU:
Untertänigst zu vermelden: – kaum wag’ ich, sie zu äußern; die Zähne weigern sich, sie freizulassen – der neue Kaiser wird auch nicht besser sein als der alte.

KAISER:
Dies sagte er?

TSCHANG-LING:
Und dieses noch dazu:
Wir Armen werden unter seinem Banner
Rechtlos am Straßenrand verrecken wie bisher.
Denn Recht hat nur, wer Macht hat, Geld, ein Amt,
Die Möglichkeit, den Richter zu bestechen
Mit Talerchen, mit einer schönen Frau,
Der eignen vielleicht, was tut’s?
Der Kaiser sitz’ in Peking auf dem Thron –
Peking ist weit – des Kaisers Sinn so tief
Mit hoher Politik beschäftigt. Recht?

In China gäb' es Recht? Daß ich nicht lache!
(Er weint.)

TSCHU:
Er ist ein Revolutionär. Ein Mitglied des Bundes vom weißen Lotos.

KAISER:
Du weinst; weinst Du um Dein Geschick?

TSCHANG-LING:
Ich wein' um China.

KAISER:
Nehmt ihm den Halsblock ab!
Er sei befreit! Wer solche Tränen weint,
Ist kein Verbrecher. Sie netzen
Die Blume seines Herzens
Wie Tau.
Daß er mich lästerte, verzeih' ich ihm.
Er lästerte aus einem edlen Willen,
Die schlechte Welt zu bessern.
Uns eint das gleiche hohe Ziel. Komm, sei mein Freund,
Und hilf mir, meinen Dornenweg zu schreiten!

TSCHANG-LING:
Du bist in Wahrheit aller Himmel Sohn,
Ich küsse Deines Sternenmantels Saum.

KAISER:
Ich lese hier einen mir vom
(in Akten blätternd)
Richter zu Tscheu-kong
(Tschu Kotau.)

KAISER:
eingereichten Bericht. Es handelt sich darin um eine Frau zweiten Grades namens Tschang-Haitang.
(Tschang-Haitang hebt den Blick, den sie bisher gesenkt gehalten. Kaiser und Haitang erkennen sich.)
Diese Dame soll ihren Mann ermordet und sich aus Erbschaftsgründen des Kindes der ersten Frau haben bemächtigen wollen?

TSCHU:
So ist es.

KAISER:
Verbrecher dieser Art gehören in die zehn Kategorien, die mit dem Tode bestraft werden.
(Haitang in die Knie sinkend.)

KAISER:

Tschang-Haitang, ist es wahr, daß Du Deinen Mann vergiftet und der ersten Frau das ihr gehörige Kind geraubt hast, um die reiche Erbschaft antreten zu können?

(Haitang schweigt.)

TSCHAO:

Eure Majestät ist ein Spiegel, der sie blendet ...

TSCHU:

Eure Majestät ist die Sonne, die uns alle blendet.

KAISER:

Tschang-Haitang, welchem Beruf gingest Du nach, ehe Du Herrn Ma heiratetest?

HAITANG:

Am Ufer hinter Weiden steht ein Haus,
Ein kleines Mädchen sieht zur Tür hinaus.
An der Volière steht der Mandarin,
Ein kleiner Vogel singt und hüpft darin.
Verschließ den Käfig, hüte gut das Haus,
Sonst fliegt der Vogel in den Wald hinaus.

KAISER:

Du warst ein Blumenmädchen?

(Haitang nickt.)

KAISER:

Wer waren die Besucher des Hauses hinter den Weiden?

HAITANG:

Herr Ma holte mich aus dem Haus, den ersten Tag schon, den ich darin verbrachte.

KAISER:

Hat niemand sonst Dich dort besucht?

HAITANG:

Ein junger Herr besuchte mich.

KAISER:

Wer war der junge Herr?

HAITANG:

Würd ich seinen jetzigen Namen nennen, er würde glauben, ich wollte, mein Schicksal zu erleichtern, ihm schmeicheln, um Linderung meiner Qualen betteln, Gnade vor Recht erflehen. Ich nenne seinen Namen nicht. Ich fordere Gerechtigkeit, sonst nichts.

KAISER:

Und Liebe, würdest Du nicht Liebe fordern, wenn Du selber liebtest?

HAITANG:
Ich liebe mein Kind.

KAISER:
Die beschworenen Zeugenaussagen hier in den Akten besagen, daß das Kind, das Du für Dich in Anspruch nimmst, nicht Dein Kind ist.
(Haitang schweigt.)

TSCHANG-LING:
Die Zeugen sagten falsch aus. Sie sind bestochen von der ersten Frau.

FRAU MA:
Er lügt.

KAISER:
Der Richter ist dazu bestellt, wahres und falsches Zeugnis zu scheiden.

TSCHANG-LING:
Der Richter war bestochen wie die Zeugen –

TSCHU:
Er lügt.

KAISER:
Die erste Frau des Mandarinen Ma ist im Saal, wo ist sie?
(Frau Ma tritt vor. Kotau.)
Weib, sprich, wer ist die Mutter des Kindes, das Du auf dem Arme trägst?

FRAU MA:
Ich bin es, Majestät –

KAISER:
Gut. – Zeremonienmeister!

ZEREMONIENMEISTER:
Majestät –

KAISER:
Nehmt ein Stück Kreide, zieht einen Kreis hier auf dem Boden vor meinem Thron, legt den Knaben in den Kreis.

ZEREMONIENMEISTER:
Es ist geschehen.

KAISER:
Und nun, Ihr beiden Frauen,
Versucht, den Knaben aus dem Kreis zu ziehen
Zu gleicher Zeit. Die eine packe ihn am linken,
die andere am rechten Arm.
Es ist gewiß, die rechte Mutter wird die rechte Kraft besitzen,
Den Knaben aus dem Kreis zu sich zu ziehn.
(Die Frauen tun, wie geheißen. Haitang faßt den Knaben nur sanft an, Frau Ma zieht ihn brutal zu sich hinüber.)

KAISER:

Es ist augenscheinlich, daß diese
(zu Haitang)
nicht die Mutter sein kann. Sonst wäre es ihr wohl gelungen, den Knaben aus dem Kreis zu ziehen. Die Frauen sollen den Versuch wiederholen!
(Wieder zieht Frau Ma den Knaben zu sich.)
Haitang, ich sehe, daß Du nicht die mindeste Anstrengung machst, das Kind aus dem Kreis zu Dir herüberzuziehen. Was bedeutet das?

HAITANG:

Ich fürchte den Groll der Majestät. Sie sieht finster zu mir herab, wie ein Wolf oder Tiger, und wird mich verschlingen, wenn ich nicht gehorche. Allein ich vermag es nicht. Ich habe dieses Kind unter meinem Herzen getragen neun Monate. Neun Monate hab ich mit ihm gelebt, neun Monate länger als andere Menschen. Ich habe alles Süße mit ihm genossen, alles Bittere mit ihm gelitten. Wenn er fror, wärmte ich seine Gliederchen. Seine Gelenke sind so zart und zerbrechlich, ich würde sie ihm ausdrehen, wenn ich meinerseits daran zerren wollte, wie jene Frau. Die Arme des Kindes sind ja so zart und zerbrechlich wie Strohhalme, wie Hanfhalme. Wenn ich mein Kind nur dadurch bekommen kann, daß ich ihm die Arme ausreiße, so soll nur jene, die nie die Schmerzen einer Mutter um ihr Kind gespürt hat, es aus dem Kreis ziehen.

KAISER:

(ist aufgestanden)
Erkennt die ungeheure Macht,
die in dem Kreidekreis beschlossen liegt! Jene Frau
(zu Frau Ma)
trachtete sich des gesamten Vermögens des Herrn Ma zu bemächtigen und raubte darum das Kind. Da nun die wahre Mutter erkannt ist, wird auch die wahre Mörderin zu finden sein. Ich lese in den Akten den Wortlaut des Schwures, den Frau Ma gesprochen. Frau Ma, wiederholen Sie den Schwur!

FRAU MA:

Ich – schwöre – bei – den – Gebeinen –
(gebrochen)
meiner – Ahnen, daß die, die nicht die Mutter des Kindes ist – Herrn Ma vergiftet hat.

KAISER:

Ihr schwurt den entsetzlichen Schwur, daß Ihr selbst die Mörderin des Herrn Ma seid –

FRAU MA:

So – ist – es –

KAISER:

So bekennt Ihr Euch des Mordes an Eurem Gatten schuldig?

FRAU MA:
Ich bekenne mich schuldig.

KAISER:
Die Delinquentin in den Stock. Werft ihr die hölzerne Krause über.

FRAU MA:
Doch hat mich jener angestiftet, der mich liebt.
(auf Tschao weisend)

TSCHAO:
(winselnd)
Ich angestiftet? Ich Dich lieben? Herr der Himmel, hört dieses lügnerische Schandmaul! Ist ihr Gesicht nicht ein einziger Schminktopf, und laufen unter der Schminke nicht die Runzeln wie in einem herbstlichen Acker die Furchen?

FRAU MA:
Und dennoch wolltest Du Dir einmal meinethalben Dein schmutziges Leben nehmen und sagtest mir einst, ich sei bezaubernd schön wie Kwanyin.

TSCHAO:
Wie Kwanyin! Das ist wohl lange her! Und ich Dich angestiftet? Wer hat die falschen Zeugen bestochen – die Hebamme, die zwei Kulis? Wer war gierig wie eine Elster nach Herrn Mas Vermögen? Ich bin nur ein kleiner, bescheidener Beamter. Wie hätte ich das Geld aufgebracht, den Nimmersatt, Exzellenz Tschu, Oberrichter von Tscheu-kong, mit hundert Taels zu bestechen?

TSCHU:
Ich hätte mich bestechen lassen, ich, der unbestechlichste Richter weit und breit?

KAISER:
Ich vernehme von Ihrem sagenhaften Reichtum; ein unbestechlicher Beamter kann seinen Söhnen nicht Gold und Edelsteine hinterlassen.

TSCHAO:
Drückt' ich selbst Eurer Exzellenz, dem goldgreifenden Tiger, nicht den Beutel mit dem Gold in die Hand, den jene mir für Euch eingehändigt?

KAISER:
Genug des unwürdigen Gekeifes und Gezänkes! Wie ein Rattenkönig seid Ihr miteinander verfilzt in Eurer Schuld. Bindet sie mit den Zöpfen aneinander. Und Du, Haitang, der man so bitter Unrecht tat, das reinste Herz, das diese Erde trug, verdächtigte, die man gerichtet ohne Grund und Recht – Ich trete ab vom Richterstuhl und lege den Stab des Rechts in Deine rechte Hand.

Sprich Du das Urteil über die drei,
Aus Deinem klaren Herzen, das

Klar wie ein Quell allein den Himmel spiegelt.
Ich hüte Dir das Kind auf Deinem Arm.

HAITANG:
Ich halte
(vor dem Gerichtssaal)
über Euch den Stab des Rechts –
Und breche ihn, weil ich nicht richten will.
Dem Menschen steht das Richteramt nicht zu,
Der selber Unrecht denkt und Unrecht tut!
Ich muß mich dessen wahrhaft schuldig sprechen.
Der da ließ sich bestechen –
Ließ ich mich nicht bestechen einst durch eines Jünglings Wesen?
Der fällte falsches Urteil –
Fällte ich nicht falsches Urteil über Ma?
Der zweite liebte. Seine Schuld war Liebe –
Hab ich und Ihr, hat jeder nicht
Aus Liebe schon gefehlt?
Die Dritte, daß sie mir mein Kind gestohlen,
Verzeih' ich gerne ihr – Stähl' ich es selber doch,
Das reizende, das liebliche,
Säh' ich's bei einer andern.
Daß sie den Gatten tötete,
Dies freilich ist entsetzlich,
Und ein Gefühl der Rache steigt in meine unbewehrte Brust.

KAISER:
Was diese Drei Dir angetan,
Du achtest es für nichts?

HAITANG:
Wie darf der Richter Recht von sich aus sprechen?
Das höchste Wesen sprech' aus seinem Mund!
So sprech ich Tschu und Tschao des Richteramts verlustig –
Sonst sind sie frei und mögen gehen, wohin es ihnen gefällt.
Frau Ma, auch Ihr seid frei – doch freigesprochen nicht.
Gewiß besitzt Ihr noch von jenem Zucker,
Den Ihr Herrn Ma einst in den Tee geschüttet –
Geht – kocht Euch Tee – und sprecht Euch Euer Urteil selbst!
(Tschao, Tschu und Frau Ma ab.)
Tschang-ling, mein Bruder!

KAISER:
Ich verleihe ihm den durch das Ausscheiden des Herrn Tschu erledigten Richterstuhl von Tscheu-kong.

TSCHANG-LING:
Leb wohl! Des Lotos weiße Blüte wird immer über Dir leuchten!

(Ab. Die Seitenvorhänge fallen, die letzte Szene spielt wie die erste des 5. Aktes vor ihnen.)

HAITANG:
Gebt mir mein Kind jetzt.

KAISER:
Dein Kind?

HAITANG:
Mein Kind! Mein Kind! Mein Pantherköpfchen, mein Luchsäuglein, mein Hasenöhrchen, mein Aprikosenwängelein, mein Pfirsichärschlein! Trugst ein kleines Mützchen, hab ich selbst gestrickt, hab ich dreingestickt die acht Genien und den Gott des langen Lebens. Kleine Schellen klingeln an der Mütze, hör Dich, kleiner Narr; dunkelrot ist Dein Rock, grün Dein Jäckchen, buntes Höschen wie ein Hahn, wie ein Pfau. Deine Schuhchen vorn sperren sich wie ein Tigerrachen – ha! wie er nach mir schnappt, der böse Tigerschuh! Wie süß Du duftest, wenn man Dich küßt! Du hast auch einen schönen Namen bekommen: Li heißt Du; das bedeutet Licht, Licht meines Lebens! Leuchte meiner Nacht! Drachensproß, Phönixsohn! Der Herr des südlichen und nördlichen Polarsternes verleihe Dir ein langes Leben von neunundneunzig Jahren! Du wirst einst im hellen Glanz erstrahlen! Die Sonne wird sich beschämt verkriechen, und der Mond sich mit seinem goldenen Krummschnabel den Bauch aufschlitzen. Du aber wirst leuchtend auf dem Turm der azurnen Wolken stehen. Ich bin so froh und beglückt um Dich. Ich danke dem höchsten Wesen, daß es mich erschaffen, den Eltern, daß sie mich erzogen, der Erde, daß sie mich ernährt hat.

Verborgenes ward durch Liebe offenbar.
Die Dunkelheit ward durch die Liebe klar.
Die Liebe macht die Lügner stumm.
Die Liebe bringt die Hoffart um.
Die Liebe brennt wie Sonn' so sehr,
Die Liebe rast wie Sturm im Meer,
Die Liebe bringt den Tod zu Fall,
Und Liebe, Liebe überall!

KAISER:
Haitang –

HAITANG:
Mein kaiserlicher Freund –

KAISER:
Noch auf ein Wort, bevor ich Dich entlasse.

HAITANG:
Entlaßt Ihr mich? Verlaßt Ihr mich so bald?

KAISER:
In jener Nacht, da Ma im Hause Tongs Dich kaufte, Du erinnerst Dich?

HAITANG:

Wie könnt' ich jene Nacht vergessen, da ich zum ersten Mal Euch sah –

KAISER:

Sag, was geschah in jener Nacht im Hause Mas?

HAITANG:

Man brachte mich in ein Zimmer zu ebener Erde, dessen Schiebetüren nach dem Garten hinausgingen. Ich weinte, bat um Ruhe. Herr Ma ließ mich allein. Ich trat auf die Terrasse. Der Mond schien. Die Blumen dufteten. Im Park sprang ein Springbrunnen. Es war so drückend heiß, daß ich die Tür zum Garten offen ließ. Als ich mich niederlegte, da hatte ich einen wunderlichen Traum –

KAISER:

Was träumtest Du?

HAITANG:

Ich träumte, ich läge im Zimmer bei Ma, wo ich in der Tat auch lag, und es käme ein junger Herr durch den Park geschlichen, leise, wie der Panther schleicht. Er trat in mein Zimmer, setzte sich auf das Kang, auf dem ich lag, legte sich zu mir, liebte mich, umarmte mich wie ein Ehemann sein Eheweib.

KAISER:

Wie kommt es, daß Du diesen Traum so treu bewahrtest im Gedächtnis?

HAITANG:

Ei, lieber Herr, ich träumte von Euch, daß Ihr zu mir gekommen. Und wenn ich recht bedenke, war im Traum ich herzlich froh, daß Ihr die Blume meines Parkes pflücktet.

KAISER:

Dies alles träumtest Du?

HAITANG:

Ich träumt' es nur.

KAISER:

Haitang, was Du geträumt, es hat in Wahrheit sich begeben. Ich folgte Dir in jener Nacht, stieg übern Bambuszaun, schlich in Dein Schlafgemach, und derart schön erschienst Du mir, daß ich entzündet wurde und meiner Sehnsucht und Begier nicht widerstand. Ich liebte Dich, die Schlafende, die einmal nur im Schlafe leise seufzte. Kannst Du verzeihen, was ich aus allzugroßer Liebe gewagt?

HAITANG:

Verzeihen will ich Dir, wenn Du dies Kind
Als Deins erkennst, denn also muß es sein.
Gezeugt hat es der Sturm, geboren hats der Wind,

Sein Pate war der gelbe Mondenschein.

KAISER:
Noch heut verkünd ich Dich dem Volk als meine Gattin.

HAITANG:
(hebt das Kind hoch.)
Mein Mondkind! Mein Sonnenkind!
Mein Schmerzenskind! Mein Herzenskind!
Ich habe alles Leid auf mich genommen,
Das je Dich könnte überkommen.
Dir werden alle Glocken Freude läuten,
Dir werden alle Tage Glück bedeuten.
Gerechtigkeit, sie sei Dein höchstes Ziel,
Denn also lehrt's des Kreidekreises Spiel.

VORHANG.

Mensch / werde wesentlich!

Laotse

Sprüche / deutsch von

Klabund

OHNE AUS DEM HAUSE ZU treten / kann man die Welt erkennen / ohne aus dem Fenster zu blicken / kann man des Himmels Sinn sehen / je mehr einer aus sich herausgeht / desto weniger kann er in sich gehen / also erzielt der Weise sein Ziel ohne zu wandern / er ruft deinen Namen ohne sich umzuschauen / er tut nichts und erlangt alles.

WER ANDRE KENNT / IST KLUG / wer sich selbst kennt / ist erleuchtet / wer andere bezwingt / ist stark / wer sich selbst bezwingt / ist der Held / wer genug hat / ist reich / wer milde will / dessen Wille geschieht / wer seinen Platz nicht leicht-sinnig verläßt / wird überall seinen Platz finden / wer sich von dem Tod nicht töten läßt / lebt ewig.

LASST FAHREN EURE FAHRLÄSSIGE Weisheit / eure erklügelte Klugheit / es wird dem Volke hundertmal wohler sein / laßt fahren eure lässige Liebe / eure Pflicht die sich zu nichts ver-pflichtete / und das Volk wird wieder sein Herz finden / was kann eure erkünstelte Kunst? / was habt ihr mit eurem Gewinst gewonnen? / laßt fahren dahin: so wird es keine Vagabunden und Räuber mehr geben / Dreifach also gilt: der schöne Schein genügt nicht / man muß sich auch auf etwas verlassen können von dem man nicht verlassen wird / Reinheit und Einfalt / weniger selbstisch sein – um so mehr gelangt man zu sich selbst.

DIE UNTEN HUNGERN / WEIL die oben das ihre fressen / darum hungern die unten / die unten sind schwer zu leiten / weil die oben sie immer ver-leiten / darum sind die unten so schwer zu leiten / die unten sterben so leicht / weil sie so schwer leben / darum sterben sie leicht / man soll ihnen das Leben billig geben / so wird es ihnen teuer werden.

DEN HOHEN NICHT ERHÖHEN / so hindert man daß ihn das Volk beneidet / rauh zu erraffenden Reichtum gering achten / so hindert man, daß Dieb und Raub geschieht / das Mögliche nicht mögen / so hütet man das Herz vor Herz-losigkeit / also wirkt der Weise / leicht sei des Volkes Sinn und schwer seine Sinnlichkeit / kindlich sein Gemüt fest seine Faust / es verkenne nicht es begehre nicht / die Wissenden fürchten sich zu handeln / handelt man ohne zu handeln / so ist wohl getan.

WER IN WEISHEIT DEM HERRN der Welt hilft / unterjocht nicht mit Waffen die Welt / die Welt könnte ihre Waffen gegen ihn wenden / wo die Schlacht tobte wuchert Unkraut und Untat / hinter den Heeren schleicht der Hunger / der Held siegt sanft umarmt den Besiegten / er siegt ohne Prahlerei / er siegt ohne Selbstsucht / er siegt ohne Rache / er kämpft und siegt weil er kämpfen und siegen muß / was übermächtig wird verwest in der Übermacht / dies ist der Un-sinn / und des Unsinnes Ende ist bald gekommen.

EIN EINSICHTIGER FELDHERR sagte: / ich leite nie zum Kampf sondern ich lasse mich verleiten / lieber weiche ich einen Fußbreit zurück als daß ich einen Zollbreit vorrücke / das besagt: marschieren ohne Marschordnung / das besagt: fechten ohne Fechtzeug / das besagt: verfolgen ohne Folgen / das besagt: den Feind kriegen ohne Krieg / keine größere Torheit als einen Unangreifbaren anzugreifen / wer einen Unangreifbaren angreift verliert leicht sein Herz / darum: wenn Waffen klirren / siegt der Herzhaftere.

EINE ÜBERVOLLE SCHALE MUSS man zweihändig tragen / dennoch läuft sie über / das schärfste Schwert / behält seine Schärfe nicht / ein Saal voll Gold und Edelsteinen / findet keinen redlichen Wächter / reich mutig ansehnlich und dazu roh übermütig unansehnlich sein / dies lockt zum Untergang / nach gewirktem Werke leise von dannen gehn / dies ist der Wunsch des Weisen.

WAS VERWELKT / MUSS VORHER geblüht haben / was schwach wird / muß vorher stark gewesen sein / was einstürzt / muß vorher in die Höhe gebaut worden sein / was von uns gehen will / muß vorher zu uns gekommen sein / dies ist die geheimnisvolle Erleuchtung / das Zarte überwindet das Harte / das Schwache überwindet das Starke / den Fisch soll man nicht aus der kühlen Tiefe nehmen / das Volk soll man nicht entvölkern.

WENN DAS REICH SINN-VOLL ist / so läßt man die Rennpferde am Dungwagen rennen / wenn das Reich sinn-los ist / so werden die Kriegsrosse weiden auf den Wiesen/ nichts ist böser / als Lüsternheit / nichts ist ärger / als Ungenügsamkeit / nichts ist schlimmer / als Gewinnsucht / darum: wer auf Genügsamkeit sinnt ist immer zufrieden.

WENN EINE GROSSE FEINDschaft aufhört bleibt doch eine kleine Feindschaft zurück / es fällt den Feinden schwer sich zu befreunden / hat sich der Weise verpflichtet so tut er seine Pflicht / mögen sie ihm bei-pflichten oder nicht / wer ist wird von seiner Pflicht getrieben / wer nicht ist treibt seine Ver-pflichtungen ein / des Himmels Sinn besonnt Gerechte und Ungerechte / aber durchsonnt von ihm erscheint nur der Gute.

DAS GROSSE REICH LIEGT UNTEN am Abfluß der Ströme / die andern Reiche fließen in ihm zusammen / es ist ihnen wie ein Weib hingegeben / das Weib überwindet durch seine Zartheit den Mann / durch ihre Zartheit unterliegt er ihr / also: das große Reich gewinnt die kleinen Reiche indem es sich ihnen unterordnet / das kleine Reich gewinnt das große Reich indem es sich ihm unterwirft / der eine unterwirft sich um zu gewinnen / der andere unterwirft weil er gewonnen wurde / das große Reich soll die Menschheit umschließen / das kleine Reich soll sich an die Menschheit anschließen / beide Reiche er-reichen den wahren Reich-tum / wenn das große Reich sich nicht be-reichert und unten bleibt.

DER HIMMEL DAUERT / DIE Erde dauert / Himmel und Erde dauern weil sie nicht sind / darum dauern sie ewig / also der Weise / er geht hinten und kommt doch voran / er ent-äußert sich / und bleibt doch ganz ver-innerlicht / ist es nicht so / weil er sich ent-eignet / ward er ein Eigener?

WENN DER MENSCH GEBOREN wird / so ist er zart und schwach / wenn der Mensch stirbt / so ist er hart und stark / das Ding bedingt daß die Keime an den Bäumen und Kräutern zart und saftig sind / wenn sie dann verwelken / sind sie dürr und saftlos / Tot heißt stark und hart sein / Leben heißt schwach und zart sein / also: ein starkes Herz siegt nicht / der starke Baum stirbt ab / das Starke und Große ist oben / das Zarte und Schwache ist unten.

DAS ZARTESTE AUF ERDEN / überwindet das Härteste auf Erden / das Lose dringt ein in das Feste / so begreift man die Wirkung der Ohnmacht / Belehrung ohne Lehre / Erfolg ohne Folgen / Wirkung ohne Werke / vermögen nur wenige auf Erden.

DER WEISE IST NICHT STRENG / wenn das Volk über die Stränge schlägt / sein Herz ist sein Herz / wer gut zu mir ist zu dem bin ich gut / wer nicht gut zu mir ist zu dem bin ich auch gut / denn das Sein ist gut / ich traue dem Treuen / und ich bin treu dem Ungetreuen / denn das Sein ist treu / der Weise lebt leise in der Welt / er ist gegen jedermann gleich ge-sinnt / alle lauschen ihm / alle äugeln auf ihn / denn der Weise erweist sich ihnen wie ein Vater zu seinen Kindern.

ERD UND HIMMEL SEHEN NICHT auf den Menschen / die sind ihnen wie Opferhunde aus Heu: zum Wegwerfen / der Weise sieht nicht auf den Menschen / die sind ihm alle wie Opferhunde aus Heu: zum Wegwerfen / das zwischen Himmel und Erde ist wie ein Blasebalg / er leert sich aber er entleert sich nicht / er hebt sich und er bläst von neuem / wozu die vielen Worte? / das Innerste schweigt.

INS LEBEN TRETEN HEISST IN den Tod eingehn / dreizehn Helfer helfen dem Leben / dreizehn Helfer helfen dem Tod / der Mensch wird gelebt anstatt daß er erlebt / so findet der Tod dreizehn verwundbare Stellen an ihm / woher das? / weil ihm sein Leben Völlerei ist / wir hören: wer zu leben weiß der schreitet durch die Lande ohne Furcht vor Tiger und Nashorn / er schreitet zwischen Lanzen und Dolchen der feindlichen Heerscharen hindurch ohne Panzer und Waffen / das Nashorn findet keine Stelle an ihm sein Horn einzubohren / der Tiger findet keine Stelle seine Tatzen hineinzuschlagen / der Dolch kann nirgends seine Spitze in ihn senken / warum dies? / weil er unsterblich ist.

WER WEISS NIMMT ZU / WER sinnt nimmt ab / er nimmt immer mehr ab bis er beim Nichts-tun angelangt ist / tut er nichts so wirkt er vieles / das Reich er-reichen kann er nur / weil er nicht handelt / die Händler werden das Reich nicht erhandeln und nicht er-reichen.

ERSCHEINT DER VOLLKOMMENE sich als unvollkommen / so wird er weit kommen / wer überfließt und dennoch leer scheint / ist unerschöpflich / so auch wenn der Geradeste sich krumm / der Meister sich stümperhaft / der Beredteste sich stotternd erscheint / Bewegung überwindet das Gefühl der Kälte / Sanftheit überwindet die Hitze / Keuschheit und Sanftheit: ist der Welt Richtmaß.

DREISSIG SPEICHEN LAUFEN IN einer Nabe zusammen / weil das Innere des Rades leer ist / ist der Wagen brauchbar / Wasser und Erde gibt Ton / Ton gibt Töpfe / weil das Innere dieser Töpfe leer ist / sind sie brauchbar / man reißt Türen und Fenster in eine Wand / weil das Innere der Tür- und Fensterrahmen leer ist / sind sie brauchbar / das Volle ist nützlich / das Leere ist nötig.

SEIN NAME ODER SEIN SEIN: / was liegt einem näher? / sein Sein oder sein Haben / was gilt mehr? / was ist schlimmer: / sich bewahren oder sich verlieren? / darum: wer sein Herz verschwendet verbraucht sich / wer viel errafft / verliert mehr / wer sich genügt / ist aller Ehren wert / wer inne halten kann / hält das Innere / er lebt ewig.

DER SINN ZEUGT DAS EINE / das Eine zeugt das Zweite / das Zweite zeugt das Dritte / das Dritte zeugt alle Wesen / alle Wesen tragen auf ihren Rücken die Last der Dunkelheit / aber in ihren Augen brennt das Licht / ein leiser Hauch vereint das was an ihnen uneins / die Menschen hassen Einigkeit Einheit Einsamkeit Einfalt / und dennoch nennen und bekennen sich die Besten so / also: es nimmt etwas ab und doch zu / es nimmt etwas zu und doch ab / wer so spricht spricht aus mir / die Starken sterben keines natürlichen Todes / ich habe gesprochen / so spricht mein Spruch.

WER VOM SINN DURCHSONNT ist redet nicht / wer redet ist nicht vom Sinn durchsonnt / ersterer ist unzugänglich und unabkömmlich / er ist geheim verbunden mit dem Sinn / ihn binden nicht Nähe und Nächste / ihn binden nicht Ferne und Fernste / ihn bindet nicht Gewinn / ihn bindet nicht Verlust / ihn bindet nicht Ehre / ihn bindet nicht Un-ehre / darum so ist er der Ehrlichste und Ehrenwerteste auf Erden.

WAHRHEIT VERSCHÖNT NICHT / Schönheit wahrt nicht / der Einsichtige redet nicht / des Redners Worte sind nicht einzusehen / der Lehrer ist nicht gelehrt / der Gelehrte ist leer / der Weise häuft nicht / je mehr er andern schenkt / desto mehr besitzt er / je mehr er ausgab / desto mehr nahm er ein / des Himmels Sinn ist Gnade nicht Schade / der Weisen Sinn ist leiten ohne zu streiten.

WER DER WELT DEN SPIEGEL vorhält / der hat Zulauf von allen Seiten / sie laufen zu ihm / ohne sich zu verlaufen / sie fühlen sich beruhigt / ins Gleichgewicht gebracht / beseligt / wo Musik und Mahl winken / verweilt gern der Wanderer / spricht er aber vom Sinn / an dieser Speise finden sie keinen Geschmack / man möchte den Sinn sehen / aber man sieht ihn nicht / man möchte ihm lauschen / aber – man erlauscht ihn nicht / wer aber ihn ersann / der ist in ihm versunken.

MEINE BUCHSTABEN SIND SEHR leicht zu sehen und leicht nachzumalen / aber niemand in der Welt vermag sie zu durchdenken und zu entziffern / diese Worte sprach schon der Ur-vater / diese Werke wirkte schon der Herr / weil man sie nicht begreift so begreift man auch mich nicht / derer die mich begreifen sind wenige / sie sind meine ganze Würde / also der Weise: er trägt sein Geschmeide unter einem ärmlichen Gewand verborgen.

DER GEIST DER TIEFE IST UNsterblich / er ist das Über-sinnlich Mütterliche / des Übersinnlich Mütterlichen Herkommen / ist die Wurzel Himmels und der Erde / ewig sitzt die Mutter am Webstuhl / sie wird des Webens nicht müde.

Laotse wurde im dritten Regierungsjahr des einundzwanzigsten Kaisers der Dynastie Chou, im Jahre 604 v. Chr., geboren. Er verwaltete das Reichsarchiv der Chou. Sze-ma Ts'ien schreibt: Laotse war des Tao und seiner Tugend beflissen. Sein Streben ging dahin, verborgen zu bleiben und keinen Namen zu haben. Als die Dynastie Chou verfiel, ging er von dannen und kam an den Grenzpaß. Dort sprach der Grenzbeamte ehrerbietig zu ihm: „Wenn es denn sein soll, Herr, daß du dich endgültig von uns wendest, so tue uns doch, ehe du in die Einsamkeit gehst, deine Weisheit in einem Buch kund, das auf uns und die Nachwelt komme." Laotse stand auf der Grenzscheide, sah nach vorn, sah zurück, und schrieb das Buch vom Sinn und Sein, von Welt und Wesen in zwei Teilen, genannt das Taoteking, daraus hier einige Sprüche genannt wurden: zum Nach-denken und Nach-leben. Der Mensch soll nicht nach außen, sondern von innen leben. Wenngleich das Klimatische bei der Entstehung des taoistischen Menschen eine Rolle gespielt haben mag, so scheint mir der Trennungsstrich zwischen östlichem und westlichem Menschen quer durch die Seele der Menschheit zu gehn, die nur durch das himmlische Gesetz der Wage, der Polaritäten, des Gegensatzes zwischen Tag und Nacht, Tod und Leben, Gott und Teufel, Mann und Weib, Gut und Böse sich in der Schwebe hält. Der Typ des östlichen und des westlichen Menschen: man kann ihn auch den Menschen des (Sonnen-) Aufgangs und den Menschen des (Sonnen-) Untergangs bezeichnen, ereignet sich überall: in allen Zeiten und Völkern und Klimaten. Der faustische und der apollinische, der sentimentalische und der naive Mensch sind parallele Polaritäten. Das östliche Denken, wie Laotse es denkt, ist ein mythisches, ein magisches Denken, ein Denken an sich: das westliche Denken ist ein rationalistisches, empiristisches Denken, ein Denken um sich, ein Denken zum Zweck. Der östliche Mensch beruht in sich und hat seinen Sinn nur in sich. Seine Welt ist eine Innenwelt. Der westliche Mensch ist „außer sich". Seine Welt ist die Außenwelt. Der östliche Mensch schafft die Welt, der westliche definiert sie. Der westliche ist der Wissenschaftler. Der östliche Mensch ist der Weise, der Helle, der Heilige, der Wesentliche. Zu werden wie er, zu sein wie er: ruft er uns zu; denn wir sind müde des funktionellen, des mechanischen, des rationellen Da-seins und Dort-denkens. Der Relativismen des Wissens und der Wissenschaft. Der unfruchtbaren Dialektik. Des geistigen Krieges aller gegen alle. Die Sehnsucht nach einem wahren Frieden der Seele, dem aboluten Sinn in sich und an sich ist deine tiefste Sehnsucht, Mensch! Drum: werde wesentlich!

Das Buch der irdischen Mühe und des himmlischen Lohnes

von

Wang-Siang

Übertragen

von

Klabund

Dieses kleine Buch gehört in die Schriftenreihe der Tao-sse, der Anhänger und Epigonen der Lehre vom Tao, wie sie Laotse begründet hat. Von vielen chinesischen Gelehrten wurde und wird es Laotse selbst zugeschrieben. Das Vorwort eines Herausgebers nennt einen Mann namens Wang-siang als Verfasser, der zur Zeit der Sung-Dynastie (960 – 1279) lebte. Das Büchlein, das sich ganz im Gedankenkreise des Taoteking bewegt, ist dennoch keine bloße Nachahmung oder ein stumpfes Nach-denken des Tao. Seine Weisheit ist scharf gespitzt wie Bambuspfeile. Die Ideen sind Bilder, die Bilder Ideen geworden. Ein Hauch der chinesischen Geisterwelt weht über die aufgebaute Körperwelt. Und der Geisterschrift verdankt es auch sein Entstehen. Die Geister selber haben es Wang-siang diktiert. Man höre:

> Wang-siang hatte sich immer mit dem Plan getragen, eine Abhandlung über die Religion zu schreiben. Verschiedene Geschäfte und Beschäftigungen ließen ihn nicht dazu kommen. Eines Tages wurde er ganz plötzlich von einer Krankheit ergriffen und hauchte alsbald seine Seele aus. Man war grade dabei, ihn zu begraben, und sein Haus hallte wieder von den Schreien und Klagen seiner Kinder, als man plötzlich die Stimme eines Menschen vernahm, welche sprach:
> Wang-siang hatte den Plan gefaßt, ein Buch zu schreiben über die irdischen Mühen und den himmlischen Lohn. Es erscheint mir notwendig, daß ein so nützlicher und vernunftgemäßer Plan auch zur Ausführung komme. Wang-siang! steh auf und wandle! Das Leben hat dich wieder!
> Im gleichen Augenblick erwachte Wang-siang wieder zum Leben, schrieb das Buch der irdischen Mühe und des himmlischen Lohnes, welches eines der besten Bücher aller Zeiten ist, wie der Geist es ihm diktierte, und lebte noch zweihundert Jahre.

Meine Übertragung geht zurück auf die Ausgabe von M. Abel Rémusat: Le livre des récompenses et des peines, Paris, 1816. („Das Buch von Vergeltung und Strafe“ zitiert es Windischmann in der „Philosophie im Fortgang der Weltgeschichte“, Erster Teil, erste Abteilung, S. 413ff., Bonn, 1827. Der Band über China sei jedem empfohlen, der chinesisches Wesen, Sein und Sinnen begreifen lernen will.) Eine deutsche Übersetzung lag bisher nicht vor.

Die tiefste Innerlichkeit äußert sich folgendermaßen:

Der Weg zum Unglück oder zur Glück-Seligkeit ist nicht gleichgültig. Der Mensch erst zieht sie sich über sein Haupt.

Der Lohn des Guten und die Strafe des Schlechten sind wie der Schatten, welcher dem Schreitenden folgt, und sie entsprechen seiner Silhouette und seinem Umfang.

Darum gibt es im Himmel und auf der Erde Geister, welche die Sünden lenken, und die sich richten nach der Leichte und Schwere der Fehler des Menschen, um ihnen die Perioden des Lebens abzuschneiden.

Die Anzahl dieser Perioden, ihnen durch das Schicksal bezeichnet, wird abgekürzt.

Die Armut frißt sie.

Tausend Unglück hängt sich an ihre Schritte.

Alles andere Mensch haßt sie.

Die Ge-brechen und Ver-brechen verfolgen sie.

Die glücklichen Stunden meiden sie.

Das Glück hat keinen Ein-fluß auf sie.

Die bösen Sterne stürzen ihre Gießbäche des Bösen auf sie.

Und wenn die Kessel ihres Lebens erschöpft sind – sterben sie.

Es gibt im Himmel drei Gestirne, die uns die Stirne bieten, und den Stern des Nordens (Wagen).

Die Geister, im Haus des Menschen hausend, auf seinem Haupt hauptsächlich, führen genauestens Buch über seine Fehltritte, und sie schneiden von seinen Lebensfaden ab: es seien hundert Tage oder zwölf Jahre.

Und es sind drei Larven, die im Leib des Menschen wohnen. Immer, wenn man den 57. Tag des Kreises von 60 erreicht hat, steigen sie zum himmlischen Rat und legen Bericht ab über die Fehlschritte und Sünden des Menschen.

Am Tage, wo der Mond des Lichtes beraubt ist, tut der Herdgeist das gleiche.

Tritt ein Mensch einen Fehltritt, und er ist tief: man schneidet ihm zwölf Jahre seines Lebens ab.

Tritt ein Mensch einen Fehltritt, und er strauchelt nur: man nimmt ihm hundert Tage.

Man zählt viele hunderte Sünden: so schwere, so leichte.
Wer langes Leben liebt, und lang zu leben: er eifre eifrigst: sie zu meiden.
Dem Sinn folgen: heißt vorwärts schreiten.
Sinn-loses tun: heißt zurückfließen.
Man lebt sinn-gemäß, wenn man nicht steigt den krummen Pfad:
Wenn man nicht sich blenden läßt vom bösen Licht.
Wenn man sich lässig nicht verläßt auf das Geheimnis des Hauses.
Wenn man die Tugend häuft in Haufen und die Verdienste schichtet in Schobern und Scheunen.
Wenn das Herz mitleidet mit allen lebenden Wesen.
Man sei recht, aufrecht, fromm, gut Freund, Bruder.
Man stelle sich selbst richtig, wenn man einen falschen Standpunkt hatte, und man bemühe sich, die andern zu überzeugen. Man trage Sorge, ihre Sorgen zu tragen.
Man sei voll Zärtlichkeit für die Waisen.
Voll Wehmut für die Witwen.
Man hüte sich, Böses zu tun: den Insekten, den Schlangen, den Schildkröten, den Kräutern, den Blumen, den Bäumen.
Man trete sanft auf auf die Erde.
Sie hat so viel zu tragen.
Man trauere mit den Betrübten, freue sich mit den Freudigen, wende notwendig die Not, helfe dem Hilflosen, stütze den Gefallenen, betrachte das Gute, ihnen erwiesen, als sich selbst erwiesen (so sei's erwiesen) und empfinde den Schmerz, ihnen zugefügt, als sich selbst zugefügt (dies ist gefügt).
Man überhebe und übertreibe nicht die Unvollkommenheit des andern.
Man überhebe nicht seine eigene Un-erheblichkeit.
Man verscharre das Böse im Sande und lasse das Gute glänzend offenbar werden.

In Streitigkeiten weiche man zurück vor dem andern. Man hülle sich nicht in schimmernde Wehr: man wehre nur ab.
Man lasse sich nicht durch Bosheit böse machen.
Man empfinde eine heilsame Furcht, wenn man eine Gnade empfängt.
Man tue wohl, ohne Lohn zu erwarten.
Man tue wohl: bedenken- und schrankenlos.
Also wird man geehrt sein von aller Welt, beschützt vom himmlischen Sinn, begleitet von Seeligkeit und Reichtum.
Jede unreinliche Gebärde entfernt sich von dem Menschen, welcher handelt also.
Die Geister und die Wesen der Vernunft sind seine Leib- und Seelengarde.
Was er beginnt, vollendet sich.
Er selber ist auf dem Wege, ein Geistiger zu werden, wenn nicht ein Geist, wenn nicht unsterblich.
Um ein Unsterblicher des Himmels zu werden, es müssen getan sein eintausend dreihundert gute Taten.
Um ein Unsterblicher der Erde zu werden, es müssen getan sein dreihundert gute Taten.

Aber:
Sich bewegen mit aller Beweglichkeit gegen des Sinnes Bewegung,
Sich richten gegen die Gerechtigkeit,
Den Rücken wenden rücksichtslos der Vernunft,
Gewaltig sein und geschickt für das schlimme Geschick,
Grausam und übeltätig,
Immer im Dunkeln,
Offen den Tugendhaften spielen, aber im geheimen aufsässig sein seinen Fürsten und den Eltern, den Ältern.
Nicht achten die Ältern, herrisch sein gegen die, denen man dienen müßte,
Mißbrauchen die Gläubigkeit der Gläubigen, die Einfalt der Einfältigen, betrügen seine Gefährten,

Verleumdungen verbreiten,
Sich beklagen,
Bekriegen die, welche dieselben Ahnen ahnen, wie du.
Aufgeblasen, hart, unmenschlich: ein Barbar sein.
Nicht scheiden den Gerechten vom Ungerechten,
Immer unter den Schicklichkeiten des Schicksals sein oder drüber: statt mitten inn.
Peinigen die Untergebenen: ihre Verdienste für sich beanspruchen.
Schmeicheln den Vorgesetzten, den eigenen guten Willen vor ihrem bösen Willen hintenansetzen,
Gnade empfangen, ohne im Herzen berührt zu sein wie von einem Duft.
Unversöhnliche Gefühle hegen.
Das Himmelsvolk mißachten, stören die Ordnung des Königreiches.
Die Unwürdigen würdigen,
Die Unschuldigen mit Schuld beladen.
Die Wohlhabenden hintergehen bis zu ihrem Untergang, um wohl ihr Wohl zu haben.
Stürzen die Mandarinen von ihren Sesseln, um ihren Platz einzunehmen,
Quälen die, welche sich unterwerfen,
Mit dem Tode bestrafen, die sich auf Gnade ergaben,
Erniedrigen die Hohen,
Verweisen die Weisen,
Schänden die Waisen,
Verführen die Witwen,
Überschreiten die Gesetze und den Preis empfangen,
Dem Rechten unrecht tun,
Dem Unrechten Recht,
Sich bemächtigen kleiner Macht, um großmächtig zu werden,
Auf ein Verbrechen zwei andere türmen,
Seine Laster kennen, ohne darauf zu sinnen wie der Last ledig werden.
Die Tugend kennen, ohne darauf zu sinnen, tugendhaft zu sein.
Bestätigen, bekräftigen, bestärken die andern in ihren Sünden.

Sich widersetzen der Wirkung des Guten, welche ausgeht von den freien und den magischen Künsten.
Hart und verhärtet sein gegen die Propheten des Sinnes und der Tugend, die Besonnenen, die Sinnvollen.
Schießen mit Pfeilen auf Wesen, welche in der Luft fliegen,
Verfolgen die, welche auf der Erde kriechen,
Zerstören die Nester der Insekten,
Die Löcher der Schlangen,
Aufscheuchen die zarten Vögel, welche in den Bäumen leben,
Ihre Nester ausnehmen,
Der Nester Öffnung verstopfen,
Die Weibchen verwunden, welche tragen, trächtig.
Die Eier zerstören.
Verluste wünschen.
Böses gerne sehen und hindern das Gute.
Gruß und Zuruf nicht erwidern mit Zuruf und Gruß.
Andern weg- um selber zuzunehmen.
Gut in böse kehren,
Das allgemeine Gut schädigen zum eigenen Vorteil,
Anderer gute Taten für sich in Anspruch nehmen,
Ihre Unvollkommenheiten offenbar werden lassen,
Ihr Geheimstes entschleiern,
Ihr Vermögen vermindern,
Fleisch und Knochen auseinanderreißen,
Sie dessen, was ihr Glück ausmacht, zu berauben, –
Und ihnen helfen, schlecht zu tun,
Zerstreuen die Werdenden oder die, welche reif sind.
Streit in die Häuser bringen, schwerhörig sein im Überfluß gegen Bitten,
Von keiner Schande berührt sein im Herzen,
Andere wohl tun lassen, andern die eigene Bürde aufbürden.
Mit dem Bösen handeln wie ein Händler
Und die andern mit der Dirne Unglück verkuppeln.

Über Verdienst verdienen wollen.
In der Brust ein arges Herz beherbergen,
In den Staub ziehen, was die andern gutes haben,
In den Himmel erheben ihre Unvollkommenheit,
Sich eitel und majestätisch gebärden, aber der Andern Eitelkeit zu vereiteln trachten und ihre Majestät zu demütigen,
In Wildheit verwildern,
Sich freuen an Mord,
In Wunden wühlen,
Selbst kopflos andere köpfen,
Schneiden unaufhörlich,
Opfer erst schaffen und dann hinopfern, ohne Acht zu haben auf die Gebräuche.
Werfen und verlieren die fünf Arten des Kornes,
Schaden und Böses tun dem Tiere,
Das Haus des andern zerschmettern,
Nehmen, was an Kostbarkeiten und Köstlichem daliegt,
Überschwemmungen anrichten,
Feuer in die Häuser des Volkes werfen.
Die Gesetze stören, um die Verdienste der Menschen zu stören,
Die Schränke und Tische auf die Straßen werfen, daß die Armen noch mehr verarmen.
Den Sturz herbeiführen derer, die man umblüht und hochgeehrt sieht,
Und Armut derer, die reich sind,
Böses Verlangen haben, die Augen werfen auf die Frau des Andern,
Den Tod wünschen denen, denen man schuldet, Güter oder Gutes von ihnen empfing.
Wenn man nicht erlangt, was man wünscht, Verwünschungen ausstoßen,
Wenn man jemanden im Unglück sieht, ihn als Opfer erküren,
Sich lustig machen über körperliche Mängel,
Die guten Eigenschaften der andern verheimlichen,
Alpdrücken verschaffen,
Sich der Gifte bedienen, um die Bäume sterben zu lassen.
Das von den Weisen Überkommene verkommen lassen,

Seinem Vater, seinen Brüdern widerstehen und reizen zum Zorn.

Sich von Heftigkeit hinreißen lassen.

Lieben den Raub und sich freuen über Räuberei.

Seinen Reichtum gründen auf Diebstahl.

Vorwärts kommen durch Schmeichelei und Betrug und Lug.

Ungleich sein in den Belohnungen, welche man gewährt, und in den Strafen, die man verhängt.

Sich maß-los der Freude und den Gelagen überlassen; die Untergebenen foltern,

Ungerecht richten, Schrecken er-richten, den Himmel verfluchen und die Menschen anklagen.

Den Wind beleidigen und gegen den Regen aufbegehren.

Streitigkeiten anstiften und anzetteln und zu Prozessen aufreizen.

Die Verleumdung bis in den Kreis der Freunde tragen. Schmutzige Wäsche waschen mit dem Gewäsch der Frauen und die Bitten der Mütter sich verbitten.

Das Altertum über die Neuzeit vergessen, den alten Menschen über dem neuen.

Sagen ja mit dem Munde, nein mit dem Herzen.

Nach bös Errungenem gierig sein. Täuschen die Oberen. Handwerker bösen Handwerks sein und die Friedlichen bekriegen. Das Recht biegen.

Den Namen der Geister entgeistern. Jede Unterwerfung ablehnen. Jedem Spruch mit einem Widerspruch antworten.

Verlassen das Nahe, um das Ferne zu ergreifen,

Den Himmel und die Erde zu Zeugen der schmutzigsten Gedanken rufen und unter den Augen der Geister die infamsten Handlungen zu begehen,

Sich gehen lassen, statt zu gehen,

Borgen und nicht zurückgeben,

Nicht standesgemäße Ansprüche stellen,

Über seine Mittel leben,

Sich an die Vergnügungen hinschwemmen,

Gift im Schrank seines Herzens tragen: aber Lächeln auf dem Antlitz.

Besudeln die Nahrungsmittel und aushungern die Hungrigen.

Irrlehre preisen,
Einen zu kurzen Atem haben bei langwierigen Wegen,
Eine zu leichte Wiege haben, zu leichtes Wägen,
Alles auf die leichte Achsel nehmen,
Wahrheit und Lüge mischen, wie Wasser und Wein,
Huren,
Die Guten vernichten und die Nichtigen begütigen.
Über den Rücken des armen Toren aufs Pferd steigen: stolz.
Unersättlich begehren, ohne je Genüge zu finden,
Verwünschen, nicht wünschen,
Die Geister herrisch meistern wollen,
Sich betrinken, besaufen, dann brüllen und tumultieren und die stille Gasse mit seinem lauten Geschrei erfüllen.
Leiden unter der Teilung und den Streitigkeiten zwischen Fleisch und Knochen.
Mann ohne Männlichkeit, ohne Ehrlichkeit und Ehre,
Frau, ohne Fraulichkeit, ohne Anmut, ohne Zärtlichkeit,
Schlecht mit seiner Frau leben, seinen Vater nicht achten.
Sich aufblähen wie ein Segel, von Lüsten zerfetzt zu sein.
Nicht tugendhaft handeln gegen Gattin und Söhne,
Es an Ehrerbietung gegen die nächsten Verwandten, die sich so oft für ihn verwandten, fehlen lassen,
Sich auf eine leichtsinnige Art gegen die Seelen der Abgeschiedenen aufzuführen,
Immer noch über den übrigen sein wollen und oberhalb der Oberen,
Unnütz handeln,
Ein doppelt Herz haben,
Sich und den Andern fluchen,
Hassen und Lieben aus Vor-, Nach- und Rücksicht.
Treten mit Füßen in den Brunnen,
Über den Herd springen,

Über Menschen springen, über Nahrungsmittel,
Schlechtes tun den Kindlein und foltern die Neugeborenen.
Schlimmes Geheimnis jedem zuwenden.
Singen und tanzen am Tag der Ehe oder am letzten Tag des Jahres.
Schreien statt flüstern, und bei Neumond oder im beginnenden Tag in Zorn zu geraten.
Spucken, sich schneuzen, oder seinen Urin nach Norden verspritzen,
Seufzen, singen oder weinen angesichts des Herdes,
Wohlgerüche am Herdfeuer entzünden,
Das Holz brechen, mit dem man Brot bricht.
Die Eßstäbchen beschmutzen.
Sich erheben nackt,
Nackt gehen durch die Nacht: im Geisternebel.
Gebete befehlen in den acht Epochen des Jahres.
Die sinkenden Gestirne bespeien,
Mit den Fingern zeigen auf die drei himmlischen Klarheiten.
Allzulange in die Sonne oder in den Mond starren.
Im Frühling Feuer legen an die Wiesen der Gebirge, an das dürre Laub, an das grüne Laub,
Jagen in wilder Jagd,
Flüche in den Norden fluchen,
Sinn-los die Raupen töten,
Oder mit der Gerte schlagen nach den Schlangen.

Dies alles sind trübe Taten, welche verdienen bestraft zu werden:
nach ihrer Leichtigkeit,
nach ihrer Schwere.
Der, welcher das Leben über-lebt, schneidet denen, welche es erleben, vom Lebensfaden ab:
Zwölf Jahre oder
hundert Tage.
Sobald die Kessel seines Lebens erschöpft sind, ist die Zeit erfüllt.
Aber nach dem Tode, die Qual ist nicht beendigt, der Schmerzen nicht genug:
Das Unheil fällt wie ein Heuschreckenschwarm auf des Heillosen Enkel und Enkelsöhne.
Wenn man unrecht Gut nimmt: man läuft Gefahr, daß einem die eigene Frau verführt wird, daß einem die Dienstboten unbotmäßig werden.
Der Tod wird lohnen.
Wenn aber der Tod nicht tötet: man wird der Überlebende seiner eigenen Schmach sein, man wird seine Äcker überschwemmt sehen und angezündet sein Haus. Die Sessel und Kissen werden gestohlen sein von Dieben. Man wird von Krankheiten überhäuft sein, all das ist der gerechte Lohn für jegliche Bosheit.
Der, welcher einen Menschen zu unrecht tötet, ähnelt dem Soldaten, welcher sich spießt mit seinem eigenen Degen.
Der, welcher Reichtum raubt vom Andern, ist wie einer, der sich von verdorbenem gefallenen Tierfleisch nähren will oder sich tränken mit vergiftetem Wein.
Der Tod schlägt ihn nieder im Augenblick, wo er sich zu erheben oder erhoben glaubt.
Wenn das Herz einen herzlichen Gedanken hat, und sei er noch nicht einmal getan, die Geister haben ihn schon ergriffen und begriffen, und sie fächeln ihm Glückseligkeit zu. Wenn man aber einen bösen Gedanken hat, dieselben Geister gießen böse Gefäße über ihn aus. Wenn man eine schlechte Tat getan hat, man stelle sich recht, man berichtige, man bereue, man verlasse den falschen Weg, man wende sich zur Tugend, unfehlbar wird man auf diesem Weg die Selig-

keit finden: Sie blüht an allen Straßen, die zum Himmel führen. Dies heißt man die Umkehr zum Guten.

Also der wahrhaft gute Mensch:
sagt das Gute,
sieht das Gute,
wagt das Gute.
An einem Tag er vereint die drei Arten des Guten.
In drei Jahren sendet ihm der Himmel unfehlbar die Glückseligkeit.
Der Böse aber
sagt das Böse,
sieht das Böse,
wagt das Böse.
An einem Tage er häuft alle Arten des Bösen.
Und in drei Jahren wird der Himmel nicht verfehlen, ihm unfehlbar das Unglück zu senden.
Wie also sollte nicht ein jeder bedacht sein, die Tugend zu tun?

II.

Nachdichtungen aus dem Japanischen

Die Geisha O-sen

Geisha-Lieder

Nach japanischen Motiven

von

Klabund

Ach ich arme kleine Geisha –
Tausend Männer muß ich lieben,
Und nur einer ist geblieben
Mir im Herzen.

Als wir eines blauen Tages
Auf dem Bambusteppich sangen,
Kam ein junger Mann gegangen.
Lächelte …

Und wir neigten unsre Stirnen
Voller Demut wie beim Beten,
Luden hold ihn, einzutreten,
Boten Tee und Sake.

Flatternd fiel sein Blick auf meinen
Schlanken Leib. O daß ich stürbe!
O-sen! Leise sagt er: Zirpe
Süß Kirigirisu!

Und ich sang zu der Guitarre:
Morgennebel hüllen drohend
Rings Akashis Küste … Lohend
Flammt der Fushisama …

Und er lauschte. O ergriffe
Ihn die Klage meiner Liebe!
Daß sie Nebel grau umtriebe …
Und er wandte sich.

Meine warmen, wilden Tränen
Lassen meines Ärmels Borte
Nimmer trocknen. Tote Worte
Grabe ich ins Dunkel.

Darf ich seine Hoheit lieben?
Werf ich doch auf ihn nur Schatten …
Meine Träume werden Ratten,
Die mich fressen möchten …

Wenn der Sommer kommt, gehen die Frauen mit ganz
langsamen Schritten durch den Garten.
Ihre Füße träumen schwer. Und ihre Brüste warten,
Daß jemand unversehens von hinten sich heranschleicht und
sie packt: ein Knecht, ein Strolch, ein Hirt –
Und ihre Wehrlosigkeit zur süßen Schande wird.

Einst lief meine Sehnsucht nach einem Palast
Und einem Prinzen als Gatten.
Nun hab ich mich in Ergebung gefaßt
Mit meinen zwei Bambusmatten.

Nur manchmal schäumt wie Brandungsschaum
Ein Wunsch, mich wieder zu betören …
Ich weiß bei Kasamori einen Baum,
O! nur sein Schatten sollte mir gehören …

Heut reiht ich im Spaziergang Berg an Berg,
Sah nach der Rehe roten Rudeln.
Nun bin ich müde und habe Hunger nach Zuckerwerk.
Wann kommt Dohei?

Wann kommt Dohei?
Ich möchte seinen süßen Atem trinken.
Ich seh inmitten ihn von Kinderrudeln
Weit her, weit her nach meinen Brüsten winken …

ERSTE NACHT

Herz und Hymen sind zerrissen.
Blut brach aus mir stumm.
O es war so süß zu küssen
Und zu wissen nicht warum!

Morgen sah auf Gärten wüst zerzauste,
Die kein Ordnender entflicht.
Und ich hob die Faust und
Schlug ihm ins Gesicht.

Unter Schleiern fern geschwungne Linien
Leiser Schein –
Und nun muß ich unter Pinien
Wilde Löwin sein.

Harunobu hat mein Bild geschnitten
Ganz in Holz. Danach sie Puppen machten
Und zum Fest nach Jida singend schritten,
Wo sie Buddha meinen Körper brachten.

Wird mein Leib des Gottes Lust erregen?
Falter flogen nächtlich um mein Bette,
Groß wie Vögel. Und mir war im Traum, als hätte
Buddha tief in meinem Schoß gelegen.

Hände flackern durch die Nacht,
Und sie lecken weiße Flammen
An den Sternen,
Die im fernen
Himmel göttlich aufgewacht.

Und sie spreizen sich und ballen
Sich zur Faust.
Die Sterne fallen
Klingend aus den blauen Hallen,
Und des Mondes Scheibe saust.

Waldeinsamkeit –
Hallt einsam weit
Der Ruf des Kuckucks durch die braune Stille.
Nun bin ich ohne Rausch und Wille
Ein Lächeln der Vergangenheit …

Der Kessel singt.
Mein Herz summt seine Melodie.
O nie
Begreif ich sie.

Was wohl das Dunkel bringt?
Wer kommt? Das Leben rann.
Ein Prinz? Ein alter Mann?
Und dann? Und dann??

Wenn früh der Morgen gelb durchs Fenster blinkt,
Fällt fahl zu Boden meines Sangs Getön.
Ich flieh auf Higurashis helle Höhn.
O Licht! Nun bin ich wieder schön!

Sind sie Bären? wie die Bienen
Schwärmen wir um unser Haus.
Ziehen uns und ziehen ihnen
Goldnen Honig noch heraus.

Auf der Tapete ringeln
Sich rote Schlangen, Karpfen schnappen und Schlein.
Blaue Glockenblumen klingeln.
Böse Köpfe drohen Drachen und Fein.

Dazwischen steigen silberschlanke Farren
Und wie ein Springbrunn eine jede prahlt –
Stumm sind sie alle, unsichtbar, und harren
Des Blicks, der wie ein Pinsel ihre Schönheit malt.

Einsam irr ich durch den abendlichen Garten,
Ließ die fremden Freunde, die mich narrten.
Grauer Himmel, vom Lichte der Stadt ein wenig rosa gepinselt.
Dicht neben mir der Fluß, der wie ein Hund in Träumen winselt.
Durch Pfützen stapft mein Fuß, die Luft, sie pfeift.
Ein selig Frösteln meine Glieder streift.
Des Tages Lügen fallen von mir ab,
Welke Blätter wehte der Wind ins Grab.
Nun steh ich als ein Baum, des Blätterkleids beraubt,
Und hebe in den Sturm mein Wipfelhaupt.
Es schwankt der Stamm, umkrächzt von einem Vogelflug,
Dessen Nester er einst und dessen Glück er trug.

Seht meiner Glieder Spiel!
Ihr müßt es tief in eure Sinne tragen!
Euch fragen
Ob O-sen eure Schwester werden will.

Die weiße Taube schwirrt sehr hoch im Blauen –
Kennt ihr der Taube Herz?
So werdet ihr die Geisha schauen,
Doch nie durchschauen ihrer Schmerzen Schmerz.

Ich fühle, wie von ferne
Dein Auge zu mir geht.
Wie sähe ich so gerne
In deine Augensterne
Und läse drin von früh bis spät.

Es muß wohl etwas geben –
Ich bin so schlimm.
Du bist so gut.
Will ich die Wimpern heben,
So muß ich sehr erbeben,
Wie ein ungezogen Kind tut.

Ich habe Angst.
Die dunkle Nacht!
O du verlangst,
Was mich noch dunkler macht!

Mir ist so leicht und doch so schwer –
Deine weiße Brust wogt über mich her.

Daß mir dieser Frühling noch erblühte!
O ihr Knaben! O ihr Hyazinthen!
Üppig wallt es hoch mir im Gemüte,
Hei! des groben Todes grau verfrühte
Sichelsehnsucht liegt im Kehricht hinten.

Singend springe ich mit allen Winden,
Einen Strauß will ich mir wieder binden!

Kommt ihr Hyazinthen, blaue, rote,
Holde Knaben, seid mir zu Gebote!

Ach, die weißen Cirruswolken
Grasen wieder auf der blauen Himmelsweide.
Und die Sonne sieht bekümmert
Immer unermeßlich neue Herden traben.
Und sie schlingen alles Blau des Himmels,
Und sie fressen alle zarten Strahlen,
Die in ihrem Maul wie goldne Gräser sind,
Bis sie dick und grau,
Und der Regen platzt aus ihren Bäuchen.

Eine Pfirse
Steht am Weg in rosavioletter Blüte.
Rings die Felder sind wie Hirse-
Brei. Der Tempelturm am Horizont wie eine aufgestülpte Tüte.

Der Mond weht groß wie eine gelbe Wolke
Am tageblauen Himmel. Und die Sonne lächelt
Lichtfreude in die kümmerlichsten Kolke.
Und auch mein Herz wird von ihr angelächelt.

… jener Jüngling mit den schönen
Füßen tanzt doch nur für dich!
Und er wird dich sehr verhöhnen,
Fliehst du ihn und fliehst du dich. –

Ach vergeblich, ihn zu meiden!
Meine Blicke fallen nieder,
Seine Schlankheit zu entkleiden.
Stimmen im Winde zittern meine Glieder.

Ich entschlummerte in Kikunoyos Armen.
Als ich in der Dämmerung erwachte,
Weh! da lag ich selber – neben mir …

(Kikunoyo hatte meine Robe
Sich selbstherrlich um den Leib geschlungen,
Sein Gesicht nach meiner Art verstellt.)

Und im Spiegel lugte Sehnsucht Tat.
Ach! Er log! Und ich genoß mich selbst …

Unter der Papierlaterne
Laßt mich tanzen, laßt mich tanzen!
Seht: es äugen selbst die Bonzen!
Neidisch blinzeln Mond und Sterne.

Wie ein Krake
Will ich nach den Fischern greifen,
Die mit Netzen nach mir schweifen …
Reicht mir Sake!

Die Erde schmiegt sich zärtlich meinen Schritten,
Am Busch die Rosen weinen leise Klage,
Daß ich die Schönste ihnen abgeschnitten.

Die aber glüht in meinen schwarzen Haaren
Ein Flammenkelch. An ihrem Todestage
Hat sie des Lebens Süße erst erfahren.

Der Morgen graut
Auf Kasamoris Schilfrohrhütten.
Bald bohrt der erste Strahl in meine Stirn sich wie ein Pfriem.
Mir graut
Vor ihm.

Nun muß ich gehn
Und sehn:
Ob Tee noch im Gefäß,
Ob Sake noch im Faß,
Ob Leben noch in meinen Lenden –
Ach!
Was schiert mich das …

Prozession der Oirans beim Feste der Kirschenblüte zu Yedo

Sie gehn wie Tiere: Katze, Hund und Reh,
Behängt mit roten und mit grünen Lappen.
Sie tappen
Mit zarten Pfoten durch den Blütenschnee.

Mit tut die Schminke wie ein Sargtuch weh.
Ich schleiche eingepfercht in ihre Herden,
Zerrüttet und mit fröstelnden Geberden,
Inmitten zweier bunter Tänzerinnen,
Die meine Müdigkeit als Aas umkreisen. –

Nun steh ich still. Und meine Hände weisen
Erschreckt und lächelnd nach dem Herzen innen …

Frühling träumt in Augen braun
Segnendes Gelächter.
Zierlich singen junge Fraun:
Brächt der
Frühling mir nicht kleines Kind,
Würd ich wieder weinen.
Jünger will ich scheinen,
Mit der Sonne scheinen.
Mit der Erde jünger werden,
Eben aus dem Boden blauen,
Blaue Blüte,
Und die Güte
Der Erlösung soll uns sanft betauen.

Im Lack
Des Sakefasses
Glänzt schon der junge Tag –
O laß es
Genug der Liebe sein!
Soll dich das Licht beschämen?
Im Dunkel nur darfst du mich nehmen …
Wird nicht im Licht der Weinrest trübe sein?

Da Harunobu mich verläßt –
Wer wird mein Mann sein
Am Tanabatafest?

Wenn sich die Eheleute
Auf bunten Streifen seidigen Papiers
Lieb ihre Liebeswünsche in leisen Versen sagen:
An Bambusstöcken hoch
Vom Sims
Die rot und blauen Verse flattern,
Wie Vögel zwitschernd
Im Wind:
Tanabata! Tanabata!

– Was schreibe ich?
Wer schreitet über die Ginga
Zu mir?

Ich werde d i e s Gedicht
Ans Teehaus hängen,
Damit es jeder liest …

Wer will mich trösten?
Er komme als Bettler.
Mein Schoß verschenkt
Reichtümer, die die Erde sonst nicht birgt …

Ach mein armes kleines Eiland
Ist von Wogen deiner Liebe
Rings umflossen.

Nelkenmuscheln blühn im Gischte,
Am Gestade raunt die Welle
Liebe. Und am Horizonte
Ziehn Delphine, schöne Tiere,
Mit den glänzendschwarzen Rücken
Eine unermessne Kette,
Boten sind es deiner Liebe,
Die die Tiefe mir gebar.

Will ich zu den andren Menschen
Über Meere, durch die Windsbraut –
Wie gelangte ich zu ihnen,
Trügen mich auf breitem Rücken
Nicht Delphine, die du sandtest?

Lerne unbefangen
In den Zweigen hangen,
Eine Frucht, die doch die Sonne reift.
Dulde, daß die Regenschauer fließen,
Daß die Vögel spitzgeschnäbelt nach dir stießen,
Und der Frost die zarte Hülle steift.

Einmal wird es dann geschehen,
Wenn die Sommerwinde wehen,
Daß ein Mädchen dir entgegengeht.
Daß sie ihre Arme
Breitet, und der warme
Wind die Brüste dir entgegenbläht.

Unter deiner Frucht
Sinkt sie hilflos in den Schatten.
Öffnet ihren Schoß.
Und du läßt dich zitternd los
Vom Gezweig, und rollst, sie zu begatten.

Ihren Atem muß ich hassen
Und ihr Schweiß ist mir zuwider,
Drum will ich die Menschen lassen,
Steige zu den Tieren nieder –

Auf, denn Katzen sind wie Götter,
Wenn sie selbstverständlich schreiten,
Wage niemand sich als Spötter
Ihrer Schlankgelassenheiten.

O zerfleische! O zerrütte
Tiger Toyohiros mich!
Silbergrünes Auge, schütte
Deine Blüten über mich!

ZWIEGESANG: DIE GETRENNTEN

Harunobu: Wenn du deine Kniee beugst
Und dein Lustmund sich enthüllet,
Ach, wie bin ich dann gestillet,
Wenn du deine Kniee beugst!

O-sen: Laß mich wieder bei dir sein!
Harunobu, mein Verlangen
Will sich nur in Schreie fangen …
Laß mich wieder bei dir sein!

Harunobu: Meine Augen glühen kalt.
Meine heißen Hände zittern,
Und sie rütteln an den Gittern
Einer heischenden Gewalt!

O-sen: Wär ich doch von dir umrankt!
Warum gibt es Traum und Weite?
Sieh, wie ich die Äste breite
Und die Erde wankt …

Seligkeit der Welt,
Die er selbst erschaffen,
Wollte Gott erhellt
Sehnend sich erraffen.

Und in fleischlicher Gestalt,
Die ihn dunkel drückte,
Ging er in den Wald,
Wo die Geisha Beeren pflückte.

Und er sah, wie zahm zu Füßen
Ihr Lazerten schlängelten.
Froh verhielt er vor der süßen
Jungfrau seine Schritte. Denn

Wem die Tiere sich vertrauen,
Trägt den Heiligenschein,
Und er braucht nicht hoch im Blauen
Engel sein.

Aber sie stand wie erstarrt,
Glaubte sich erfüllt.
Ihre Anmut wurde hart,
Ihre Härte mild.

Und sie sank ins Moos,
Sich vor ihm zu bücken.
Wie ein Adler groß
Tanzte er auf ihrem Rücken.

Die Stunden der Lust.
Sie gleiten.
In ihren holden Weiten
Hab ich die Wege nie gewußt.

Der Hauch genossner Blüten,
Der einst verrann
Mit eurer Flügel duftend Zweigespann,
Verflog. O wie sie diebisch sich bemühten,

Die losen Falter! Wenn ich sie erschlüge,
Da meine Freude zärtlich sie genoß?
Ach, immer wieder meine Seele schoß
In ihre blinkenden Flüge.

Schrei in der Nacht

Wenn doch jemand bei mir läge!
Brauchte nicht mein Freund zu sein!
Alle dunklen Wege
Münden nächtens in die Liebe ein.

Nun steh ich wieder an die Brücke von Higurashi gelehnt.
Wie wohnlich meine Seele sich zwischen den Hügeln wähnt!
Freundlich sind sie wie Wände meines Zimmers mir zugewandt
Und haben über sich den Himmel als blaugoldene Decke gespannt.
Brückengeländer! sei Tisch mir und Gestühl!
Daß mein Pinsel die Verse niederschreibt!
O entgleitet nicht! … Plötzlich ins Wellengewühl
Äug ich entsetzt hinab, wo mein Herz, eine tote Libelle, abwärts treibt …

Die Lieder der Geisha O-sen, wie sie hier geboten werden, sind ohne Kommentar verständlich.
Vielleicht sind einige Bemerkungen trotzdem nicht unwillkommen.

Die Geisha O-sen lebte im achtzehnten Jahrhundert, etwa von 1745 bis 1780. Sie war in einem Teehause der Stadt Kasamori (bei Higurashi) angestellt und wegen ihrer bezwingenden Schönheit weit im Lande berühmt. Sie hatte viele Liebhaber, darunter den Schauspieler Kikunoyo, den hübschen, in Yedo sehr populären Straßenhändler mit Zuckerwaren: Dohei, und vor allem den Meister der Holzschnittkunst Suzuki Harunobu, der sie oft als Modell benutzte. Wegen ihrer außergewöhnlichen Schönheit wurden die Puppen beim Buddhafeste zu Jida nach ihrem Bilde verfertigt.

Bemerkungen zu einzelnen Gedichten:
S. 191
Sake = Reiswein
Kirigirisu = die Cicade.

S. 193 „Harunobo hat mein Bild geschnitten"
Bezieht sich auf das Buddhafest in Jida (siehe oben!)

S. 194 „Hände flackern durch die Nacht"
Nach einem phantastischen Holzschnitt des Hishikawa Moronobu (1638 – 1714).

S. 195 „Sind sie Bienen ..."
Biene = Mädchen. Ein beliebter japanischer Vergleich. (z.B. In den „Kyoka" 1787/88 findet sich dieser hübsche Spruch:

Wie doch so ängstlich
Gehst du heran zum Flugloch
Des Bienennestes,
Und glaubst du doch an die Reize
Des honigsüßen Mädchens!)
(nach Dr. J. Kurth.)

S. 196 „Seht meiner Glieder Spiel!"
schauen = durchschauen: beliebtes Wortspiel der Geishapoesie. Auch in einem Kurzgedicht der Oiran (Kokotte) Tsukaki angewandt:

Da darfst sie schauen,
Doch wirst du nie d u r c h schauen
Das Blumenmädchen ...
(nach Dr. J. Kurth.)

S. 198 „Ich entschlummerte in Kikunoyos Armen"
Kikunoyo (II), Schauspieler, berühmt durch seine Frauenrollen. Ebenfalls Dichter.

S. 198 „Unter der Papierlaterne"
Vergleiche: „Die Tänzerin unter der Papierlaterne", Illustration von Nishikawa Sukenobu im „Yehon tokiwa kusa" 1730.

S. 200 „Prozession der Oirans ..."
Zur Zeit der Kirschenblüte feierte man in Yedo ein großes orgiastisches Fest, das besonders durch die prächtigen Straßenumzüge der Oirans (Kokotten), die an diesem Tage in ihren Toiletten einen bedeutenden Luxus entfalteten, verschönt wurde.

S. 201 „Da Harunobu mich verläßt ..."
Tanabata und Hikoboshi sind die Sterne „Weberin" und „Hirtenknabe", die durch die Ginga (Milchstraße) von einander getrennt sind, sich lieben und nach japanischer Sage nur einmal im Jahr, in der siebenten Nacht des siebenten Monats, zusammenkommen. An diesem Tage feiern die Eheleute das Tanabatafest, an dem sie ihr Gelübde erneuern. Sie schreiben auf bunte Papierzettel Liebesgedichte und Liebeswünsche und stecken sie an lange Bambusstöcke, die am Dach befestigt werden, so daß die Liebesgedichte wie Fahnen im Winde wehn.

S. 202 „Ach mein armes kleines Eiland"
Die Nelkenmuschel (Nadeshiko-gai) bedeutet „unverhofftes Glück", da sie schwer zu finden ist.

S. 203 „Ihren Atem muß ich hassen"
Nach einem Farbenholzschnitt Toyohiros.
(Sammlung Piper, München)

Das Kirschblütenfest

Spiel nach dem Japanischen

von

Klabund

FIGUREN:

Genzo
Lehrer in einem Dorf bei Tokio
Tonani
seine Frau
Matsuo
Kanzler des Tyrannen
Gemba
Vasall des Tyrannen
Chiyo
Kotaro
ihr Kind

Kojima
Toba
Keiko
Kwan
Motada
Ason
Wusa
Schüler

Erster
Zweiter
Dritter
Greis

Volk, Gewappnete, Masken, Tänzer

Das Drama, frei nach Takeda Izumo, spielt in einer heroischen Zeit, im Jahre 902. Genzo, Gemba, Matsuo sollen aussehen wie etwa die japanischen Schauspielerportraits von Sharaku. Kotaro ist von einer zarten, aber glühenden jungen Schauspielerin zu spielen, Kwan von einem ihr ähnlichen, strahlenden jungen Schauspieler.

Keine Pause

Spieldauer etwa zwei Stunden

Die Dichtung ist an geeigneten Stellen melodramatisch-musikalisch zu begleiten

Musik von Ernst Foch

Eine japanische Landschaft. Blühende Kirschbäume. Im Hintergrund der Fushijama. Den mittleren Vordergrund nimmt ein japanisches Haus ein, dessen Schiebewände auseinandergeschoben werden können, und dann das Innere: ein großes Schulzimmer: zeigen.

Wenn der Vorhang aufgeht, ist früher Morgen. Der Fushijama erglänzt im Morgenrot. Vögel singen. Man hört von einem nahen Tempel in regelmäßigen Abständen dreimal hintereinander eine Trommel anschlagen. Dann Gesang:

Fushijama
Glanzfeuer
Berg des heiligen Schimmers
Senke deine Strahlenblicke gnädig
Einem neuen Tag
Ewig flammst du
Göttern selbst unlöschlich
Ohne Ruß und Rauch wie Menschenfeuer
Unwissend bist du
Der Jahreszeiten
Der Zeit des Jahres
Weißhaariger Weiser
Du bist der Gleiche
Durch tausend Geschlechter
Durch tausend Lenze
Aus deinen Augen fiel die erste Träne
Der Morgentau
Aus deinem Gletscherhaupt entsprang
Der erste Gott
Die Blüte deines Anblicks pflückte
Der erste Mensch
Du wirst dem letzten Menschen auf
Das Grab sie streun.
Menschen und Monde
Tage und Träume
Wechseln beständig
Gehen dahin
Du nur dauerst
Funkelnder Felsen
Blitzende Wahrheit
Glühender Stein!

Es ist hell geworden. Drei alte Pilger, die nach dem Fushijama unterwegs sind, haben die Szene betreten.

DER ERSTE PILGER:
Wie weit noch ist der Weg – wie weit!

DER ZWEITE:
Wie hoch noch der Berg – wie hoch!

DER DRITTE:

Wie fern noch das Ziel – wie fern!

(Von einem blühenden Kirschbaum fallen Blüten zur Erde.)

DER ERSTE:

Es schneit

DER ZWEITE:

Kirschblüten

DER DRITTE:

Frühling fällt in unsern Winter

DER ERSTE:

Als wir jung waren –

DER ZWEITE:

Da trank ich den Takiwein –

DER DRITTE:

Da liebte ich die Djoro, da liebte ich den Hokan –

DER ERSTE:

Da focht ich mit meinem Schwert für den Ruhm des Gottessohnes –

DER ZWEITE:

Der Wein ist verraucht –

DER DRITTE:

Die Djoro, die nicht für hundert Perlen feil war, bietet sich jetzt in der Straße der zwanzig Sens den Kulis dar. Der Hokan, der den heiligen Schwertertanz und den Tanz des Gottessohnes tanzte, tanzt heute mit seinen klapprigen Greisengliedern auf den Jahrmärkten den Tanz der Warzenkröte und den Tanz der Stabheuschrecke.

DER ERSTE:

Frühlingswind über den Wiesen. Oktoberwind im Herzen. Mein rostig und schartig gewordenes Schwert ist nur noch dazu gut, Disteln zu köpfen. Den Mikado, den Gottessohn, hat ein Teufelssohn ermordet und seinen erhabenen Thron sich angemaßt. Des Gottessohnes Sohn hält sich verborgen – wo weilt er?

DER ZWEITE:

Wo?

DER DRITTE:

Wo?

(Eine Wolke tritt vor die Sonne, Schatten auf der Bühne.)

DER ERSTE:

Des Himmels Antwort

DER ZWEITE:

Schatten – nur Schatten –

DER DRITTE:

Der Lichtgott verhüllt sich –

DER ERSTE:

Keine Gnade –

DER ZWEITE:

Er schaudert vorm Anblick

DER DRITTE:

Verwesender Menschen –

DER ERSTE:

Wer ließ uns verwesen?

DER ZWEITE:

Das Schicksal –

DER DRITTE:

Die Schuld –

(In der Ferne wieder drei Trommelschläge. Die Schüler Aso, Keiko, Wusa, Toba, Motada, Kojima betreten auf dem Weg nach der Schule lachend die Szene. Sie sind alle im Alter von vierzehn bis fünfzehn Jahren.)

KEIKO:

Heut ist das Fest der Kirschblüte. Seht euch mal die drei alten Wildschweine da an, denen schon alle Borsten ausgefallen sind. Das sind sicher die ersten Masken. Die gehen früh aufs Fest. Könnens kaum erwarten. Haben auch nicht mehr viel Zeit zu verlieren.

(Gelächter der Schüler)

DER ERSTE PILGER:

Wir wünschen euch einen gesegneten Morgen, ihr Jünglinge.

KEIKO:

Und wir wünschen uns einen gesegneten Appetit zum Frühstück, ihr Greise.

(Gelächter)

Treffliche Masken habt ihr euch gemacht, treffliche Masken. Man kann den Menschen in euch kaum wiedererkennen.

(Zum ersten, ihn an seinen weißen Bart zupfend.)

Du da – was stellst du denn vor?

DER ERSTE:

Ich erlaube mir, mich vorzustellen – mein Name ist Anatsu Kosen. Aber ich hieß früher Ohinumaru, auch wohl Akisuke. Viele Namen lang bin ich schon auf der Welt. Man sagt, daß ich einhundertvierzig Jahre zähle – ich selbst habe es ganz vergessen, wie alt ich bin – so alt bin ich. Als ich meinen ersten Namen trug, lebte Gott noch. Dann haben ihn die Teufelssöhne ermordet und nun trage ich meinen dritten Namen und suche Gottes Enkel. Weißt du vielleicht, Jüngling, wo Gottes Enkel zu finden ist? Du bist soviel jünger als ich, hast klare scharfe Augen und vermagst das Göttliche leichter zu schauen als ich mit meinem halberblindeten Blick.

KEIKO:

In dir, du geschwätziger Greis, vermag ich das Göttliche jedenfalls nicht zu erkennen. Du hast Triefaugen, einen zahnlosen Mund, Arme und Beine wie ein Skelett und duftest nicht nach Rosenwasser. Willst du als Abbild Gottes gelten?

DER ERSTE:

Ich will nichts für mich: weder sein noch gelten: dazu bin ich zu alt. Ich will nur Gott noch einmal in einem Menschenanlitz sehen. Aber Gott, du hast recht, bleibt immer jung, er ist ewig jung, er hat die Gestalt und die Seele eines Jünglings –

KEIKO:

(lachend)

Dann sind wir alle Götter, ich und Ason und Wuso und Toba, Kojima und Motada. Vielleicht ist sogar Kwan ein Gott.

DER ERSTE:

Wer ist Kwan?

KEIKO:

Kwan ist ein Schüler wie wir. Aber er ist noch nicht da. Er ist der Lieblingsschüler des Herrn Genzo, ein Streber und ein Schwächling und deshalb liebe ich ihn nicht, nein, ich liebe ihn nicht.

(In der Ferne wieder drei Trommelschläge.)

ALLE KNABEN:

Die Schule wird gleich anfangen!

KEIKO:

Hört einmal, ihr Greise, damit ihr wenigstens zu etwas nütze seid: stellt euch hier in eine Reihe, so, und jetzt beugt euch nach vorn, so, und jetzt springen wir alle über euch hinweg!

ALLE KNABEN:

(lachend)

Keiko hat immer die lustigsten Einfälle!

(Sie springen alle lachend über die drei gebückt verharrenden Greise, dann ab in die Schule.)

DER ZWEITE:

Welch eine Jugend kommt herauf!

DER DRITTE:

Herrschsüchtig, boshaft und götterlos –

DER ERSTE:

Jugend bleibt Jugend zu allen Zeiten! Wär ich jung – was brauchte ich die Götter! Wäre ja selbst ein Gott!

(Die Wolke tritt von der Sonne fort. Licht überflutet die Bühne, und in ihm steht plötzlich Kwan.)

DER ERSTE:

Des Himmels Antwort!

DER ZWEITE:

Der Lichtgott enthüllt sich!

DER DRITTE:

Segen – Gnade!

KWAN:

Ich wünsche euch in Ehrerbietung einen gesegneten Morgen, ehrwürdige Herren!

DIE DREI:

Wir danken dir – wir danken dir –

DER DRITTE:

Für deinen Gruß!

DER ZWEITE:

Für deinen Anblick!

DER ERSTE:

Für deine Freundlichkeit!

KWAN:

Ehrwürdige Herren – ich bin beschämt und weiß nicht, welchem Umstand der Schüler Kwan es zu verdanken hat, von euch so feierlich begrüßt zu werden.

DER ERSTE:

Es ist das Licht, in dem du stehst!

DER ZWEITE:

Es ist deine Anmut!

DER DRITTE:

Es ist deine Demut!

DER ERSTE:

Es ist deine Jugend!

KWAN:

Es ist die Pflicht der Jugend, sich vor dem ehrwürdigen Alter zu neigen –

DER ERSTE:

Es ist die Sehnsucht des Alters, sich vor der Jugend zu neigen.

KWAN:

Steht auf! Ihr beschämt mich! Ihr verwirrt mich! Ich kenne mich nicht. Ich kenne euch nicht.

DER ERSTE:

Wir sind drei Pilger, auf der Wanderschaft nach dem heiligen Berg Fushijama begriffen. Dort wohnt Gott. Er weint am Grabe seines Sohnes, des Mikado, den Menschen ermordeten. Er ließ einen Sohn auf der Erde, Gottes Enkel, der sich verborgen hält vor den Mördern, die auch ihn morden wollen, damit die Teufelsbrut ungefährdet auf Erden regiere. Uns wurde geweisagt, daß auf dem Wege nach dem Fushijama wir Gottes Enkel an einem Frühlingsmorgen begegnen würden – ein einziges Mal –

KWAN:

War es die Wahrsagung des heiligsten Tempels, so wird sie nicht lügen: so werdet ihr ihn sehen. O wie ich euch darum beneide. Wenn ihr ihm begegnet, so sagt ihm meinen Namen, nur meinen Namen: ich heiße Kwan und will für ihn leben und sterben.

DER ERSTE:

Vielleicht, wenn wir ihm begegnen, werden wir nicht wissen, daß er es ist –

KWAN:

Vielleicht, wenn ihr ihm begegnet, wird er es nicht wissen, daß er es ist –

DER ERSTE:

Wir müssen gehen und du mußt gehen. Unser Weg führt auf den Berg, der deine ins Tal. Wir segnen dich – und so segne auch du uns!

KWAN:

Ich segne euch!
(In diesem Augenblick fällt das Licht stark auf die Greise, die wie geblendet stehen.)

DER ERSTE:

Das Licht!

DER ZWEITE:

Die Gnade!

DER DRITTE:

Der Gott!

KWAN:

Ehrwürdige Herren, allweise, allwissende, scheidet von mir nicht, ohne mir einen Rat hinterlassen zu haben: welches sind die höchsten Tugenden des Menschen?

DER ERSTE:

Mut und Demut –

KWAN:
Und welches ist die höchste Tat, die ein Mensch zu tun vermag?

DER ERSTE:
Ein Opfer aus Treue!

KWAN:
Das Opfer des Lebens?

DER ERSTE:
Das Opfer der Seele!

KWAN:
Aus Treue gegen einen Menschen?

DER ERSTE:
Aus Treue gegen Gott. Gott opfert sich in seinen Söhnen für die Menschen – so müssen sich die Menschen für ihn, für seinen Sohn, für seinen Enkel opfern.

KWAN:
Ich kenne meinen Vater nicht, ich kenne meine Mutter nicht, ich bin eine Waise, keines Menschen, keines Gottes Sohn –

DER ERSTE:
Lebe, liebe, wandle, handle: so wirst du sie, so wirst du dich kennen lernen!
(Die drei ab unter dem Gesang: Fushijama usw.)
(Die Wände des Hauses öffnen sich, die Schule wird sichtbar.)

ASON:
Das Schlimmste an der Schule ist, daß man noch zu nachtschlafender Zeit aufstehen muß, wenn man noch gar nicht ausgeschlafen hat
(gähnt)
U-a-u

TOBA:
Was buchstabierst du da? Warte damit, bis der Herr Lehrer kommt.

KWAN:
Ich stehe gern früh auf. Ich freue mich, wenn ich als erster die Sonne begrüßen darf, wenn sie noch niemand vor mir gesehen hat, übern Tempelhügel kommt sie herauf, und plötzlich springt sie ins Geäst eines Baumes und dann von Zweig zu Zweig: wie ein goldnes Eichhörnchen.

KOJIMA:
Die Sonne ist ein Gott. Man darf sie nicht mit einem Eichhörnchen vergleichen.

KWAN:
Alle Geschöpfe sind göttlichen Ursprungs. Auch die Eichhörnchen. Ich darf wohl Gott mit einem Eichhörnchen, aber ich darf nicht das Eichhörnchen mit Gott vergleichen.

KOJIMA:

Du bist mir zu gescheit. Das verstehe ich nicht.

KEIKO:

Wollt ihr unanständige Bilder sehen?

(Alle mit Ausnahme von Kwan laufen herzu.)

Ich kann sie euch aber nur unter der Bank zeigen – der Alte könnte plötzlich hereinkommen –

WUSA:

Hier tut's ein Mann mit einer Ziege –

ASON:

Hier tut's eine Frau mit einem Hund –

KEIKO:

Warum siehst du dir das nicht an, Kwan? Bist wohl zu fein, zu anständig, was? Zu vornehm? Du wärst nicht auf der Welt, wenn's dein Vater nicht mit deiner Mutter getan hätte – wenn auch niemand deinen Vater und deine Mutter kennt –

ASON:

Wir sind ehrliche Kinder – unsern Vater und unsere Mutter kennt man –

KEIKO:

Du meinst wohl, du bist aus den Wolken gefallen?

KOJIMA:

Oder aus der Sonne –

ALLE:

(umtanzen ihn höhnisch)

Sonnensohn – Sonnensohn – Sonnensohn –

WUSA:

Der Lehrer kommt –

(Alle auf ihre Plätze. Jeder hat ein kleines Tischchen vor sich, mit Tusche, Pinsel etc.)

(Genzo tritt ein.)

GENZO:

Guten Morgen, Kinder.

SCHÜLER:

Guten Morgen, Herr Lehrer.

GENZO:

Lasset uns beten!

(Die Schüler stehen auf.)

Das Lebendige ist das Opfer. Das Höchste ist das Opfer. Opfre sich der Diener dem Herrn, der Freund für den Freund, der Schüler dem Lehrer, der Lehrer dem Schüler, der Untertan dem Herrscher, der Herrscher dem Untertan, aber alle insgesamt dem Gott.

(Schüler setzen sich, Genzo geht unruhig auf und ab.)

GENZO:
Wo waren wir das letzte Mal stehen geblieben –

WUSA:
Wir waren sitzen geblieben, Herr Lehrer.
(Gekicher)

GENZO:
Du wirst bestimmt sitzen bleiben, vorlauter Bursche. Dein Vater wird deinethalb Harakiri verüben, vor Verzweiflung über den ungeratenen Sohn.
(Wusa schweigt betreten.)

GENZO:
Kwan – wovon hatten wir zuletzt gesprochen?

KWAN:
Von der Gotteskindschaft und vom Gottessohn.

GENZO:
Und was hatten wir darüber zu sagen gewußt, Kwan?

KWAN:
Immer wieder steigt Gott auf die Erde hernieder im Dairi, der sein Sohn ist. Immer wieder nimmt er die Gestalt eines Jünglings an, um dessen Stirne ein Glanz ist und in dessen Herzen ein Leuchten.

KEIKO:
Herr Lehrer –

GENZO:
Was willst du?

KEIKO:
Wenn Gott in einem Jüngling herniedersteigt, woher weiß der betreffende Jüngling, daß er Gottes Sohn ist? Wir, die wir die Ehre haben, vom Herrn Lehrer unterrichtet zu werden, sind Jünglinge. Wäre es nicht möglich, daß einer von uns Gottes Sohn ist?
(Gelächter der Schüler.)

GENZO:
Das ist allerdings möglich. Gott senkt den Samen der Göttlichkeit oft in das geringste Tongefäß. Er bläst seinen Atem in Zwerge, in Narren.

KEIKO:
Wenn Gott seinen göttlichen Atem in Narren bläst, so ist Wusa sicher ein Sohn Gottes –
(Gelächter)

GENZO:
Schweig, du Lästermaul –

(Ein Sonnenstrahl fällt durch das Fenster auf Kwan.)

GENZO:
Du leuchtest ja – Kwan –

KWAN:
Es ist die Sonne, Herr Genzo –

GENZO:
Du leuchtest von außen, du leuchtest von innen –

KWAN:
Ich bin bestrebt, Klarheit zu gewinnen, Herr Genzo –

GENZO:
Das Heil ist einem jeden gewiß, der es für gewiß hält. Glaubst du, Kwan?

KWAN:
Ich glaube –

GENZO:
An was? An wen?

KWAN:
An mich –

GENZO:
Du glaubst nicht an den Buddha und an den Aminabuddha?

KWAN:
Ich würde es für unredlich und unhöflich halten, bevor ich noch an mich selber glauben gelernt, an Buddha und an Aminabuddha zu glauben. Durch den Glauben an mich gelange ich zum Glauben an etwas Höheres und immer eine Stufe höher die Leiter des Glaubens bis zu Aminabuddha und Buddha.

GENZO:
Kwan – wie alt bist du jetzt?

KWAN:
Fünfzehn Jahre, Herr Genzo –

GENZO:
Verzeih mir – ich bin sehr zerstreut – die Frage war wohl überflüssig – ich vergaß –

KEIKO:
Sie haben auch vergessen, Herr Lehrer, daß heute das Fest der Kirschblüte ist – und daß Sie uns einige Stunden freigeben wollten –

GENZO:
Ja – ja – ich erinnere mich – heute ist das Fest der Kirschblüte
(für sich)

– heute vor zwölf Jahren wurde der Mikado ermordet –

WUSA:
Auf den Straßen ist Maskentreiben – an diesem Tage dürfen die Schüler immer in Tiermasken ausgehen –

GENZO:
In Tiermasken – ja –

KEIKO:
Dürfen wir die Tiermasken aufsetzen?

GENZO:
Ihr dürft, liebe Kinder.

ALLE:
(Geschrei, Jubel)
Lang lebe unser ehrwürdiger Lehrer, Herr Genzo –

WUSA:
Die Masken liegen nebenan in der Kammer. Dürfen wir sie holen?

GENZO:
Ihr dürft, liebe Kinder.
(Alle bis auf Kwan ab. Genzo ist wieder nachdenklich auf- und abgeschritten. Bleibt endlich vor Kwan stehen.)

GENZO:
Du bist noch hier, Kwan? Willst du dir nicht eine Maske aufsetzen?

KWAN:
Herr Genzo – ich habe schon eine Maske auf – die Maske der Furcht und bösen Ahnung – Herr Genzo. Sie sind bewegt – Sie sind unruhig – es geht etwas vor in Ihnen – es geht etwas vor in der Welt –
(Die fünf Schüler mit Tiermasken zurück: Schwein, Drache, Pferd, Ochs, Affe. Keiko, in der Maske des Affen, trägt noch zwei Masken in der Hand: die des Tigers und des Hasen.)

KEIKO:
Für dich, Kwan, zarter Jüngling, den Hasen – und für den Herrn Lehrer den gewaltigen Herrn Lehrer: den Tiger –
(Wirft die Masken hin. Die fünf Masken tanzen im grotesken Reigen ab.)

KWAN:
(hebt die Masken lächelnd auf, legt sie auf sein Tischchen.)
Hase und Tiger –
(Die Tür öffnet sich, herein tritt Frau Chiyo mit Kotaro, der ein Tischchen und ein Paket trägt.)

CHIYO:
Ist es mir vergönnt, Herrn Lehrer Genzo zu sprechen?

GENZO:
Sie sehen ihn vor sich, beste Frau –

CHIYO:

Ich bin gekommen, meinen Sohn Kotaro Ihrer pädagogischen Obhut zu vertrauen, Herr Genzo. Möge er zu Ihrer, meiner und aller Menschen Freude unter Ihrer gesegneten Leitung wachsen – und reifen – und –
(Sie hält ergriffen inne, sinkt an den Türpfosten, Kotaro fängt sie auf.)

KOTARO:

Mutter, liebste Mutter –

GENZO:

Trocknen Sie Ihre Tränen, liebste Frau. Ihr Sohn ist in meinem Haus in bester Obhut und nicht außer aller Welt. Sie werden jederzeit Gelegenheit haben, ihn zu besuchen – Ich kenne Sie nicht, Frau –

CHIYO:

Chiyo.

GENZO:

Frau Chiyo – Sie sind nicht aus dieser Gegend?

CHIYO:

Ich bin dreizehn Stunden von hier –

GENZO:

Dreizehn Stunden – und da bringen Sie Ihren Sohn zu mir –

CHIYO:

Ich bin von Tokio –

GENZO:

Von Tokio – ? Und da bringen Sie Ihren Sohn in meine armselige Dorfschule?

CHIYO:

Der Ruf Ihrer Gelehrsamkeit ist bis nach Tokio gedrungen.
(Kwan und Kotaro haben sich inzwischen betrachtet.)

GENZO:

Wie heißt Ihr Sohn?

CHIYO:

Kotaro.

GENZO:

Ein hübscher Name – und ein hübscher Junge.

CHIYO:

Machen Sie ihn nicht eitel, Herr Genzo.

GENZO:

Du scheinst mir ein frischer, aufgeweckter Bursche.

KOTARO:

Ich klettere mit den Eichhörnchen um die Wette und laufe schneller als ein Rikschakuli.

GENZO:

Wie alt bist du?

KOTARO:

Fünfzehn Jahre –

GENZO:

Und was hast du bisher gelernt – außer klettern und mit den Rikschakulis um die Wette laufen?

KOTARO:

(verlegen)

Wenig –

GENZO:

Kannst du schreiben?

KOTARO:

Ein wenig.

GENZO:

Kannst du lesen?

KOTARO:

Ein wenig.

GENZO:

Hast du etwas auswendig gelernt – einen Spruch – ein Gedicht –

KOTARO:

Ich kenne das Gedicht, das der ermordete Mikado auf dem Totenbett schrieb für seinen Sohn.

(Genzo merkt auf.)

KOTARO:

Der Fels
Kann zwar den wilden Bergbach teilen
Doch wird er tief im Tal sich wieder einen
Zu einem Fluß
Zu einem Strom
Und immer wieder
Wird ein Mikado sein.

(Kwan sieht Kotaro leuchtenden Auges an.)

GENZO:

Wer hat dich das gelehrt, Kotaro?

KOTARO:
Meine Mutter –

GENZO:
Was weißt du von dem Sohn des Mikado?

KOTARO:
Niemand weiß von ihm. Die Freunde des Mikado haben ihn vor zwölf Jahren entführt, um ihn vor den Mördern zu schützen, die auch ihm nach dem Leben trachteten.

GENZO:
So – so – erzählt man sich das im Volk? Nun: das Volk liebt Märchen.

CHIYO:
Aber nur Märchen, die einmal Wirklichkeit waren – und wieder einmal Wirklichkeit werden können.

GENZO:
Gute Frau – der Sohn des Mikado ist tot – verlaßt Euch darauf.

CHIYO:
(lächelnd)
Habt Ihr ihn getötet, daß Ihr es so sicher wißt?

GENZO:
Reden Sie keinen Unsinn, Frau Chiyo –

KOTARO:
Der Sohn des Mikado ist – am Leben –

GENZO:
Er lebt in den Herzen einiger Menschen – gewiß – sonst nirgends.

KOTARO:
Wer in den Herzen der Menschen lebt, lebt unsterblicher, als wer auf ihren Lippen lebt. Er lebt ewig.

GENZO:
Du bist ein kleiner Philosoph. Aber wie steht es sonst noch mit deiner Wissenschaft? Sie ist nicht weit her, wie?

KOTARO:
(lächelnd)
O, sie ist sehr weit her – von Tokio, Herr Lehrer –

GENZO:
Du hast Mutterwitz –

KOTARO:
(schmiegt sich zärtlich an seine Mutter.)

CHIYO:
(fast in Schluchzen ausbrechend.)

Kotaro – mein Engel – mein Liebstes, mein zweites Herz –

KWAN:

Frau Chiyo, Kotaro bleibt Ihnen ja erhalten –
(Frau Chiyo bricht erneut in Weinen aus.)
– er wird aus der Schule hier nicht gestohlen werden. Ich werde schon aufpassen, daß niemand ihm zu nahe kommt –.

KOTARO:

O, ich bin selbst Manns genug, für mich – und wenn nötig, auch für dich einzustehen –

GENZO:

Hm, und wie steht es mit dem Rechnen – um die Aufnahmeprüfung zu schließen?

KOTARO:

Zwei Mörder und zwei Räuber: das macht vier Verbrecher. Aber ein opferwilliger Held macht tausend weitere Helden. Das heißt: zweimal zwei ist manchmal vier. Aber einer allein ist zuweilen – tausend.

KWAN:

Wir beide vereint werden hunderttausend sein!

GENZO:

Nun – nun –. Ihr werft mit Ziffern um Euch wie Gott mit Sternen – Kotaro, du wirst vor allem lernen müssen, deine Phantasie zu zügeln.

KWAN:

Ich werde ihm helfen, Herr Genzo, dann wird er das Pensum der Klasse bald erreicht haben.

KOTARO:

(leuchtenden Auges)
Ja – willst du das? Willst du mir helfen?

KWAN:

Ja, das will ich –

KOTARO:

Und willst du mir auch als Gegendienst gestatten, dir zu helfen, wenn es einmal not tut?

KWAN:

Wenn es einmal not tut – ja. Aber hoffentlich kann ich mir immer selbst helfen.

KOTARO:

Kein Mensch kann bestehen, ohne daß ihm andere Menschen helfen. Die Mutter hilft dem Kind, der Sohn hilft dem Vater, der Lehrer hilft dem Schüler

(ergreift seine Hand):
der Freund dem Freund!

GENZO:
Darf ich Sie in das Nebenzimmer bitten, Frau Chiyo, damit wir noch die nötigen Formalitäten der Aufnahme Ihres Sohnes besprechen. Er hat die Prüfung glänzend bestanden –

CHIYO:
Ja, er hat die Prüfung bestanden. Wollte Buddha, daß auch ich sie bestehe –
(Genzo und Frau Chiyo ab. Kwan und Kotaro allein gelassen, sind zuerst verlegen.)

KWAN:
Du gefällst mir!

KOTARO:
Du mir auch.

KWAN:
Du gefällst mir sehr.

KOTARO:
Du mir auch sehr.

KWAN:
Noch nie hat mir ein Mensch so gut gefallen wie du.

KOTARO:
Noch nie – wie du –

KWAN:
Mir ist, als ob ich einen Bruder in dir gefunden hätte. Ich kenne dich kaum eine halbe Stunde – und ich glaube, dich schon lange zu kennen – so lange Jahre lang.

KOTARO:
Ich kenne dich – von Anbeginn meines Lebens – ich werde dich kennen – bis in meinen Tod. Ja, im Tode werde ich dich noch segnen –

KWAN:
Segne mich, solange du lebst – und lebe immer! Gib mir deine Hand – o wie zart sie ist – fast wie eine Mädchenhand –

KOTARO:
(lächelnd)
Du hältst wohl oft Mädchenhände in deiner Hand, daß du weißt, wie Mädchenhände aussehn –

KWAN:
Ich habe noch nie eine Mädchenhand in meiner Hand gehalten –

KOTARO:
Noch nie?

KWAN:
Noch nie –

KOTARO:
Aber die Mädchen sind sehr hinter dir her – oder du hinter ihnen – gesteh!

KWAN:
O, da ist nichts zu gestehn – weder das eine noch das andere –

KOTARO:
So hast du noch nie Sehnsucht nach einem Mädchen gehabt?

KWAN:
Noch nie. Aber ich habe manchmal Sehnsucht nach meiner Mutter.

KOTARO:
Und dann gehst du zu ihr oder sie kommt zu dir?

KWAN:
Ich kenne meine Mutter nicht –

KOTARO:
Nicht traurig sein – nicht traurig sein – du wirst schon noch eine Mutter finden, eine gute zärtliche Mutter, wie ich sie habe. Du bist ja noch so jung. Das ganze Leben liegt noch vor dir, und da wirst du schon noch eine Mutter finden –

KWAN:
Eine Mutter findet man nicht. Eine Mutter hat man. O, wie sehr ich dich beneide, Kotaro, wie sehr ich dich beneide – um deine Mutter!

KOTARO:
Vielleicht findest du auch eine Schwester – die ist manchmal sogar noch zärtlicher als eine Mutter – ich werde helfen, dir eine Schwester zu suchen – komm – gehen wir auf das Fest – vielleicht finden wir eine für dich – und kann es keine Schwester sein – dann vielleicht – eine Liebste –

KWAN:
(vorwurfsvoll)
Kotaro! Du sprichst wie ein Mann von zwanzig Jahren –

KOTARO:
Oder wie eine Frau – von vierzehn. Die sprechen nämlich auch so –

KWAN:
Komm, wir wollen uns maskieren wie die andern. Hier sind zwei Masken übrig geblieben – welche willst du – den Hasen oder den Tiger?

KOTARO:

(wägt sie beide in den Händen.)

Der Tiger sieht blutrünstig aus – und das Gesicht des Hasen sehr ängstlich – wenn du mir erlaubst, zu wählen – so wähle ich den Hasen – denn ich bin solch ein Hasenfuß – ja, ja, du wirst es nicht glauben – ich habe Angst – ich habe Furcht –

KWAN:

Aber Kotaro: wovor brauchst du Furcht zu haben?

KOTARO:

Ja – es ist lächerlich – und es ist unwürdig – aber ich habe auf einmal Furcht –

(an Kwans Brust stürzend)

ich habe solche Furcht – vor dem Tod –

KWAN:

Aber Kotaro, liebster Freund – du lebst – du lebst – und niemand will dich töten –

KOTARO:

Meine Selbstsicherheit – das ist alles Maske – laß dir nichts vormachen – ich bin kein Held – ich bin nicht eins gleich tausend. Ich bin eins gleich Null. Eine Null bin ich. Ein Nichts. Ein hohles Nichts, angefüllt mit tönenden Phrasen – ich werde auch nie etwas lernen – hier auf der Schule – nie – nie – es ist aus mit mir – meine Mutter soll mich ruhig wieder mitnehmen –

(Frau Chiyo und Genzo treten wieder auf, Kotaro stürzt seiner Mutter entgegen.)

KOTARO:

Nimm mich wieder mit, Mutter. Ich bin dein Opfer nicht wert –

CHIYO:

Still, Kind – still, Kind – beruhige dich – mach es mir nicht so schwer, Kind, sei ein kleiner Held –

KOTARO:

Ein – kleiner – Held

CHIYO:

Darf ich mich nun verabschieden, Herr Genzo. Ich lasse Kotaro vertrauensvoll in Ihren Händen. – Kotaro, gib jetzt dem Herrn Lehrer das für ihn bestimmte Geschenk –

KOTARO:

Sie dürfen es aber

(mit einem Blick auf die Mutter)

vor heute Abend nicht öffnen. Es ist eine Überraschung für Sie darin, Herr Genzo.

CHIYO:
Ja, es ist eine Überraschung darin für Sie.

GENZO:
Gut – gut – ich lasse mich gern überraschen.

CHIYO:
(tränenüberströmt)
Kotaro – mein Herz – mein Liebling – meine Kirschblüte – meine Kirschblüte –

KOTARO:
Mutter – Mutter – laß mich nicht allein – geh nicht von mir –

CHIYO:
(trocknet ihre Tränen.)
Sei tapfer, mein Kind, tapfer wie es alle deine Ahnen waren –

GENZO:
Nun, so großer Worte bedarf es wohl nicht bei einem so harmlosen Ereignis, wie es der Eintritt in die Schule ist.

CHIYO:
(lächelnd)
Es ist ein Muttersöhnchen
(ihn streichelnd),
ein rechtes Muttersöhnchen – der kleine Kotaro – ja das ist er – obwohl er zuweilen wild wie ein Wolf dreinschaut – dreinschaut –

KOTARO:
Mutter, ich will handeln, wie es die Pflicht des Sohnes gebietet –

CHIYO:
Brav, mein Kind, brav. Und nun lebe wohl –
(Umarmung. Chiyo schnell ab. An der Tür noch einmal zurück.)
Ich habe meinen Fächer vergessen – ich bitte um Vergebung –
(Nochmalige stürmische Umarmung – in der Türfüllung bleibt sie nochmals mit dem Fächer stehen, den sie hin und her bewegt, um ihn mit einem Ruck zu schließen. Ab.)

GENZO:
Komm einmal her, Kotaro.

KOTARO:
Herr Genzo –

GENZO:
Näher.

KOTARO:
(tritt näher.)

GENZO:
Noch näher – hast du Furcht vor mir?

KOTARO:

(sieht ihn groß an und nickt dann leise mit dem Kopf.)

Ja –

GENZO:

(lacht dröhnend)

Der Junge hat Furcht vor mir – ich fresse keine Kinder – so große wie du eines bist, fresse ich nicht mehr – nur die ganz kleinen – von drei, vier Jahren – die laß ich mir zum Nachtmahl braten – hi –

KWAN:

Erschrecken Sie Kotaro nicht, Herr Genzo: Er kennt Ihr gutes Herz noch nicht und glaubt womöglich, daß es Ernst ist, was Sie ihm erzählen –

KOTARO:

(lächelnd)

Ich weiß schon, was ich zu glauben habe –

GENZO:

(nimmt seinen Kopf in beide Hände.)

Hübsch bist du – einen hübschen Kopf hast du – so zart modelliert – vom Bildhauer über den Wolken – die schöne Schläfe – kein Bauernschädel – wie die Schädel der andern Burschen hier – man sieht doch gleich, daß man etwas anderes vor sich hat – etwas Adliges fast –

(Genzo zieht Kwan und Kotaro beide an sich und hält sie mit den Köpfen gegeneinander.)

Ihr seht euch ja ähnlich wie zwei Brüder –

KWAN:

Ist das wahr, Herr Genzo? Das freut mich. Ich habe Kotaro sofort wie einen Bruder in mein Herz geschlossen –

KOTARO:

Kwan war in meinem Herzen, ehe ich ihn gesehen hatte –

GENZO:

Was redest du für einen Unsinn, Kotaro, schwärmerischer Knabe. Du hast von der Existenz Kwans ja bis heute nichts gewußt –

KOTARO:

Ich habe in meinen Träumen von ihr gewußt –

GENZO:

Wunderlicher Träumer! – Stellt euch mal hier nebeneinander ins Licht – die Profile – so – wirklich erstaunlich ähnlich – sogar das braune Muttermal hier an der Stirn – der braune Stern – ich freue mich, daß das Geschick dich in mein Haus geführt, Kotaro –

KOTARO:

Mich führte meine Mutter in Ihr Haus – und Buddha –

(Frau Tonani, die Frau Genzos, erscheint.)

GENZO:

Guten Tag, Frau. Hier stelle ich dir einen neuen Schüler vor, Kotaro heißt er und scheint ein lieber, gescheiter Bursche.

(Kotaro begrüßt höflich Frau Tonani.)

GENZO:

Ein schönes Geschenk habe ich auch von Kotaros liebenswürdiger Mutter bekommen. Aber ich darf es erst heute Abend öffnen, das Paket –

KOTARO:

Es ist nämlich eine Überraschung darin für Herrn Genzo –

TONANI:

Die Vorfreude ist die schönste Freude, da können wir uns bis zum Abend drauf freuen –

GENZO:

Da liegen die zwei Masken noch, Kinder. Geht auf das Fest: Ich habe mit Frau Tonani noch allerlei zu besprechen.

KOTARO:

(stülpt sich die Hasenmaske über, läuft ab.)

Fang mich, Tiger, wenn du kannst!

(Sie laufen lachend ab.)

GENZO:

Kwan entwickelt sich prächtig.

TONANI:

Ich habe ihn lieben gelernt wie meinen Sohn –

GENZO:

Sein Vater – sähe er ihn, würde stolz auf ihn sein –

TONANI:

Wie wir –

GENZO:

Heut ist der Tag des Kirschblütenfestes –

TONANI:

Ich habe ihn nicht vergessen. Heute vor zwölf Jahren färbten sich die Kirschblüten purpurrot mit dem Blut des ermordeten Mikado –

GENZO:

Heute vor zwölf Jahren verriet ihn Matsuo, der Hund, um Geld, Gold und Kanzleramt –

TONANI:

Shihei, der Tyrann, herrscht schrecklich über Japan –

GENZO:

Geduld – auch seine Stunde wird einmal schlagen – und sind's nicht die Kirschblüten, so sind's die Chrysanthemen, die sein Blut rot färben wird –

TONANI:

Still –

(Gemba tritt ein; Komplimente zwischen Gemba, Genzo, Tonani.)

GEMBA:

Es grüßt Genzo, den weisen, den weisesten Mann, den Lehrer der Kinder, den Lehrer der Lehrer, den Füller des Leeren, es grüßt Genzo den Großen – Gemba der Kleine –

GENZO:

Genzo der Zwerg sagt Dank – sagt Gegengruß dem Mann des Schwertes, dem Mann der Macht, dem Mann schlechthin – will der Herr mir die Ehre geben, in dieser Höhle Platz zu nehmen –

GEMBA:

Diese Höhle scheint mir die Höhle – des Tigers –

GENZO:

O, Sie übertreiben Herr –

GEMBA:

Des jungen Tigers – der hier draußen vor der Tür soeben bei mir vorbeisprang, auf der Verfolgung des Hasen begriffen.

GENZO:

Sie reden dunkle Worte, Herr.

GEMBA:

Sie werden Ihnen schnell klar werden. Darf ich bitten, die Dame für ein kurzes Gespräch unter vier Augen zu beurlauben –

(Tonani zieht sich stumm zurück.)

GEMBA:

Sie haben wieviel Schüler, wenn es erlaubt ist zu fragen?

GENZO:

Sieben –

GEMBA:

Sieben ist eine heilige Zahl. Ist nicht gar ein Heiliger unter ihnen?

GENZO:

O, der Herr übertreiben! Wie sollte ein Heiliger sich unter meinem bescheidenen Dache niederlassen. Es sind die Söhne einfacher Bauern und Landgutbesitzer, die ich in den Anfangsgründen des Lesens, Schreibens, der Geographie und Religion unterrichte –

GEMBA:
Seid Ihr in der Geometrie schon beim Goldenen Schnitt angelangt?

GENZO:
Gewiß –

GEMBA:
Auch beim eisernen Schnitt – durch den Hals?

GENZO:
Ich verstehe den Herrn nicht –

GEMBA:
Nun – ich brauche einen Scharfrichter. Vielleicht seid Ihr bereit, den gut dotierten Posten anzunehmen?

GENZO:
Ihr scherzt –

GEMBA:
Durchaus nicht – es ist mir blutiger Ernst damit –

GENZO:
Der Herr lieben die geistvolle Antithese –

GEMBA:
Ja besonders die: Kopf hoch, Kopf ab.

GENZO:
Die Lehren des Erhabenen, die ich zu verbreiten die Ehre habe, gehn auf die Erhaltung, Festigung, Heiligung des Lebens aus. Ihr liebt den Tod?

GEMBA:
Mein Herr, Seine Erhabenheit der Herrscher Shihei, liebt – die Toten. Sie können nicht mehr reden. Er liebt die Schweigsamkeit um sich. Die Einsamkeit. Das stumme Rascheln der Schlange oder des Salamanders. Alles, was laut lärmt, widersteht ihm. Esel, Affen und Elefanten gehören ausgerottet. Sie schreien. Auch erschreckte ihn kürzlich das Gebrüll eines jungen Tigers, das ihm aus diesem Hause zu kommen schien – Ihr werdet wissen, was Ihr – noch heute – mit dem jungen Tiger zu tun habt – wenn Euch Euer Leben lieb und wert ist. Ich fordere im Namen Seiner Erhabenheit Shihei den Kopf des Tigers. Matsuo, der Kanzler, wird kommen, den Kopf kassieren und auf seine Echtheit prüfen. Meine Mission ist zu Ende. Ich brauche nicht deutlicher zu werden. Ihr habt mich verstanden.
(ab)
(Genzo sieht ihm entsetzt nach, Tonani tritt wieder ein.)

GENZO:
Wir sind entdeckt. Unser Geheimnis ist verraten ... Shihei hat durch Gott weiß welche unglückliche Fügung herausbekommen, daß wir Kwan erziehen, den künftigen Mikado. Shihei fühlt die unrechtmäßige Krone auf

seinem Kopfe schwanken. Er fordert den Kopf des Kindes, dessen Gericht er zu fürchten hat, wenn es einmal heranwächst, wenn es einmal erfährt, daß Shihei seinen Vater ermordet hat, um Krone und heilige Priesterschaft sich anzueignen.

TONANI:
Flieh mit Kwan!

GENZO:
Zu spät!
(Tritt ans Fenster.)
Gemba hat Bewaffnete unter das Volk gemischt. Sie meinen, es seien Masken – dort tollen Tiger und Hase – und immer ein halbes Dutzend Soldaten hinter ihnen her –

TONANI:
Kennt Shihei Kwan?

GENZO:
Er kennt ihn nicht. Es gibt nur einen Mann am Hofe Shiheis, der ihn kennt, das ist Matsuo, der Kwans Vater und Kwan abtrünnig geworden. Matsuo hat Kwan einst auf den Knieen gewiegt. Er kennt seine geheimsten körperlichen Merkmale. Ihn wird er schicken, den Kopf des Kwan auf seine Echtheit zu prüfen. Das Muttermal am Haaransatz der Stirn – der braune Stern verrät ihn dem Kenner untrüglich.

TONANI:
Matsuo ist ein alter, halbtauber, halbblinder Mann –

GENZO:
Wir müssen einen Kopf finden, der dem Kopfe Kwans gleicht.

TONANI:
So sieh doch die Köpfe der Bauernlümmel alle an: Kürbisköpfe – Steckrüben – wo ist der Kopf eines edlen, adligen Menschen darunter?

GENZO:
Und dennoch müssen wir einen von ihnen opfern – einer muß für den jungen Mikado, den Gottessohn, sterben –

TONANI:
Wer?
(Genzo beginnt umherzugehen, bleibt plötzlich stehen.)

GENZO:
Sahst du den neuen Schüler?

TONANI:
Den, der sich Kotaro nannte?

GENZO:
Denselben.

TONANI:
Der in der Hasenmaske?

GENZO:
Den Hasen –

TONANI:
Was ist mit ihm?

GENZO:
Sahst du nicht, daß er Kwan geradezu auffallend ähnelt?

TONANI:
In der Tat –

GENZO:
Gott hat ihn geschickt, um seinen Sohn durch ihn zu retten – Er trägt wie Kwan das braune Muttermal auf der Stirn – ein Zeichen Gottes.

TONANI:
Du willst Kotaros –

GENZO:
Kopf.

TONANI:
Du meinst, daß Matsuo ihn für Kwan identifiziert?

GENZO:
Er wird – Gott wird helfen –

TONANI:
Und der Mord? Das unschuldige Blut?

GENZO:
Komme über Gemba, über Matsuo, über alle Verräter Gottes und des Mikado – die Pflicht gegen Gott ist höher als menschliches Gesetz – Ist Shihei dann in Sicherheit gewiegt durch den abgeschlagenen Kopf, entfliehen wir mit Kwan über die Grenze – die Grundlage zu legen für ein neues Reich: der Treue, der Wahrheit, der Güte, der Gerechtigkeit, des Friedens –

TONANI:
(Zählt an den Fingern die Kardinaltugenden noch einmal ab.)
Treue, Wahrheit, Güte, Gerechtigkeit, Friede – man wird uns jeden Finger einzeln abschlagen, ehe wir dazu kommen, unsere rechte Hand zur Faust zu ballen und auf Gemba und Matsuo niederzuschlagen. Matsuo schwur einst auf die fünf Tugenden Kwans Vater, dem Mikado, in die Stirn. Wo blieben

Treue, Wahrheit, Güte, Gerechtigkeit? Er zog die fünf Finger ein wie der Geier die Krallen, wenn er sich auf sein totes Opfer setzt.
Wenn Matsuo das Kind nicht als Kwan erkennt – was dann?

GENZO:
Dann ist sein Urteil gesprochen von ihm selbst. Mit dem Schwerte in der Hand werde ich ihn beobachten – die Blässe des Todes verwischt so manche Unähnlichkeit. Erkennt er ihn nicht – stirbt er im gleichen Augenblick.

TONANI:
Und die Mutter des Kindes – wenn sie zur Unzeit käme?

GENZO:
Weh mir –
Weh ihr –
Ich müßte
In Blut mich baden –
Auch sie
Sänke dahin vor meinem Schwert
Wie der Halm vor der Sichel des Mähers –
Teuflische Taten zu tun
Bin ich von Gott bestellt –
So will ich denn ein ganzer Teufel sein –

TONANI:
Das arme Kind – die arme Mutter – Es krampft mein Frauenherz sich wild zusammen –

GENZO:
Verbanne deine Tränen
Nach innen – weine in dein Herz.
Dein Antlitz
Muß steinern sein wie meins –
Und hart der Wille –
Und die Faust
Wie Eisen.

TONANI:
Sie hat das Kind uns anvertraut – wie können wir ihr Vertrauen so schändlich mißbrauchen? Sind wir denn Henker?

GENZO:
Ja, wir sind's, wir sind's –
Wir müssen morden, damit Gott
Am Leben bleibt!

TONANI:
Welch fürchterlicher Gott!
(Das Haus wird dunkel. Vordergrund hell.)

(Im Vordergrund Tanz von Masken und Mädchen. Der Reigen schlingt sich mehrmals über die Bühne, bis die Kette unter Gelächter reißt und Kotaro und Kwan allein auf der Bühne zurückläßt.)

KWAN:
Es war sehr lustig.

KOTARO:
Sehr.

KWAN:
Ich kann kaum atmen, soviel habe ich gelacht.

KOTARO:
Ich habe mich an deiner Freude gefreut.

KWAN:
Kommst du aus der großen Stadt?

KOTARO:
Ich komme aus der großen Stadt –

KWAN:
Aus Tokio?

KOTARO:
Aus Tokio.

KWAN:
Erzähle mir von Tokio –

KOTARO:
Der große Fluß fließt.
Er fließt von Nordwesten nach Südosten.
Er durchschneidet die Stadt wie ein blitzendes Schwert.
Wer rechts des Flusses wohnt, wohnt im Stadtteil Schmerz. Wer links des Flusses wohnt, wohnt im Stadtteil Wehmut.
Dem Fluß entlang läuft eine Hügelkette. Auf sieben Hügeln thronen sieben Tempel. Sind die sieben Tempel: des Schweigens, des Lächelns, der Sanftmut, der Freude, der Güte, der Anmut, der Ehrerbietung.
Der große Fluß fließt.
Er steigt mit der Flut, und tausend kleine Flüsse, seine Kanäle, steigen mit ihm. Er sinkt mit der Ebbe, und tausend kleine Flüsse sinken mit ihm. Die allerkleinsten trocknen dann ganz aus: braune Kinder tanzen im Schlamm und fischen kleine Fische, Krebse und Seesterne. Tausende rosiger und violetter Quallen verdunsten im Licht. Die Sonne saugt sie zu sich empor. Sie, die Mutter der Quallen, die selbst wie eine Qualle im Äthermeer schaukelt.
Dort, wo der große Fluß ins Meer einfließt – unmerklich fast sich Süß- und Bitterwasser mengen – hocken auf morschen verfaulten Pfählen Kormorane.

Wer von der See in die Bucht fährt, sieht riesige blühende Kameliensträucher sich bis zur Baumgröße recken. Bambusröhricht stößt wie mit Speeren in Erde und Luft. Palmen und Bananenbäume werfen gezackten Schatten.

KWAN:
Das ist Tokio?

KOTARO:
Das ist Tokio –

KWAN:
Ich möchte es sehen –

KOTARO:
Du wirst es sehen –

KWAN:
Ich glaube nicht –

KOTARO:
Ja, glauben mußt du es schon. Wer zweifelt, hat halb verloren –

KWAN:
Ich bin so schwach –

KOTARO:
Ich bin auch nicht stark – aber du wirst stark werden. In Tokio herrscht Shihei – ein böser Tyrann – ein Mörder – du wirst ihn bezwingen –

KWAN:
Ich? Ein Knabe?

KOTARO:
Du! Nur du! Du hast ein reines Herz – an ihm muß er zuschanden werden –

KWAN:
Was du für große Worte – und für große Taten wägst.

KOTARO:
Wenn man in zwanzig Jahren einen Eichenhain haben will, muß man heute die Eicheln pflanzen.

KWAN:
Heute?

KOTARO:
Noch heute!

KWAN:
Komm, setzen wir uns hier unter die Kirschbäume –

KOTARO:
Lauter Blüten – es schneit Blüten – wie wenige – werden Früchte tragen –

KWAN:
Man sagt, je weniger Früchte ein Baum trägt, desto bessere trägt er.

KOTARO:
Mag sein. Die vielzuvielen Blüten – verwelken.

KWAN:
Sie bringen gleichsam den wenigen Blüten, die reifen sollen, ein Opfer –

KOTARO:
Ja, die vielzuvielen tun am besten, sich zu opfern.

KWAN:
Ob sie sich dieses Opfers bewußt sind?

KOTARO:
Sie sind sich dieses Opfers bewußt – aber sie bringen es gern.

KWAN:
Welch ein Opfermut! Welche Demut im Verzichten – ich glaube, ich könnte nicht verzichten – auf dich zum Beispiel –

KOTARO:
O – es lernt sich – das Verzichten – so, wie sich auch das Begehren lernt –

KWAN:
Könntest du zum Beispiel ein Opfer bringen?

KOTARO:
Was für ein Opfer?

KWAN:
Das Opfer deines Lebens.

KOTARO:
Wenn es sich lohnt – könnte ich das Opfer meines Lebens bringen –

KWAN:
Wann würde sich ein solches Opfer lohnen?

KOTARO:
Aus Liebe würde sich ein solches Opfer lohnen.

KWAN:
Aus Liebe wozu?

KOTARO:
Zum Vaterlande.

KWAN:
Das ist ein Begriff – ein edler, hoher, strahlender Begriff – aber ein Begriff –

KOTARO:
Aus Liebe zur – Gottheit –

KWAN:
Die Gottheit – das ist ein Symbol – ein leuchtendes, ein strahlendes, aber ein Symbol. Könntest du das Opfer deines Lebens einem Menschen bringen?

KOTARO:
(senkt den Kopf, schweigt.)

KWAN:
Könntest du dein Leben einem Menschen zuliebe opfern?

KOTARO:
(hebt den Kopf, leise.)
Ja –

KWAN:
Wer ist dieser Mensch?

KOTARO:
(senkt den Kopf, schweigt.)

KWAN:
Weißt du seinen Namen nicht?

KOTARO:
Ich weiß seinen Namen – seinen richtigen Namen –

KWAN:
Wer ist dieser Mensch – Kotaro, ich bin eifersüchtig auf ihn – daß du ihn so liebst, daß du dein Leben für ihn hingeben willst. Wer ist es?

KOTARO:
(hebt den Kopf, leise.)
Du.

KWAN:
Ich???

KOTARO:
Du.

KWAN:
Ja – liebst – du mich – so sehr – daß – du –

KOTARO:
Ja, ich liebe dich so sehr –

KWAN:
(umarmt Kotaro, der sich widerstandslos in seine Arme gleiten läßt.)

Kotaro – ich liebe – dich – ich liebe – dich – ich danke dir für deine Liebe – für die Liebe deines Herzens – für die Liebe deiner Seele – ich liebe deine Augen – sie sind wie Monde –

KOTARO:
Ich liebe deine Augen – sie sind wie Sonnen –

KWAN:
Ich liebe deine Stirne – sie ist aus Jade –

KOTARO:
Ich liebe deine Stirne – sie ist aus Diamant –

KWAN:
Ich liebe deine Hände – sie streicheln so sanft –

KOTARO:
Ich liebe deine Hände – sie halten so fest –

KWAN:
Ich liebe deine Wangen –

KOTARO:
Ich liebe deine Lippen –

KWAN:
Dich liebt meine Seele –

KOTARO:
Dich liebt mein Herz –
(Kotaro führt halb unbewußt seine Hände an ihre Brüste.)

KWAN:
Ich liebe –
(erkennend)

KOTARO:
– ein Mädchen –
(sinken sich in die Arme.)

KWAN:
O Kirschblütenfest! O süßester Tag!

KOTARO:
Verrate mich nicht, Liebster, verrate mich nicht! Heute ist Maskenfreiheit – laß mir heute meine Maske – die ich um deinetwillen angelegt – was morgen sein wird – wer weiß es – viele Blüten – sind morgen schon verwelkt, zertreten – zerstampft – der rauhe Nordwest – hat sie vom Zweig geweht –

KWAN:
Warum bist du als Knabe in die Schule gekommen?

KOTARO:
Frage nicht – liebe!

KWAN:
Ich liebe – ich liebe –
Am Abend, wenn ich nach dir seufze, werden meine Ärmel naß sein von Tränen, am Morgen wird salziger Tau auf allen Wiesen liegen.

KOTARO:
Ich bin glücklich, aber ich werde mein Glück nicht halten – wie Wasser wird es mir zwischen den Händen zerrinnen – wie Südwind verwehen – wie Tageslicht am Abend zerfließen –
(Der Reigen der Masken tanzt wieder heran und nimmt sie in seine Mitte.)

DIE MASKEN:
(singen)
Es ist ein Schnee gefallen
Ein rosa Blütenschnee
Wie wird davon uns allen
So wohl

KOTARO:
So weh –

MASKEN:
So wohl –

KWAN:
Wir wollen tanzen, singen,
Solang am Baum die Blüte loht –
Zum Himmel soll's uns schwingen

KOTARO:
Oder in den Tod –

MASKEN:
Wir wollen tanzen, singen,
Solang am Baum die Blüte loht –
(Sie tanzen wieder. In den Reigen mischen sich Bewaffnete, die die Tanzenden zuerst für Masken halten.)

KEIKO:
Sieh mal den Samurai dort – mit dem großen Schwert – der hat sich ein echtes Kostüm angezogen –

WUSA:
Und der mit der Lanze, der da auf mich zugeht –
(tippt mit dem Finger an die Lanzenspitze.)
Au – die ist ja scharf –

KWAN:

Was sind denn das für merkwürdige Masken?

KOTARO:

Soldaten aus Tokio – hast du noch keine gesehen?

KWAN:

Nein – sind das richtige Soldaten?

KOTARO:

Richtige Soldaten –

KWAN:

Das ist aber hübsch, daß sie gekommen sind, mit uns zu tanzen –

KOTARO:

Ja, sie werden bald sonderbar mit uns umspringen –

KWAN:

(zu dem Kommandanten)

Herr Offizier – meinen Gruß – und den Gruß unseres bescheidenen Dorfes – wir freuen uns, daß Sie gekommen sind, mit uns am Tage des Kirschblütenfestes fröhlich zu sein – und mit uns zu tanzen –

(Die Soldaten rücken mit gefällten Lanzen drohend gegen die Masken und Tänzer.)

GEMBA:

Im Namen Seiner Exzellenz Matsuo – habe ich den Befehl – die Straßen zu säubern –

KOTARO:

Aber säubern könnt ihr sie doch morgen, nach dem Fest, wenn alle Straßen voll zertretener Kirschblüten liegen – warum stört ihr uns in unserer Freude?

GEMBA:

Das geht dich gar nichts an, vorlautes Bürschchen – du gehörst wohl hier zur Schule des Herrn Genzo, wie?

KOTARO:

Ja –

GEMBA:

(auf Kwan weisend.)

Und der da auch?

KOTARO:

(zögernd)

Ja –

GEMBA:

Was habt ihr hier auf der Straße zu suchen? Fort in die Schule –

(Die Soldaten treiben die Schüler, die halb lachend davonlaufen, in die Schule. Dann faßt eine Schar Gewaffneter regungslos draußen an der Schule Posto. In der Schule, die sich wieder öffnet, begibt sich jetzt dies:)

TONANI:

Da seid ihr ja, Kinder – habt ihr euch unterhalten?

KEIKO:

Danke, Frau Tonani, sehr gut –

TONANI:

Da werdet ihr aber Hunger haben –

WUSA:

Einen Bären-, einen Tiger-, einen Wolfshunger –

GENZO:

Geht mit Frau Tonani nach hinten – der Festkuchen ist schon gebacken – was zögerst du, Kotaro?

KOTARO:

Ich habe keinen rechten Hunger –

KWAN:

Nein – ich auch nicht –

TONANI:

Kommt nur, Kinder. Wenn ihr den Kuchen seht, wird euch das Wasser schon im Munde zusammenlaufen –

KWAN:

Haben Sie ihn selbst gebacken?

TONANI:

Selbst gebacken –

(Schiebt die Knaben alle in den Hinterraum, wendet sich an der Tür noch einmal um, faßt sich ans Herz.)

Genzo, um Buddhas Willen –

GENZO:

Schweig. Fasse dich. Was geschehen muß – geschieht. Schick Kwan unter irgend einem Vorwand auf sein Zimmer.

(Draußen rechts ist das Volk herbeigeströmt, Bauern, Bäuerinnen.)

EINER:

Was wollt ihr hier vor der Schule? Wollt ihr unsere Söhne zu Soldaten pressen? Sie sind noch zu jung.

EINE:

So jung ist mein Söhnchen – vierzehn Jahre – noch gar nicht richtig ausgewachsen – noch gar kein fertiger Mensch – kann euch nichts nützen –

GEMBA:

Ja, nichtsnutzig wird es schon sein – dein Söhnchen –

EINE:
Erbarmen –

EINER:
Ich habe nur einen Sohn – einen einzigen Sohn – er soll mein Haus erben –

GEMBA:
Da erbt er was Rechtes – und deinen blöden Verstand erbt er wohl obendrein –

EINER:
Ich werde mich bei Seiner Exzellenz dem Herrn Statthalter Matsuo beschweren über euch. Ich habe gute Beziehungen zu ihm. Meiner Schwester Mann hat einen Vetter, der ist mit dem dritten Pastetenbäcker Seiner Exzellenz weitläufig verwandt – der wird es euch geben –

GEMBA:
Ja, Pasteten soll er uns nur geben, da werden wir nichts dagegen haben.

EINE:
Gnade, Gnade für meinen Sohn, Euer Hochgeboren –

GEMBA:
Halt deinen Mund, niedriggeborenes Weibstück – es wird deinem Bankert schon nichts geschehen – heut geht es um ein edleres Wild –

EINER:
Wenn ein hoher Herr Tiger jagt, gehen immer ein paar Dutzend Kaninchen nebenbei drauf. Die Kaninchen, das werden unsere Söhne sein.

GEMBA:
Dein Sohn könnte froh sein, wenn er ein Kaninchen wär –

EINER:
Du hast Recht – Kein Mensch sein – das ist schon ein Glück für alle Fälle –
(Matsuo wird in einer Sänfte durch das Spalier der Soldaten herbeigetragen. Gemba treibt das andrängende Volk zurück.)

GEMBA:
Platz für Seine Exzellenz den Statthalter Herrn Matsuo – Platz, ihr Bauernlümmel –
(Das Volk weicht zurück, Matsuo steigt langsam vom Tragsessel. Langsam schreitet er, auf sein langes Schwert gestützt, die Stufen zur Schule empor. Er bleibt auf der zweiten Stufe stehen.)

MATSUO:
Gemba –

GEMBA:
Exzellenz –

MATSUO:

Gemba – was für ein sonderbar süßlicher Duft weht hier – fast wie von Blut –

GEMBA:

Die Kirschen stehen in Blüte, Exzellenz. Es ist heute der Tag des Kirschblütenfestes –

MATSUO:

So, so – der Tag des Kirschblütenfestes – wie vor zwölf Jahren – ein Freudentag –

FRAU:

Ein Schmerzenstag – deine Soldaten haben uns die Festtage versalzen –

GEMBA:

Still, Weib –

MATSUO:

(hat nicht hingehört.)

Ja – ja – ich war auch einmal jung – da war auch einmal ein Kirschblütenfest – es ist lange her –

EINER:

(sich niederwerfend)

Exzellenz – was wir auch immer gefehlt haben mögen – wir sind uns keiner Schuld bewußt – lassen Sie unsere Kinder frei!

ALLE:

Gib uns unsere Kinder!

MATSUO:

(scharf)

Gemba – Du kannst die Knaben noch nicht frei lassen – noch nicht. Ich – muß – meine – Pflicht – erfüllen – vor Gott – und den Menschen. Ich allein kenne den, um den es sich hier handelt –

EINER:

Den Tiger –

MATSUO:

Den – jungen Tiger – Er darf mir nicht entwischen – Ich will keinen Hasen an seiner Stelle in der Schlinge fangen.

(Er steht jetzt auf der obersten Stufe an der Tür.)

Ihr Bauern – ruft Eure Kinder jetzt mit Namen –

ALLE:

(rufen zusammen)

Keiko – Wusa – Kojima – Ason –

MATSUO:

Langsam – langsam – einer nach dem andern rufe den Namen seines Sohnes. Der Sohn wird dann aus der Schule kommen – hier an mir vorbei – ich werde ihn genau betrachten – ob es der ist, den ich suche –

EINE:

Keiko, Keiko!

(Keiko kommt als erster aus dem hinteren Raum, dann durch das Schulzimmer rechts zur Tür gelaufen.)

MATSUO:

(drückt ihn nieder, der zittert.)

Halt – du heißt?

KEIKO:

Keiko – Sohn meiner Mutter –

EINE:

Mein Sohn – mein Sohn –

MATSUO:

Bauernschädel – verschwinde –

(Mutter nimmt Keiko jubelnd in Empfang. Beide ab.)

EINER:

Ason!

TONANI:

(ruft drinnen weiter)

Ason – dein Vater ruft –

(Ason kommt gelaufen, prallt gegen Matsuo.)

ASON:

Der Teufel – der Teufel – ein böser Dämon.

MATSUO:

Ein Gesicht wie ein Kürbis. Geh – zum Teufel.

(Ason mit Vater, wie oben ab.)

EINE:

Wusa!

TONANI:

(wie oben)

Wusa! Wusa! Wo steckst du?

WUSA:

(von drinnen)

Ich will nicht. Meine Mutter will mich nur schlagen, weil ich heute morgen den ganzen Fisch allein aufgegessen habe.

(Tonani zerrt Wusa, den Widerstrebenden, nach draußen und hält ihn vor Matsuo fest.)

EINE:

Wusa! Mein süßer Wusa! Er wird gefoltert – Seht doch – seht doch!

GEMBA:

Rede keinen Unsinn, Höckerin, und hetze mir die Leute nicht auf!

MATSUO:

Ein längliches, sommersprossiges Gesicht – dazu mit vielen Fisteln. Unreines Blut. Das braune Mal? Nein. Ein Leberfleck. Von Hunden auf der Straße gezeugt und geworfen. Geh. Geh ab auf allen Vieren und belle –

WUSA:

(in seiner Angst auf allen Vieren bellend ab.)
(Matsuo ist jetzt in die Stube getreten.)

MATSUO:

(zu Tonani)
Ruft mir die übrigen jetzt zusammen. Ich will das Verfahren – abkürzen.
(Tonani holt die übrigen außer Kotaro und Kwan. Matsuo betrachtet jeden einzelnen und entläßt ihn dann mit einem Wangenschlag.)

MATSUO:

Auf Stoppeläckern blühen keine Rosen – der ist's nicht – und der nicht – und der nicht –
(Die Knaben sind jetzt alle draußen. Gemba schließt die Tür. Matsuo und Genzo stehen einander gegenüber. Die Nebenszene draußen verschwindet.)

MATSUO:

Genzo – handle jetzt – wie du geschworen –
Tu deine Tat. Die Tat, die dich befreit –.
Und läutert. Die dir die Gnade deines Herrschers neu gewinnt.
In meiner Gegenwart hast du dem Knaben Szuhai
Mit einem Schlag den Kopf herabzuschlagen
Und mir den Kopf als Unterpfand zu übergeben –
Daß der Gerechtigkeit genug getan –

GENZO:

Gerechtigkeit! Ich hab genug getan,
Wenn ich es tu, daß ich die Hure
Gerechtigkeit nicht noch notzüchtigen will.

MATSUO:

Sprecht, was Ihr wollt. Doch handelt, wie Ihr müßt.

GENZO:

Geduld, Geduld! Nur eine kleine Weile,
Die nicht zur Langerweil Euch werden soll –
Vielmehr zur Kurzweil –
Ja, fast deucht es mich
Ich müßt zuvor zu Euren Ehren tanzen

Den Schwertertanz, den Tanz des Samurais.

(Er zieht sein Schwert und tanzt in gemessenen Bewegungen vor ihm. Zuletzt schwingt er sein Schwert mit beiden Händen, als wollte er Matsuo den Kopf abschlagen – und hält plötzlich inne. Matsuo saß unbeweglich.)

GENZO:
Ihr habt viel Mut.

MATSUO:
Ich bin nur alt.

GENZO:
Das Schwert ist neu geschärft.

MATSUO:
Für ihn? Bravo, Ihr seid ein treuer Knecht.

GENZO:
Seid Ihr ein Mensch?

MATSUO:
Gewesen, Freund, gewesen –

GENZO:
Ich gehe jetzt – und bringe Euch den Kopf

MATSUO:
Halt, einen Augenblick – für ihn und mich. Es wäre zwecklos List und Hinterlist. Von – beispielsweise – Flucht kann keine Rede sein. Und keine Tat. Das Haus ist rings umstellt.

GENZO:
Ich – weiß.

MATSUO:
Und ich erinnere nur daran.
Ich kenne auch des Knaben Kopf zu gut –
Den braunen Stern auf adeliger Stirn –
Wie ich so gut den Kopf des Vaters kannte –
Daß einen – falschen Kopf ich auf der Stelle
Erkennen würde – und für einen falschen Kopf
Fiele sofort dein echter Kopf, Freund Genzo.

GENZO:
(mit Mühe an sich haltend)
Ich werde Euch des königlichen Knaben Kopf
So dicht vor Eure unterlaufenen Augen legen,
Daß selbst ein Blinder ihn erkennen müßte.

MATSUO:
Genug der Worte! Handle! Rede nicht!

(Genzo ab. Tonani und Gemba sind die ganze Zeit regungslos im Hintergrund gesessen. Tonani lauscht furchtsam nach hinten. Matsuo setzt sich, sieht sich um und zählt die Schreibtische.)

MATSUO:
Seltsam –

TONANI:
(ängstlich)
Wie –

MATSUO:
Unerklärlich –

TONANI:
Wie – bitte –

MATSUO:
Hm. Sonderbar.

TONANI:
Exzellenz reden so geheimnisvoll –

MATSUO:
Dieses Zimmer – scheint mir geheimnisvoll – voller Geheimnisse.

TONANI:
Ich habe noch nichts Geheimnisvolles an ihm bemerkt. Es ist ein einfaches schmuckloses Schulzimmer –

MATSUO:
Schmucklos, ja. Zum Beispiel fehlt an der Wand das Bildnis Seiner Erhabenheit des jetzigen Herrschers, wie es sonst in allen Schulen zu hängen pflegt. Woher kommt das?

TONANI:
Ich – weiß – nicht – Exzellenz. Vielleicht ein Versehen, Exzellenz.

MATSUO:
Ich werde darüber an die vorgesetzte Schulbehörde berichten lassen. Notieren, Gemba.

GEMBA:
Sehr wohl, Exzellenz.

MATSUO:
Und dann – fällt mir noch einiges an dem Zimmer auf – die Zahl der Schüler, die ich laufen ließ, betrug

GEMBA:
Sechs, Exzellenz.

MATSUO:

Sechs. Sehr wohl. Hier sind aber acht kleine Tische. Einer gehört dem, dessen Namen ich nicht nennen will und dessen Name ausgelöscht sein soll wie er selbst. Wem aber gehört der achte Tisch?

(Zeigt auf Kotaros Tisch.)

Die Knaben pflegen sich ihre Tische immer selbst in die Schule mitzubringen.

TONANI:

(verwirrt)

Der gehört – der gehört – einem neuen Schüler – was sage ich, wir haben hier gar keinen neuen Schüler. Euer Exzellenz Gegenwart verwirrt mich so sehr, daß ich zu schwätzen beginne. Verzeihen Exzellenz – es ist ein überflüssiges Tischchen – sozusagen ein Ersatztisch, wenn –

MATSUO:

Schon gut. Ich glaube es – aber Genzo täte gut, sich zu beeilen. Meine Zeit drängt –

(wie für sich)

Ich bin alt – und müde –

(Hinter der Szene ertönt der dumpfe Fall eines Körpers. Tonani erbebt. Ebenfalls Matsuo, der aufgestanden ist. Er schwankt, stützt sich, steht wieder. Tonani macht Miene, nach hinten zu laufen, hat aber nicht die Kraft. Die Tür öffnet sich, herein tritt Genzo, in der Hand eine Holzschachtel, die er vor Matsuo hinstellt. Es herrscht Totenstille.)

GENZO:

Eurem Befehl – ist Genüge getan.
Hier – Kwans Kopf.
Seht ihn Euch an, Matsuo, seht ihn an
Genau – und prüft, ob es der richtige sei –

(Bleibt stehen und betrachtet Matsuo, auf sein Schwert gestützt.)

MATSUO:

Gemba!

GEMBA:

Exzellenz?

MATSUO:

Soldaten!

GEMBA:

(geht an die Außentür, ruft hinaus.)

Zehn Mann ins Haus!

(Zehn Bewaffnete treten ein.)

MATSUO:

Dorthin! Dort hinter Genzo und die Frau da! Und aufgepaßt! Bei dem geringsten Fluchtversuch
Stecht Ihr sie nieder –

(Matsuo rückt die Holzschachtel zu sich heran, öffnet mit geschlossenen Augen den Deckel, öffnet dann langsam die Augen. Sieht unbeweglich den Kopf an, berührt ihn leise mit zitternden Fingern. Über sein Gesicht fahren dahin: Entsetzen, Bitterkeit, tiefster Schmerz, Dokumente eines mörderischen inneren Kampfes. Schließlich beruhigt sich sein Gesicht. Alles verharrt in furchtsamer und furchtbarer Erwartung.)

MATSUO:

(nach einer Weile)

Ja – kein Zweifel – der abgeschlagene Kopf – ist der Kopf von – Kwan.

(Matsuo setzt den Deckel wieder auf. Genzo und Tonani werfen sich verständnisvolle Blicke zu und atmen erleichtert auf.)

GEMBA:

Wacker gehalten, Genzo, wacker, wacker! Exzellenz wird Euch zu einem hohen, sagen wir mittleren Orden vorschlagen. Zum Orden der Perlhahnfeder. Ihr habt Euch aus der Patsche gezogen, in der Ihr ziemlich tief drinsaßt. Der Tod war Euch so sicher wie einer Jungfrau das Kind – denn Seine Exzellenz und Seine Herrlichkeit waren außer sich, als sie erfuhren, daß Ihr den Sohn des Mikado, den Sohn unseres Erzfeindes, heimlich in Eurer Schule verbargt. Nun – jetzt ist alles gut. Erledigt. Ihr habt gesühnt. Euch sei vergeben.

(zu Matsuo)

Ich eile, Exzellenz, Seiner Erhabenheit die frohe Nachricht, die freudige Botschaft vom Ableben des Mikadosohnes zu überbringen. Er wird den Boten nicht ohne gebührenden Lohn entlassen.

MATSUO:

Höre, Gemba – überbringe ihm nicht nur die Botschaft – überbringe ihm auch gleich das Zeichen der vollbrachten Tat: den Kopf. Ich bin schwach – alt – müde. Das Reisen in der Sänfte wird mir schon beschwerlich. Sagt auch gleich Seiner Erhabenheit, daß ich ihn bitte, künftig auf meinen Dienst zu verzichten. Er versprach mir, nach diesem letzten Dienst mich zu entlassen. Ich bin zu alt geworden und tauge zu solchem Handwerk nicht mehr. Lebt wohl –

(Geht ab, sich mit Mühe auf sein Schwert stützend, ihm folgt)

GEMBA:

Seine Erhabenheit wird untröstlich sein – Exzellenz sollten wirklich mehr auf Ihre Gesundheit achten – sich vielleicht ganz aufs Land zurückziehen – ich empfehle mich – und folge Eurem Befehl.

(Nimmt die Holzschachtel, geht mit den Soldaten ab.)

(Genzo und Tonani bleiben wie erstarrt zurück und sehen den Abgesandten nach. Tonani fällt zu Boden und beugt sich wie in einem heißen Gebet immer wieder schweigend zur Erde.)

GENZO:

(steht da, die Hände hoch erhoben)

Dank Buddha dir! Und Dank den hundert Göttern,
Den kleineren, die alle im Verein

Den Blick des fürchterlichen Dämon trübten,
Ihm Schleier um die alten Augen hingen,
Mit Blindheit seine böse Seele schlugen,
Daß er den Kopf des Toten nicht erkannt!
Tonani, freue dich, sei herzensfroh:
Der Gottessohn, der Sprosse des Mikado:
Er lebt! Er lebt! Er lebt! Er lebt! Kwan – lebt!

TONANI:
Kotaro starb – um eines Höhern willen –

GENZO:
Er starb, auf daß Kwans Sendung sich erfülle
Ein Menschenkind starb für ein Gotteskind –
Preis sei dem Buddha! Ehrfurcht vor dem Opfer,
Wenn es auch unbewußt geschah –
(Es klopft an die Tür. Erst leise, dann heftiger. Genzo und Tonani fahren erschreckt zusammen.)

TONANI:
Hast du zugeschlossen?

GENZO:
Die Tür ist verschlossen.

TONANI:
Um aller Götter willen – wer ist's – kehrt der fürchterliche Dämon zurück – uns dennoch zu vernichten –

GENZO:
Ich rette Kwan – oder ich sterbe.

CHIYO:
(draußen)
Öffnet! Öffnen Sie doch bitte! Ich bin Kotaros, des neuen Schülers Mutter –

TONANI:
Es ist des Toten Mutter! Wir sind verloren! Was willst du ihr sagen?

CHIYO:
Öffnet! So öffnet doch!
(klopft stärker)

GENZO:
(entschlossen)
Still ... was begonnen wurde, muß zu Ende geführt werden – Es steht zu viel auf dem Spiel. Es sei!
(Öffnet die Tür und läßt Chiyo eintreten.)

CHIYO:
Herr Genzo – ich brachte heute mein Kind zu Ihnen in die Schule – wo ist es? Hoffentlich führt es sich gut auf und fällt Ihnen nicht beschwerlich?

GENZO:
Gewiß nicht – gewiß nicht – der Knabe ist –

TONANI:
Der Knabe ist im Nebenzimmer.

GENZO:
Ja – der Knabe ist im Nebenzimmer und spielt dort mit seinen Schulkameraden – Sie wollen ihn sehen?

CHIYO:
Ja – das will ich – so gern will ich ihn sehen –

GENZO:
Dann, bitte, treten Sie ein –
(Chiyo dreht sich zur Hintertür. Genzo hebt sein Schwert, und will ihr einen Hieb versetzen – in diesem Moment wendet sich Chiyo um. Erschreckt sucht sie hinter den Schreibtischen Zuflucht, nimmt Kotaros Tisch, auf dem das „Geschenk an den Lehrer" liegt und versucht, sich so gegen den zweiten Hieb zu wehren.)

CHIYO:
Um der Götter willen – halten Sie ein! Erbarmen!

GENZO:
Wer hat Erbarmen mit mir? Wer nahm mir die Last des Töten-müssens ab? Ich mußte es allein tun – ich ganz allein – mit meinem Gewissen. Tod auch Euch!
(Unter seinem Schlag zerspringt Kotaros Tisch und ein weißes Hemd, Papierstreifen mit Gebeten beschrieben, ein Leichentuch, eine kleine Puppe fallen heraus.)

GENZO:
(erstaunt, läßt das Schwert sinken.)
Was bedeutet das? Ein Leichentuch? Totengebete? Ein Aufbahrungshemd?

TONANI:
Eine Puppe? Eine Puppe?

CHIYO:
(fällt in die Knie, weinend.)
Herr Genzo, sagen Sie, ob denn mein Kind des Opfertodes starb –

GENZO:
– des Opfertodes?

CHIYO:
Des Opfertodes starb für Japans Zukunft,
Für seinen jungen Herrscher Kwan Szuhai.
Wie – oder lebt sie noch?

GENZO:
Wer – sie?

CHIYO:
mein liebes Mädchen –
Kotaro – war kein Knabe – war Komachi
Meine Tochter –

TONANI:
Tochter?

GENZO:
Eure Tochter – und sie starb
Vorsätzlich – wissentlich – den Opfertod?

TONANI:
Den Opfertod?

CHIYO:
So ist's.

GENZO:
Ihr habt sie wissentlich

CHIYO:
Buddha geopfert

GENZO:
Und sie?

CHIYO:
Freiwillig ging sie in den Tod. Und nahm sich selbst die Leichenkleider mit.
Sowie die Lieblingspuppe – denn so klug sie war
Und ernst und ihrem Alter weit voraus,
Sie spielte noch mit Puppen – wie das Schicksal
Mit ihr und uns gespielt.

GENZO:
Entsetzlich, Weib.
Wir waren nur Figuren, die ein Gott
Ein Dämon nach Belieben hier und dorthin schob.
Jedoch das braune Mal auf ihrer Stirn,
Das sie dem Knaben Kwan so ähnlich machte?

CHIYO:
Hat sorgsam sie sich selbst vorm Spiegel
Mit brauner Tusche auf die Stirn gemalt.

GENZO:
Frau, ich begreif Euch nicht. Wer seid denn Ihr?
Und wer ist Euer Mann?

(Es klopft. Matsuo tritt sofort ein, schließt die Tür und setzt sich nieder.)

MATSUO:
Ich bin's –
Sei stolz, du treue, du getreue Frau,
Dein einziges Kind starb einen heiligen Tod.
(Chiyo sinkt weinend nieder.)
(zu Genzo)
Verzeiht, wenn sich ihr weibliches Gefühl
In allzu heftiger Erregung äußert
Und so die Bahn der Schicklichkeit verläßt –

GENZO:
(verwundert, bewegt)
Noch faß ich's nicht, noch weiß ich nicht, was Wahrheit,
Was Wirklichkeit, was Ahnung oder Träume –
Chiyo ist Euer Weib, Kotaro Eure Tochter?
Seid Ihr, Matsuo, des Shihei Vasall,
Gleichwohl nicht unser Feind?
So glühen die Gefühle, die Euch einst
An den erhabenen Mikado banden,
Noch unversehrt in Eurer Brust?
Und klaren Sinnes opfertet Ihr Euer Kind,
Den Gottessohn vor dem Tyrann zu retten?

MATSUO:
O unglückseliges Geschick, das mich
Zum Hüter dessen machte, den ich haßte,
Zum Feinde dessen, der mein Heiligtum.
O viel erlitt ich. Und mein Haar ward weiß,
Und meine Knie zittern vor der Zeit.
Ich rang mit mir wie rauhe Ringer ringen –
Im Hahnenkampf zerfleischte ich mein Herz –
Was muß in früherer Gestalt, im vorigen Leben
Ich Schreckliches verschuldet haben, daß so schwer
Mich das Geschick bestrafte.
Eines Tages
Vernahm ich, daß man das Geheimnis, das Ihr treu
So viele Jahre hier gehegt, enthüllt.
Shihei erfuhr, daß Ihr den Knaben Kwan,
Die Hoffnung Japans, heimlich hier erzogt.
Shihei befahl mir, gleich zu Euch zu eilen
Den Knaben Kwan zu fangen und zu töten,
Bevor Ihr selbst von anderen gewarnt.
Und zum Beweise des vollzogenen Urteils –
Denn ohne Zeugnis, das man greifen kann,

Glaubt der Tyrann dem eignen Bruder nicht –
Sollt ich den Kopf des Knaben zu ihm schicken,
Es wär der letzte Dienst, den er erbäte,
Vollzög ich ihn, so ließe er mich frei.
Ich trug seit jenem grauen Jahr,
Da ich den Herrn, den ich mir einst erwählt,
Um Ruhm und Gut und Kanzleramt verriet –
Ich trug in meinem Herzen eine Natter,
Die mich von innen ganz und gar zerfraß.
Ich wüßt, sie würde eher Ruh nicht geben
Bis der Verrat gesühnt, die Schmach getilgt,
Die ich auf meinen edlen Namen häufte.
Ich wußte, daß Ihr alles würdet wagen,
Um Kwan zu schützen – da die Flucht verstellt,
So konnte nur ein andrer Kopf ihn retten.
Ich spielte meine Tochter Euch ins Haus,
Wohlwissend, daß des Todes rote Blume
Ihr blühen würde – und sie selber wußt es.
Sie selber war bereit, für mich zu sterben,
Für meine Schuld, die ja des Hauses Schuld –
Und für den jungen Prinzen, den sie liebte
Als den von Buddha uns erkornen Herrn.
So bracht Chiyo, mein treues, tapfres Weib
Die Tochter Euch als Schüler in das Haus.

TONANI:
Ein Mutteropfer – stolz und riesengroß,
Daß es nur Himmlische begreifen können.

MATSUO:
Als ich ins Haus kam und das Tischchen sah,
Das selbst ich für Komachi hergerichtet –
Da wußte ich, 's ging alles seinen Lauf
Und Gott nahm unser aller Opfer an –
O Tochter! Kind! Du sühntest meine Schuld
Und gabst mir die verlorne Ehre wieder.

GENZO:
Und Japan des Mikados edlen Sohn.

CHIYO:
O laßt noch einmal mich mein totes Kind sehn,
Und einen letzten Kuß auf seine Hände drücken.
(Wirft sich weinend zur Erde.)

TONANI:
Unseliges Mutterherz, wie hast du gelitten

Wie nie auf Erden eine Frau. Mein Herz
Es ist zerrissen wie das deine
Um so viel Leid.
Sie ist mir fremd gewesen, Eure Tochter,
Doch traure ich um sie wie um ein eignes Kind –

MATSUO:
Beherrsche dich, Chiyo, und mindre nicht
Das Opfer durch die Leichtigkeit der Klage –

CHIYO:
Verzeiht –

MATSUO:
Sie wußte, Genzo, was ihr drohte, als
Sie heute morgen in die Schule ging –
Ich sagt ihr's selbst, sie ging erhobnen Hauptes.
Wie starb sie, Genzo?

GENZO:
Wie ein Held.
Sie sah dem Tode offen ins Gesicht.
Als ich ihr drohte, daß sie sterben müßte,
Entblößte lächelnd sie den Hals, als wär
Ein Henker ich – und ach, mit Schmerzen nur,
Mit Ekel vor mir selbst tat ich den Streich
Und litt um meine Henkersarbeit Qualen.
Ich mußte töten – niemand nahm mir's ab.
Ich werde bis ans Ende meiner Tage
Das Lächeln nicht vergessen, als sie starb.

MATSUO:
O tapfres Kind! O meiner Seele Seele!
Verzeiht!
(Er schluchzt, alle weinen mit ihm. Herein stürzt Kwan, den in weiße Tücher gehüllten Leichnam Komachis auf den Armen.)

KWAN:
Ich war in meinem Zimmer, las im Buch
Der sieben Siegel, als ich einen Schrei
Und einen Fall vernahm.
O, was geschah, daß man das Liebste mir,
Was ich auf Erden hatte, scheußlich mordete,
Mit einem Hieb das Haupt vom Rumpfe trennte –

GENZO:
Um dich – um dich geschah es – und um Gott –
Du bist die Waise nicht – wie du geglaubt –

Du bist des toten Kaisers einziger Sohn,
Den ich vor dem Tyrannen hielt verborgen,
Daß er dich nicht wie deinen Vater morde –
(Kwan steht ganz betroffen.)
Doch kam er hinter meine List – und sandte
Mir Schergen, die mich zwingen sollten, dich
Japans rechtmäßigen Herrscher – zu ermorden.
Er forderte als Zeichen des vollzogenen
Gerichtes deinen Kopf – da opferte
Die, die hier liegt, sich für uns alle auf.
Sie gab für dich den Kopf – für uns das Leben.
Die schönste Kirschenblüte brach der Tod.

MATSUO:
Es sei das letzte Kirschenblütenfest,
An dem die Blüten edles Blut befleckt;
Tyrannenmacht kann nicht bestehn. Es bringt
Ein Mädchenherz den stärksten Thron zum Schwanken.
Komachi starb, doch tausend ihresgleichen
Sie leben unerkannt im Lande, bald
Wird Japans Jugend gottgeweihte Tat
Aus Dämmrung in das Sterngefunkel reißen.
Du, Kwan, fliehst heute noch mit Genzo über
Die Grenze – eh ein volles Jahr verging,
Wird ein Mikado über Japan herrschen.
Gedenke derer dann, die dich gerettet,
Ein Mädchen mit dem Herzen einer Löwin,
Und sei bereit, wie sie für einen Höhern,
Für Japans Wohl das Leben hinzugeben.
Und lächle, lächle, wenn du stirbst – wie sie.

KWAN:
Komachi starb. Nicht eine ihresgleichen
Wird man im ganzen Erdenrunde finden.
Ich habe sie geliebt.

MATSUO:
Sie liebte dich,
Und liebte mehr als dich – sie liebte Buddha,
Den Gottessohn in dir, den wir verehren,
Vor dem wir zärtlich unsre Knie beugen –
(Alle brechen ins Knie.)

KWAN:
Steht auf, ich bitte euch – beschämt mich nicht,
Ich bin nicht wert auch nur der kleinsten Krone.

Ich war ein Jüngling, wurde heut zum Mann,
Und handeln will ich, wie's dem Manne ziemt –
(Zur Leiche am Boden.)
Du bist die Herrin! bist die Herrschaft!
Du bist das Reich! der Reichtum du!
Du bist das Licht! du bist der Leuchter!
(Hebt die Hand mit den fünf Fingern.)
Du bist die Treue, Wahrheit, Güte,
Gerechtigkeit! Der Friede du,
Der ewige Friede und die ewige Ruh!
(Alle heben die rechte Hand mit den gespreizten fünf Fingern.)
Ich heiß' das Opfer, das Ihr alle mir
In diesem Kind gebracht, nicht gut noch gütig:
Es stürzt mich in das Grab der tiefsten Qual.
Die, die hier liegt, ich habe sie geliebt –
Sie hat sich mir als Mädchen offenbart,
Als Heldin und Geliebte. Soll ein Mann,
Soll der Geliebte ihr an Mut und Demut,
An Opfermut zurückstehn? Nein, ich will
Ihr folgen auf dem Weg, den sie gegangen.
Nun bist du tot. Das Leben schwand so leicht
Wie Rauch und Duft. Doch werden in den Lüften
Sich unsre Seelen stürmisch bald vereinen.
Komm, Drache Tod, und fahr mit mir dahin!
(Er stößt sich ein Messer ins Herz und fällt über die Leiche Komachis.)

MATSUO:
Zu spät – all unser Opfer war umsonst –

GENZO:
Kein Opfer ist umsonst, das sühnt und läutert.
Wer keine Tat tut, der hat kein Gewissen.
Aus ihren toten Leibern flammt die Fackel
Der Liebe in des Daseins Finsternis.
Der Liebe und der Klarheit – unauslöschlich.
Wir haben mit Prinzipien, mit Symbolen,
Mit Paragraphen, Ethik und Sentenzen
Das Hirn und dann die Tat umnebelt: hier,
Hier starb ein Mensch, weil er den andern Menschen
Nicht sterben sehen konnte, den er liebte.
Sein Opfer hat uns alle tief beschämt,
Es ist das Opfer, das die Liebe brachte.
Sein Opfer war das menschlichste, indes
Wir Menschenopfer brachten.

MATSUO:

Ach, es bleibt
Uns nur die Pflicht, die Toten zu bestatten,
Es wird der Sarg ihr heiliges Brautbett sein.

(Matsuo und Genzo heben die beiden Leichen stark auf ihre Schultern, sie schreiten nach rechts ab, gefolgt von Tonani und Chiyo, die von Chiyo mitgebrachte weiße Totengewänder überwerfen. Hintere Bühne dunkel.)

(Die drei Greise haben inzwischen im Vordergrund ein Grab gegraben. Das Haus im Hintergrund ist verschwunden. Man sieht nur noch den Fushijama und die Kirschbäume.)

DER ERSTE:

Einen Blick nur haben wir in das Auge des Gottessohnes getan, ehe es erlosch.

DER ZWEITE:

Ein Lächeln nur von Gottes Tochter empfangen, da ihr Antlitz schon erstarrt war.

DER DRITTE:

Genug für unser Leben.

DER ERSTE:

Genug für unsern Tod –

DIE DREI:

Wir danken dir – wir danken dir, Buddha –

DER DRITTE:

Für deinen Gruß!

DER ZWEITE:

Für deinen Anblick!

DER ERSTE:

Für deine Gnade!

DER ZWEITE:

Was göttlich ist, besteht nicht auf der Erde –

DER ERSTE:

Wir Menschen selber graben ihm das Grab –

(Von allen Seiten kommen Menschen und werfen Kirschblütenäste in das Grab; schließlich erhebt sich ein Hügel von Kirschblüten über dem Grab.)

DER ERSTE GREIS:

Laßt uns den Bon-odori, den Tanz des Todes tanzen.
Gebt eure Hand, daß eine Kette wir
Des gegenseitigen Vertrauens bilden,
Gemeinschaft, die den Geist der Liebe hegt
Und Liebe in Gemeinschaft mit dem Geiste.

(Musik. Flöte, Laute, Tamburin, Trommel beginnen zu tönen: die Menschen tanzen um das Grab den Tanz des Todes, es werden ihrer immer weniger – schließlich ist alles verschwunden. Es ist ganz dunkel geworden. Der Mond steigt herauf. Weiß leuchtet der Fushijama. Gong und Flötentöne von den Tempeln. Stille. Plötzlich beginnt der Kirschblütenhügel sich wie ein Maulwurfhügel zu regen – und die Geister von Kwan und Kotaro steigen herauf aus dem Grab.)

KOTARO:
Komm, komm, Liebster –

KWAN:
Ich komme, Geliebte –

KOTARO:
Ich schwebe wie ein Vogel – ich fühle keinerlei Schwere mehr –

KWAN:
Ich habe meinen Leib verloren – und dich gewonnen –

KOTARO:
Sieh den Mond – den Mond – binde ihn an einen Kirschblütenzweig! Welch herrlicher Fächer!

KWAN:
Fliegt dort nicht eine Blüte zum Baume zurück?

KOTARO:
Es ist ein Nachtfalter –

KWAN:
Nun können wir uns lieben – eine Ewigkeit – wir können nicht mehr sterben –

KOTARO:
Wir sind tot – und doch lebendiger, als da wir lebten –

KWAN:
O keine Furcht zu haben, daß das Gefühl der Geliebten schwinde –

KOTARO:
Die Liebe, das ist die Ewigkeit – die Ewigkeit – das ist die Liebe –

KWAN:
Lohnt nicht ein jedes Opfer sich um diesen Preis?

KOTARO:
Ich würde siebenmalsiebenmalsieben sterben wollen, um einmal eine Sekunde so zu sein! Tausend Tode für eine Sekunde Ewigkeit!

KWAN:
Für einen Hauch deines Mundes!

KOTARO:
Für einen Schlag deines Herzens!

KWAN:
Sie haben um uns den Tanz des Todes getanzt –

KOTARO:

Komm – wir wollen zusammen im Mond den Tanz des Lebens tanzen – des ewigen Lebens – der ewigen Liebe – der Unvergänglichkeit zweier liebender Herzen – komm – wir wollen auf den Mondstrahlen tanzen – geradewegs in Gottes leuchtendes Herz hinein –

(Sie entschweben in den Mondstrahlen aufwärts.)
(Von den Tempeln tönt Gesang.)

Fushijama
Glanzfeuer
Berg des heiligen Schimmers
Menschen und Monde
Tage und Träume
Taten und Opfer
Wechseln beständig
Gehen dahin
Du nur dauerst
Funkelnder Felsen
Blitzende Wahrheit
Glühender Stein!

III.

Nachdichtungen aus dem Persischen

Klabund

Das Sinngedicht des persischen Zeltmachers

Neue Vierzeiler nach Omar Khayyâm

Meinem Vater

Du leichter Schatten, Wolkenschmetterling,
Ich fühle dich an meinen Wimpern hängen.
Der schwarze Schmerz, das dunkle Ding,
Begeistert mich zu strahlenden Gesängen.

Erhebt euch, Brüder, tanzt mit meinem Wort,
Ich will die Verse schön wie Frauenfüße setzen.
Ach, ich bin hier und dort
Von Sternen nur ein Pfützenglanz, vom Himmel nur ein Fetzen.

Ich deck mit diesem Tuche meine Blöße,
Nackt wandelt nur mein Kamerad, der Tod.
Er achtet mein Gesetz. Ich diene seiner Größe
Und opfre knieend ihm im Morgenrot.

Ich habe nie vermeint, mich selber zu erkennen.
Ich drehte oft am Karrn das fünfte Rad.
Zu Asche muß sich brennen
Die Flamme Mensch, die Gott enzündet hat.

Entzündet hat sie Gott, das Weib soll sie behüten.
Sie aber stellt das Feuer in den Wind.
Der bläst zu Rauch die roten Blüten
Der Mannheit, die wie Hyazinthen sind.

Ein jeder ist von einer Frau geboren,
Die einst ein Mann in seine Arme nahm.
Die Perlenkette reißt. Die Perlen sind verloren.
Und keiner kehrt zurück, woher er kam.

Und wünschte mancher, seiner Mutter
Im Mutterleib verstorbner Sohn zu sein.
Nun treibt es ihn wie einen steuerlosen Kutter
Ins blaue Meer der Menschlichkeit hinein.

Laßt uns die Segel nach den Winden hissen!
Und achtet auf der Möven Flug!
Sie ahnen nicht: sie wissen …
Und ihnen dünkt ihr weißes Sein genug …

Wer schließt das Herz bei göttlichen Gebeten,
Wer schließt die Augen, wenn die Sonne steigt?
Ich hasse euch, ihr höllischen Asketen,
Den grauen Kutten finster zugeneigt.

Ich schließe meine Blicke nur im Kusse,
Wenn das Entzücken tief ins Innre dringt
Und rauschend, gleich dem heiligen Flusse,
Aus Felsgestein die selige Quelle springt.

Da blinkt erhellt die magische Laterne,
Die uns verzaubert zu den Schatten schickt.
Die Nähe scheint zu nah, es scheint zu fern die Ferne,
Und nur der weise Wunsch beglückt.

Wir sind nicht Schatten mehr. Wir wurden zu Gestalten.
Der Töpfer knetet uns aus Ton.
Er meißelt in die Stirn uns dürre Falten
Und stellt uns auf den Markt für Hundelohn.

Wie können wir uns dieses Zwanges wehren?
Sieh: dieser Henkel hier am Krug von Lehm,
In dem wir das erstarrte Handwerk ehren,
Schlang sich als Arm um einen Nacken ehedem.

Du, der Du bist von keinem Mann gezeugt
Und der wie Duft steigt aus dem Saft der Reben:
Beug Dich vor mir, wie sich mein Knie vor Deinem Wahnsinn beugt.
Vergieb uns, wie wir Dir vergeben!

Ich bin kein Freund der funkelnden Moscheen,
Einsam such ich in Schenken meine Ziele.
Wann würde ich Dein wahres Antlitz sehn,
Wenn nicht im Weibesangesicht die Maske fiele?

Ich bin, o Gott, dein treuester Vasall,
Ich bin, o Geist, dein wildester Rebelle.
Ich bin dein Ziegenhirt, dein Seneschall,
Ich bin dein Fels, dein Turm und deine Schelle.

Ich bin der Tugend Glanz, des Lasters Stank.
Ich bin dein Priester und dein Trunkenbold.
Ich bin dein Fluch, dein Traum und dein Gesang,
Ich will, o Gott, weil du mich einst gewollt.

Du hast das Mahl für deinen Gast bestellt,
Pastete, Wein, Geflügel, die mich kirrten.
Ich hoffe, daß du auch in einer andren Welt
Den Fremdling gleicherweise wirst bewirten.

Denn leugne nicht: ich bin dir fremder als
Die Krüge, die dort auf dem Bordbrett lehnen,
Und dennoch lieg ich weinend dir am Hals,
Und du, du segnest meine Tränen.

Ich kam, o Gott, zu spät auf diese Welt.
Ich darf mit Vorsicht nur noch Mensch mich nennen.
Ich bin ein abgemähtes Feld,
Auf dem die letzten Erntefeuer brennen.

Du fragtest nicht nach meinem Leid und Glück,
Und ob ich alles dies erdulden möchte.
Du stießest in den Urwald mich zurück,
Daß ich aus Palmenfasern mir mein Lager flöchte.

Dies Lager ist kein Teppich des Gebets.
Der Rücken schmerzt. Es fiebern die Gelenke.
Tönt abendlich der Sang des Minarets,
Streb ich bezaubert in die Schenke.

Ich neige bei der Frauen monotonen
Gesängen meine graugepflückte Stirn.
Ich weiß, wir armen Menschen wohnen
In einer Wildnis, die wir nicht entwirrn.

Ich will wohl brünstig an das Höchste glauben,
Wenn mir das Schicksal nicht den Glauben wehrt.
Doch rechne ich mich zu den Stumm- und Tauben,
Wenn mich ein Mörder ewiges Leben lehrt.

Einst floß die Sintflut über unsren Leibern,
Jetzt überfällt uns eine Flut von Wein.
Verschlaf des Lebens Nacht bei schönen Weibern
Und sauf, so wirst du deiner ledig sein.

Wie Ambra duften, Mädchen, deine Locken,
Und deine Lippen sind wie Blumen sanft.
Dein Haar steht gelb wie reifer Roggen
An deiner Stirne lilienweißem Ranft.

Jetzt will ich nur noch deinen Nacken küssen,
Der leichte Flaum ist doch wie blondes Schwert.
Ich habe immer Frauen lieben müssen,
Die ihre Wimpern dumpf zum Licht gekehrt.

Ich rannte kreuz und quer durch dieses Leben,
Ich sah zur Sonne und zum Mond.
Ich klebte fliegenklein in Spinnenweben
Und hab in Höhlen krötenfeucht gewohnt.

Doch sah ich nie Geschöpfe, die dir glichen,
O vierzehnjährige Frau!
Der Morgen ist vor deinem Glanz erblichen,
Mit deinen Tränen weint der Abendtau.

Vor deinem Wuchs krümmt sich die schlanke Fichte,
Vor deiner Weißglut scheint die Sonne kalt.
Mein Antlitz spaltet sich in viel Gesichte,
Und jedes spiegelt mich als Mißgestalt.

Und doch, wie viele Mädchen sind
Vor dir, mein Kind, schon auf der Welt gewesen.
Und immer wieder weht der Wind
Und neigen Frauen sich beim Ährenlesen.

Der Mond wird oft noch über den Syringen
Der Schwermut blasse Kerzen nachts entzünden,
Gleich einem Diener dir den Leuchter bringen –
Er wird dich suchen und dich nicht mehr finden …

Ach, unterm Rosenstock, der blühend winkte,
Liegt ein enterbter König hingemeuchelt.
Der Krokos, der mit Weisheit dich beschwingte,
Gab seinem Blütenschatten nur geheuchelt.

So will ich lieber tausend Schwüre brechen
Als einen Krug, der noch zum Weine gut ist.
Komm, Bruder Gott, laß uns im Dunkel zechen!
Ich trinke deinen Geist, der rot wie Blut ist.

Es blüht in mir der grüne Garten Eden,
Die Hölle speit mich an mit Rauch und Ruß –
Den Händlern gleich in den Arkadenläden
Setz ich auf Teppiche von Qual den Fuß.

In mir ist beides: Himmelreich und Hölle.
In mir ist Gott und Teufel, Lust und Qual.
Ich bin das Meer, ich bin die Quelle,
Ich bin der Leichnam, der Schakal.

Und dieser Krug, den ich am Munde halte:
Er ist ein Abbild andrer Krüge nur.
Das Neue wird so ganz und gar das Alte –
Und eine gleicht der andren Wagenspur.

Ich würde weinen, wenn ich Tränen hätte.
Die Grille zirpt. Ein fremder Vogel schreit.
Ich wälze ruhlos mich auf hartem Bette –
Vergänglichkeit – Vergänglichkeit ...

Entsetzlichstes der Worte, das erfunden:
O daß ich morgen nicht mehr heute bin!
Ich rausche wie ein Fluß von Stund zu Stunden
Und bin am Ende schon kaum zu Beginn.

Dies lockt zum Laster: daß wir sterben müssen.
Was jubelt ihr von einem Jenseits doch?
Ich will vergehen unter Huriküssen,
Mich beugen unter schlanker Arme Joch.

Ich bin von einer Nacht zum Morgen wieder
Der leichte, lose Junge, der ich war.
Ich trage wie im Tanze meine Glieder,
Und Frühlingswinde rauschen durch mein Haar.

Wo ist die Traurigkeit der vielen Stunden?
Des Nebels graue Öde ist dahin.
Ich habe mir aus Sonnenstrahlen einen Strauß gebunden
Und diene einer milden Königin.

Ich trage ein Gestirn an meinem Ringe,
Das fiel vom Himmel als ein Edelstein.
An meinen Schultern glänzt Libellenschwinge,
Ich ströme selig über Au und Rain.

Wenn nachts das Dunkel Gram und Elend brütet,
Kehr ich erheitert in den Tag zurück.
Ich liege in der Wiege Welt, behütet
Von der Geliebten goldnem Mutterblick.

Es sprach der Scheik: Du liebst die schönen Mädchen;
Sie sind wie Rauch, und keiner kann sie haschen.
Ihr Herz rollt wie ein Spielzeug leicht auf Rädchen.
Komm trinken, Freund, tu Silber in die Taschen.

Der Engel der Verheißung naht dir dann
Mit blauen Flügeln, die dich leicht beschweren.
Er lehrt dich Wolke sein und Sonnenmann
Und Mohn und Rade unter edlen Ähren.

Er schlägt Gestein aus deiner harten Brust
Und türmt dich zu unendlichen Gebirgen.
Du saugst der Höhe reine Ätherlust
Und brauchst der Tiefe Stickluft nicht mehr würgen.

Was soll, sprach ich, dein aufgestecktes Wort?
Du scheinst ein anderer, Gaukler, als du bist.
Die Rebe ist in diesem Jahr verdorrt.
Das Korn steht dürr. An Regen fehlt's und Mist.

Was nennst du mich Gebirg und Felsengrat?
Ich bin nur groß, weil ich so Großes leide.
Ich weiß mir selber keinen Rat,
Und du verlangst, daß ich auf Steinen weide?

Des Hochgebirgs Gedenken muß ich hassen,
Sein Anblick ist es, der die Seele steinigt,
Denn glaubte sie sich vom Geröll gereinigt,
Schon schwemmt ein Gießbach neue Kieselmassen.

Geängstet scheut sie vor dem harten Treiben
Und flüchtet gemsengleich auf steile Flächen.
Da naht das Licht in heißen Strahlenbächen,
Und ach, sie kann nicht auf dem Gipfel bleiben.

Es schmilzt der Schnee, es schmilzt der Gram der Berge
Im Sonnenkuß des Frühlings liebend hin.
Wir aber sind wie steingeformte Zwerge,
Entbunden einer Träumerin.

Wir schmelzen nie. Wir leuchten angekettet
Am Sonnenwagen, Sklaven seinem Licht.
Und wer uns etwa rettet,
Er rettet unsere Kinder nicht.

Ich war ein Kind. Nun hab ich selbst ein Kind,
Ich heb es fröhlich aus der Taufe.
Ich schenk ihm meinen Mut als Angebind,
Und alle Liebe trage ich zu Haufe.

Mein Kind macht seinen ersten Gehversuch.
Es eilt von Tisch und Wand zu welchen Fernen.
Es hängt an meinem Bein, es stützt sich auf mein Buch,
Ich will mit meinem Kinde gehen lernen …

So wie der Teller, leicht gewölbt, die Last
Der süßen Früchte gern und willig trägt,
So bist auch du, von Farben wirr bewegt,
Ein rundes Etwas nur voll Rast und Hast.

Wie wild du in den Nordwind schreist und harfst:
Zufrieden sei, daß dich ein Licht bestrahlt,
Daß Gott ein wenig bunt dich angemalt,
Und daß du manchmal Früchte tragen darfst …

Auf Tafeln ist das Sein uns vorgeschrieben,
So daß uns nur der Weg des Rhythmus blieb.
Das andere heißt: hassen oder lieben,
Weil Gott die Zeile „du“ schon längst zu Ende schrieb.

Als er mich schrieb, da zitterten die Hände,
Und seine Augen waren blind:
So bin ich denn an meines Lebens Ende
Wohl Greis, und doch als Greis ein Kind.

Ich bin der Stein am Ringe der Natur
Ich bin ihr Sinn, ihr Rat und ihr Gerät.
Der Hagel, der in meine Felder fuhr,
Ich hab ihn bei der Aussaat nicht gesät …

Die Menschheit liegt in einem steten Krieg,
Seitdem sie Gott in seinem Wahn geschaffen.
Ein jeder glaubt an seines Glaubens Sieg.
Ein jeder traut dem Trotze seiner Waffen.

Wir hauen mit den Schwertern auf uns ein,
Wir beißen uns wie Hunde ineinander.
Und Trost ist nur im Rausch, und Rausch ist nur im Wein
Und in der Liebe zärtlichem Selbander.

Und als den Feind ich warf in Staub und Sand,
Dem Tränen Blutes aus den Augen rannen,
Da sprach er leis: Du, der mich überwand,
O hebe, eh du fällst, dich doch von dannen!

Der du auf deiner Schwere nur beruhst,
Und eisern deine Faust ins Handwerk reckst:
Bedenke, wie du schlafend Träume tust
Und wie ein Hund der Herrin Hände leckst.

O wolle nicht die Schwachen überblitzen
Gewitternd und mit donnerdem Getön!
Wann scheuchte Gott von seiner Hand die Gnitzen?
Ein wenig Blut von ihm macht jedes Wesen schön.

Der Gott spielt Schach mit uns. Die schwarzen Felder
Des Brettes deuten Nacht, die weißen Tag.
Die Schwangerschaft ist unsres Spiels Vermelder,
Das am Geburtstag noch beginnen mag.

So stellt er König, Läufer, Dame, Bauer
In Tag und Nacht, ganz wie es ihm beliebt.
Hier steht ein dicker Turm auf seiner Lauer,
Ein Springer dort, der scheinbar Vorsprung giebt.

Schachmatt. Die Fahnen sinken von den Masten.
Und unwirsch wirft der Spieler das Gebein
Der knochigen Figuren in den Kasten
Und läßt das Spiel gewesen sein.

Ich geh betäubt zum abendlichen Mahle,
Mit Nebeln der Erinnerung bekränzt,
Da naht der Engel mit der klaren Schale,
Der mir den dunklen Trank kredenzt.

Und als wir unsre Augen höher hoben,
Da glänzten sie ertrunken wie in Wein.
Die goldnen Ströme der Gestirne schnoben
Zu unsren Füßen leopardenklein.

Die Kröten krochen mit azurnen Bäuchen,
Die Tannen weinten weißen Morgentau,
Und aus den Teichen, Wolken und Gesträuchen
Trat blau der Himmel, sanft wie eine Frau.

Die Sonne raste an der dunklen Kette.
Uns aber fror die Zunge, daß sie schwieg.
Und gläsern funkelte und klang die Mette
Und salbte uns mit ewiger Musik.

Am Morgen wacht man auf. Man schlendert in Bazare,
Kauft einen Teppich oder zwei.
Betrachtet die und lobpreist jene Ware
Und also geht der Tag vorbei.

Man eilt zur gleichen Tür hinaus,
Durch die des Händlers Bude man betreten.
Ein altes Blumenmädchen reicht uns einen Strauß.
Man fragt: Woher? Wohin? Von welchen Beeten?

Der Veilchen, Nelken, Rosen, Anemonen
Schwüle Gerüche uns wie Sklaven fächeln.
Und wie wir das verhärmte Weib entlohnen,
In ihren Augen blitzt ein Dirnenlächeln.

Ich bin ein kleines Licht und brenne in den Schenken,
Am rechten Ort, verwahrt vorm Windeswehn,
Ich bin nicht Ampel über heiligen Bänken,
Ich wär ein Nichts im Glanze der Moscheen.

Ich ehre den Koran. Und mir gefällt sein Wesen;
Doch hat sein Studium wenig mir genützt.
Ich muß von Zeit zu Zeit die Verse lesen,
Die in den Rand der Krüge eingeritzt.

Warum hat Mohammed den süßen Wein verboten,
Den sauren Yoghurt doch erlaubt?
Ich sandt durch alle Himmel einen Boten
Mit Weinlaub schön behängt das junge Haupt.

Der Bote kam zurück. Sein Lächeln sah ich winken:
Mohammed meint, es habe keine Not.
Du darfst, o Omar, ewig darfst du trinken,
Da er den Toren nur den Wein verbot.

Bin ich ein Tor? Der Weisheit leichte Zelte,
Ich nähte schwer an ihnen mondenlang.
Da kam ein Sturmwind, brüllend, und er fällte
Das Werk der Hände, das die Nacht verschlang.

Nun sitz ich nächtlich unter freiem Himmel
Und sehne mich nach deinem Stern, Saturn.
Und meine Seele weidet wie ein Schimmel
Auf dürrem Ödland mit verhaltnem Murrn.

Die sieben Tore öffnen ihre Flügel,
Und die Planeten wandeln ihre Bahn.
Schon führt der Morgen sein Gespann am Zügel
Und hinterm Hause kräht der Hahn.

Das Licht singt seine flammenden Gesänge,
Im rasenden Zenith, im sinkenden Nadir.
Da ich als Taube flog, geriet ich in des Greifen Fänge.
Nun trag ich seiner Krallen Mal an mir.

Ich darf euch das Geheimnis nicht vertrauen,
Nicht dir, mein schönes Kind, und nicht dem wertsten Freund.
Ich stehe blind vor allen schönen Frauen;
Ich bin ein Bettler, der durchs Weltall streunt.

Mein Gott, du warfst mir Münzen in die Mütze.
Die Mütze war verfilzt und zeigte Loch bei Loch.
Das Gold fiel in die Pfütze
Und liegt wohl in der Pfütze noch.

Ich bin zu stolz, es aus dem Dreck zu heben.
Ich will den Lohn aus deiner eignen Hand.
Ich will, o Gott, mein Leben
Und nicht ein fremdes zugewandt.

Als gestern ich mit den Kumpanen zechte,
Da blies der Abendwind die Kerzen aus.
Das Dunkel hing ins Haus wie eine Flechte,
Und unsre Augen sahen Gram und Graus.

Da schlugest du in dem entrückten Dunkel
Den Krug mir aus der fest gekrampften Faust.
Der Wein vergoß sich nieder mit Gefunkel.
Ich stand im Nichts, vom Tränenstrom umbraust.

Was nahmst du mir den Wein? Und löschtest die Laterne?
Spannst du auch mich an deinen Pflug? –
Es sprach ein Geist aus einer hohen Ferne:
Omar, du selbst zerschlugst den Krug.

Du warst von Liebe und von Freundschaft trunken
(Von Liebe doch und Freundschaft nicht allein …)
Da bist du in den Staub gesunken,
Und fraßest Erde tief in dich hinein. –

Ich will die Trunkenheit Dir zugestehen.
Ich brenne ewig, da ich mal entbrannt.
Die Sterne, die in Deinem Hause stehen,
Sind Fackeln, die ich einst Dir zugesandt.

Du wirst das Paradies für mich verwahren,
Die schöne Huri, die so ruhlos schweift.
Dann, Herr, kehr ich vielleicht nach vielen Jahren
In ein Herz zurück, das mich begreift.

O laß mich sterben, Herr, ich bin ein toter Mann,
Was nützt mir noch ein weiteres Jahrhundert?
Fing ich noch einmal an, stürb ich noch einmal dann,
Dein Fangballspiel hat Omar nie bewundert.

Ich will die Stunden meines späten Tods
Mit den Geliebten und den Freunden bechern;
Dann tragt mich beim Gesang des Abendrots
Nach meines Hauses innersten Gemächern.

Dort steht ein Sarg aus härtestem Metall,
Legt mich hinein und wollt ihn gut verschließen,
Daß Frauenkuß und Früchtefall,
Des Seins Geräusche mich im Nichtsein nicht verdrießen.

Aus meinem Grabe aber steigt ein Duft
Von rosenfarbenen, von erlauchten Weinen,
Chimären wandeln seufzend durch die Luft
Und tanzen mit den schlanken Geisterbeinen.

Wenn dann ein Freund der fernen Ahnung lauscht,
Stürzt aus der Tiefe strömend süßer Odem –
Da sinkt er wohl, von Wein und Tod berauscht,
Gleich einem heiligen Trunkenbold zu Boden.

Der Perser Omar Khayyâm (Khayyâm bedeutet Zeltmacher), gestorben 1123 in seiner Vaterstadt Nischapur, ist durch des Ewald Fitzgerald englische Nachdichtung seines Rubaijat, die erstmals 1859 erschien, in der Schätzung Westeuropas zu einem der berühmtesten östlichen Dichter geworden, während man ihn vorher nur als mathematische oder lyrische Kuriosität zu schätzen wußte. Das Rubaijat, eine Sammlung Vierzeiler, deren jeder für sich Phrase und Paraphrase, Ethos und Symbol bedeutet, ist nicht von Omar selbst, sondern von Hörern und Schülern, in deren Kreise er die Vierzeiler improvisierte, niedergeschrieben worden. Welche der Rubaijat, die Omars Namen führen, ihm mit Sicherheit zuzuschreiben sind, kann heute, vom scharfsinnigsten Philologen selbst, nicht mehr festgestellt werden. Die losen Beziehungen, die in den Rubaijat des Omar zwischen Dichtung und Dichter zu bestehen scheinen, die seine Verse wie Wolken schweben, seine Gedanken wie Schmetterlinge irren lassen – verlocken wie keine andere Dichtung der Weltliteratur zu freiester Nachdichtung. Ewald Fitzgerald hat etwa hundert Vierzeiler, die in der Urschrift in keinerlei Beziehung zu einander stehen, zu einem einzigen sinnvoll-schönen Gedicht bindend geformt. Seine Dichtung liegt den meisten deutschen Übertragungen des Omar zugrunde: am besten dünkt mich Fitzgeralds Omar von Hektor G. Preconi verdeutscht zu sein, der in seiner Übertragung etwa die Hälfte der Vierzeiler Fitzgeralds durch andere aus erst später bekannt gewordenen Quellen ersetzte. Sie erscheint demnächst in einer Neuauflage in den Rolandbüchern.

Vorliegender Versuch der Schaffung eines neuen deutschen, nicht auf Fitzgerald beruhenden Omar, geht auf die freundliche Anregung meines Verlegers Dr. Albert Mundt zurück. Unter Benützung aller vorliegenden Quellen: Fitzgerald Rubaijat of Omar Khayyâm (Leipzig, Bernhard Tauchnitz 1910), Th. Quatrains of Omar Khayyâm by S. H. Whinfield (London, Trübner 1882), Strophen des Omar Chijam, deutsch von Adolf Friedrich Grafen v. Schack (Stuttgart, Cotta 1878 – die reichhaltigste deutsche Sammlung von Rubaijat, enthält deren 336) und vieler anderer wurde im Gegensatz zum mehr englisch-moralisierenden Omar des Fitzgerald die intuitive Rekonstruktion eines (selten gesehenen, aber gewiß gewesenen) rebellisch-schwärmerischen Omar erstrebt. Die Methode des Fitzgerald: ein einheitliches Gedicht zu erdenken, wurde beibehalten; die Reimform des Rubaijat a b a a in die deutsche Reimform a b a b verändert.

Irgendwelche Erläuterungen bedürfen meine Verse nicht.

Am liebsten aber wünschte der Verfasser dieses Gedichtes als ein Reisender angesehen zu werden, dem es zum Lobe gereicht, wenn er sich der fremden Landesart mit Neigung bequemt, deren Sprachgebrauch sich anzueignen trachtet, Gesinnungen zu teilen, Sitten aufzunehmen versteht. Man entschuldigt ihn, wenn es ihm auch nur bis auf einen gewissen Grad gelingt, wenn er immer noch an einem eigenen Akzent, an einer unbezwinglichen Unbiegsamkeit seiner Landsmannschaft als Fremdling kenntlich bleibt. In diesem Sinne möge nun Verzeihung dem Büchlein gewährt sein! Kenner vergeben mit Einsicht, Liebhaber, weniger gestört durch solche Mängel, nehmen das Dargebotene unbefangen auf.
(Goethe, West-östlicher Divan.)

Davos, im September 1916.

KLABUND

Der Feueranbeter

Nachdichtung des Hafis

von

Klabund

In welcher Sprache ich auch schriebe,
Persisch und türkisch gilt mir gleich.
Ein Himmel wölbt sich über jedem Reich,
Und Liebe reimt sich überall auf Liebe.

Soll ich deinen Worten trauen,
Geb ich ganz mich meiner Lieb' hin?
Aus dem hohen Himmelblauen,
Kleine Diebin, kleine Diebin,
Hast du Sonn und Mond gestohlen,
Und das Meer floß durch dein Sieb hin –
Willst du meinen Kopf nun holen,
Kleine Diebin, kleine Diebin?

Dies dünkte Hafis Inbegriff des Schönen:
Wenn Mädchen tanzen, und die Becher tönen.
Wenn der Gesang ihm von der Lippe loht,
Und wenn er lächelnd schreitet in den Tod.

Ich pflanzte das Panier der heiligen Worte
In diese Welt.
Wenn längst der Palmenbaum verdorrte,
Der Fels zerfällt,
Wenn längst die strahlenden Monarchen
Wie faules Laub im Staub verwehn:
Tragen durch jede Sündflut tausend Archen
Mein Wort: es wird bestehn.

Wär ich der See, in dem du dich bespiegelst,
Wär ich der Quell, der dich, du Blume, netzt.
Wär ich der Brief, den du mit Gold versiegelst,
Wär ich der Hund, den deine Spielwut hetzt.

Wär ich der Baum, der deinen Schlaf beschattet,
Wär ich der Traum, den deine Sehnsucht schürft.
Wär ich dein Gatte, der dich nachts begattet,
Wär ich das Licht, das dich erhellen dürft!

Wenn einst der jüngste Tag anbricht,
Hält Hafis neben Gottes Thron Gericht,
Und seine weinbelegte Stimme spricht:

Ihr, die ihr trunken taumeltet durchs Leben,
Dem Lächeln und dem Frühling hingegeben,
An Mädchenlippen saugtet wie an Reben

Ihr, die ihr Brüder wart von Stern und Stier,
Besessen von des Falters Sonnengier:
Ihr heilig Trunkenen, zur Rechten mir!

Doch ihr, die ihr mit eurem Herzen kargtet,
Die ihr das Leben in die Tode sargtet,
Die ihr des Herbstes braune Blätter harktet,

Ihr, denen nie die schönen Huris sangen,
Die ihr am Leben wie am Strick gehangen,
Die ihr im Kerker eures Hirns gefangen:

Die ihr im Bund mit Schweinezüchtern. Denn
Ihr lastertet g e h e i m, ihr Schüchternen,
Zur Linken mir, ihr teuflisch Nüchternen!

Die Welt ist dunkel, und die Sünde brennt.
So schreib ich denn in meinem Testament:
Ich war ein Sünder, und ich sündete,
Jedoch mit reinen Lippen kündete
Des Menschen Leid ich, das ihm täglich tagt.
Ich war ein Mensch. Und das ist viel gesagt.

Armer Vogel, der ich war,
Saß ich auf dem Seelenbaume
Und im grünen Blättertraume
Ward mir Welt und Wesen klar.

Sidra rauschte. Er verstummte
Plötzlich. In sein Schattengrau
Trat das weiße und vermummte
Standbild einer schönen Frau.

Und sie hob den Blick nach oben,
Ach, dem Vogel schlug sein Herz,
Und vom Sonnensturm umstoben
Sank vom Baum er erdenwärts.

In meinen Schläfen jagt das Blut,
Verdursten ließ mich schier die Bürgersippe.
Es gibt nur ein Gefäß, das mir Genüge tut:
Suleikas Lippe.

Mein Auge ist nur dazu da,
Daß es dich spiegelt.
Mein Mund, damit er deinen Mund
Versiegelt.
Die Hand, damit sie deine Hand
Behalte.
Mein Sinn, damit er deinen Sinn
Entfalte.

Wenn meine Laute euch zu silbern singt,
Wenn euch mein Spott zu laut und lästrig lacht,
Zu hoch mein Rappe in die Lüfte springt,
Zu wild die Fahne meiner Weisheit winkt:
Denkt, daß ich meinen Vers im Rausch gemacht ...

Wenn einst mein Kind, das zart ich ihr entband,
Erblüht zur Rose rosenroter Pracht,
Wenn es die Güte gut, die Bosheit böse fand,
Wenn es die heilige Fackel reckt ins Land:
Denkt, daß den Knaben ich im Rausch gemacht ...

Als die Mutter dich geboren,
Lag sie staunend, denn sie hörte
Süßeste Musik: betörte
Ihre Sinne, ihre Ohren.

Waren es die seligen Sohren,
Die mit ihren schönsten, süß'ten
Sängen die Gefährtin grüßten,
Als die Erde dich geboren?

Ich las in *einem* Buch nur mit Vergnügen,
Doch kann ich mich an ihm nicht lesen satt.
Die Liebe lese ich in deinen Zügen
Und blättre *küssend* Blatt um Blatt.

Allah lächelt mir so lieblich,
Und es blüht der Tubabaum.
Jubelnd ach begreif ich's kaum:
Allah lächelt mir so lieblich.

Allah lächelt mir so lieblich,
Sieh Suleika, wie er lächelt,
Wie sein Hauch dein Herz umfächelt,
Allah lächelt uns so lieblich.

Das Leben ist eine Schlange nur:
Es will gebändigt sein.
Das Leben ist ein Anfang nur:
Es will geendigt sein.

Der Tod ist eine Türe nur;
Ein Quell entspringt der Qual.
Schließ auf, o Gott, und führe nur
Uns in den ewigen Saal.

Ich würde sterben, hätt ich nicht das Wort,
Das meine flüchtigen Gedanken hält,
Das sie bewahrt für die und jene Welt;
Es schützt mich, daß mein Lebensbaum verdorrt.
Es reißt den Schreitenden zum Schweben fort.
Ich würde sterben, hätt ich nicht das Wort.

Der Nachtigall im Strauche lauschst du nicht,
In den Novemberstürmen rauschst du nicht,
Mit deinem edlen Pferde jagst du nicht,
Den Pfeil auf deinem Bogen wagst du nicht.
Der Kuß auf schöner Lippe blüht dir nicht,
Das Herz im Feuertaumel glüht dir nicht.

Was bist du Mensch, und was denn willst du sein?
Es bleibt dir nichts: ertränke dich … im Wein …

Sie sagen, Hafis, daß du vieles weißt:
Du hättest, ja du bettest dich in Geist.
Es tappt des Nachts bei dir auf leisen Sohlen.
Man sagt, du schliefest liebend bei Idolen.
Sprich, ist es wahr, daß dich die holden Schatten
Der Tugenden im bunten Traum begatten?

Ihr Herren schweigt. Mein armer Menschenleib
Ist nur der Geister Spiel und Zeitvertreib.
Ich bin nicht ich. Sie sind es, die mich meißeln.
Die mich zum Guten – und zum Bösen geißeln.

Mein Wille ist so schwach. Mein Wissen so gering.
Ich trüber Tor, ich weiß ein einzig Ding:
Dies, daß ich lebe, daß wir sterben werden –
Und daß Suleika mein im Himmel und auf Erden …

Gott knetete aus Erdenstaub allein mich,
Darum der Priester wohl nicht fände rein mich.
Denn ich verdorre leicht – um mich zu nässen,
Muß ich den Weinkrug an die Lippen pressen.

Der abgeschossne Pfeil kehrt nie zurück.
Nie mehr der toten Liebe Liebesglück.
Nie mehr wird ihre Hand in meiner ruhn,
Nie mehr ihr Lächeln lieb und zärtlich tun.
In meinem Herzen liegt bestattet, was
Durchsichtig blinkte wie kristallnes Glas.
Mein Becher, meine Schale, mein Pokal:
Ich trinke nur noch Schmerz aus dir und Qual!
Vor meinem Aug der Tränenschleier wallt.
Hafis ward müde. Hafis wurde alt.

Schönste Huri, geh und grüße
Und wie adlig du auch seist:
Wasche ihre holden Füße
Jener Schönen, die du weißt.

Frommer Pilger, geh und eile,
Wenn du in Gebeten brennst:
Bring ihr eine heilige Zeile
Jener Tugend, die du kennst.

Zarte Wolke, flieg und fliege,
Schatte ihre Stirn zumeist
Und in zarten Zauber wiege
Jene Zarte, die du weißt.

Darf ich eine Bitte wagen,
Gott, der du dich Sonne nennst:
Bring aus Hafis' Tränentagen
Einen Blick ihr, die du kennst.

Begreife, was für dich das Gottidol getan;
Vergeistige die Tat! So ist es wohl getan.
Wenn Blech auf Tonne klopft, so ist es hohl getan.
Hammer auf Ambos: also ist es wohl getan.
Der Tanz wird oft auf schwerer Sohl getan:
Tanze mit nacktem Fuß, so ist es wohl getan.

Ihr schleift die Schwerter, die zum Krieg verwandten.
Ich schleife meiner Verse Diamanten.

Daß uns der Fürst wie Schachfiguren schiebe,
Sei widerraten ihm: es herrsche Liebe!

Ob uns der Sturm rauh in Atome stiebe,
Uns schweißt zusammen Liebe, Liebe, Liebe.

Gieß deine Tugenden durch tausend Siebe.
Was übrig bleibt ist: Liebe, Liebe, Liebe.

Was tut der Tod dem, der ihn bald vertriebe
Zum Tode mit dem Feuerschwert der Liebe?

Mein Herz spannt seine Segel. Und das Schiff
Es gleitet glücklich zwischen Fels und Riff.
Am Bug die Möwen ziehn in weißen Schwaden.
Mein Schiff hat Menschenherzen hoch geladen.

Ich bin dir dienend zugesellt.
Als Opfergabe, Herrin, nimm mein jüngstes Schaf hin.
Die ganze Welt ist eine schwarze Sklavin,
Die dir den Spiegel hält.

Mich liebte Persiens schönste Frau.
Der Himmel färbte meine Augen blau.

Ich liebte Persiens schönstes Kind,
Da ritt auf Wolke ich und Wind.

Ich liebte Persiens schönstes Weib:
Leib wurde Geist, Geist wurde Leib.

In tausend Stücke ist mein Herz zersprungen,
Als es von dir berührt.
Ich redete in tausend Zungen,
Als mich dein Wort berührt.

Nun liegen dir zu Füßen tausend Herzen,
Und du umarmst mit tausend Sündern dich.
Ich leide tausendfache Schmerzen
Und küß mit tausend Mündern dich.

Mönch, vertrinke deine Kutte,
Weil ich gerne wüßt,
Ob du ohne Priesterkutte –
Auch ein Priester bist.

Ich sah am Wege eine Schenke liegen,
Drin saßen schweigend Männer, welche tranken,
In dämmrigen und düsteren Gedanken.
Ich sah am Wege eine Schenke liegen.

Ich sah am Wege einen Tempel leuchten,
Drin zelebrierten Priester heilige Gesten.
Es riefen Knaben dumpf zu Totenfesten,
Ich sah am Wege einen Tempel leuchten.

Ich sah am Weg ein weißes Grabmal ragen,
An seinem Sockel sprossen die Narzissen.
Im Winde wehten Seufzer wie von Küssen,
Ich sah am Weg ein weißes Grabmal ragen.

Ich heb mein Glas in dämmrigen Spelunken,
Und Ihr?

Ich horche auf den Ruf der roten Unken,
Und Ihr?

Ich atme an Suleikas Lippe,
Und Ihr?

Ich beug das Knie vor Schädel und Gerippe,
Und Ihr?

Ich weiß so wenig und ich leide vieles,
Und Ihr?

Ich suche Seligkeit und Sinn des Spieles,
Und Ihr?

Ich küß, als ob ich nie mehr küssen müßte,
Und Ihr?

Ich leb, als ob ich täglich sterben müßte,
Und Ihr?

Nachts zuweilen überfällt im Traum
Mich ein blauer Zauber-Wahn.
Kupplig wölbt sich überm Sternenraum
Dschinnistan, Dschinnistan.

Flötet nicht der Papagei?
Schluchzt im Walde nicht der Pavian?
Und mein Herz zerreißt im Schrei:
Dschinnistan, Dschinnistan …

Streichelt mich das Rieseln eines Quells?
Trinkt mein Herzblut nicht der Pelikan?
Eine weiße Frau entsteigt dem Fels
Dschinnistan, Dschinnistan …

Träne tropft auf Träne mir herab,
Ach schon kräht im Hof der erste Hahn.
Und ich sinke knieend an dein Grab …
Dschinnistan … Dschinnistan …

Solange wir im Licht sind,
Wir werfen Schatten weit.
Erst wenn wir einmal nicht sind,
Sind wir vom Leib befreit.

Solang wir auf der Welt sind,
Es wechseln Nacht und Schein.
Erst, wenn wir ganz erhellt sind,
Wird ewig Sonne sein.

Bülbül singt im Rosengarten,
Sonne schon erscheint.
Liebes Kind, laß mich nicht länger warten,
Bis der Regen weint.
Bülbül singt. Laß mich nicht länger warten.
Wird es nicht schon Nacht?
Siehe, überm Rosengarten
Ist ein Stern entfacht.

Erst dacht ich, daß in deinem Auge ich am Ziele
Der ganzen Welt.
Nun sehe ich wieviele Ziele
Mir noch gestellt.

Ich sinne täg- und stündlich,
Was hinter deiner Stirne brennt …
Ich weiß: da glänzt so unergründlich
Das ganze Firmament.

Gott ist ohne Maß und Schranken,
Gott ist ohne Ziel und Grenzen.
Seine himmlischen Gedanken
Gleichen immergrünen Kränzen;

Sind wie deine blassen Hände,
Die du faltest auf der Bahre.
Gott ist ohn Beginn und Ende,
Gott ist ohne Raum und Jahre.

Alles, was geschieht
Ist nur Leid und Lied.
Gott spielt auf der Harfe Trost sich zu.
Welle fällt und steigt.
Ach wie bald schon neigt
Sich dein Haupt im Tod. Dann lächle du.

Umschwebe in den Räumen, die du schufest,
Den Liebenden mit deinem Liebeshauch.
Und wenn du ihn in deine Arme rufest,
So ruf ihn bald, und er zergeht in Rauch.

Gemeinsam schweben wir im goldnen Äther
Die letzte Wolke schon am Sternensteg.
Und auf der Erde heben fromme Beter
Die ferne Hand und segnen unsren Weg.

Der Wind wirft Staub in unsre Wimpern,
Und selbst das Mondlicht stäubt –
Laß uns ein Lied auf unsrer Laute klimpern,
Das uns betäubt.

Armselige wir! Wir Dichter! Arm und selig!
Wie Licht auf Licht
Vom Himmel tropft: so glänzt der Vers allmählig
Und wird Gedicht.

Streift Staub und Tränen aus den Wimpern. Lacht doch!
Und lächelnd sei der letzte Trunk kredenzt …
Vielleicht, daß die Erinnerung dieser Nacht noch
In tausend Jahren glänzt …

Einst wird mein Atem Gräber sprengen
Und Turm und Tempel niederwehn.
Die Toten mit den Grabgesängen
In Händen werden strahlend stehn.
Es wird gleich Blumen zwischen Rippen
Das Fleisch der Auferstehung blühn.
Und von der Berge schroffen Klippen
Die neue Sonne Seele glühn.

Sie finden sich zum reinen Reigen,
Die Finger flammen kerzengleich.
Und im Verlieben und Verneigen
Ergänzt sich das gewollte Reich.
Es wird nicht Traum noch Trübsal geben,
Es wird nicht Pest noch Armut sein.
Der Elemente heiliges Leben
Entsprießt dem rosenroten Schein.

Die Tode sterben und verwesen,
Gleich Fliegenpilzen platzt die Brut.
Wie wir in heiligen Büchern lesen,
Rollt ewiger Ströme Feuerblut.
Wir wurden stark vor lauter Schwäche,
Wir wurden gut vor lauter Leid.
Es schließt die spiegelhafte Fläche
Sich strahlend zur Vollkommenheit.

Dieser Gürtel unterm Kleide
Ist das Zeichen meiner Kaste,
Wie ich liebe, wie ich leide,
Wie ich praßte, wie ich haßte.

Dieser Gürtel, er verkündigt
Daß der einzige Gott das Feuer.
Flehe, wenn du bleich gesündigt,
Daß er flammend dich erneuer!

Küß den Gürtel. Denn er weist dich:
Hülle ist nur alles Streben!
Das Gewand wird fallen. Geistig
Wird sich Hafis dir ergeben.

Acht Himmelsstufen hat der Kirchengläubige nötig,
Doch mach ich zu beweisen mich erbötig:
Die wahren Büßer wird der Gott entlohnen:
Sie werden gleich im neunten Himmel wohnen …

Ich fand allein im Wettlauf meine Ruh,
Ich liebte nie der Trägheit warme Nester.
Das Leben war mir gut wie eine Schwester,
So komm denn, Tod, und sei mein Bruder du!

Zur Asche ward ich längst im Totenschrein,
Wenn deine Jugend noch im Lichte geht.
Die Erde, die um deinen Kleidsaum weht,
Ist Staub von mir, und Bein von meinem Bein.

Tritt nicht mit trüber Miene an das Grab
Und lächle wie ich stets gelächelt hab.
Bring einen Becher mit und eine Dirne,
Den Veilchenkranz um die geschminkte Stirne.
Und heiß sie tanzen, heiß sie Lieder singen
Und dreimal über meine Grabstatt springen.
Und sprenge Wein, wo man mein Haupt vermutet
Und wo mein Hirn verwest, mein Herz verblutet.

Nun bin ich ohn Beschwerde,
Nun bin ich ohne Leid.
Tief unter mir die Erde
Liegt wie ein Stern so weit.

Und was ich je gelitten
Um dich und deinen Tod,
Ist von mir abgeglitten
Wie Rauch im Abendrot.

Gesühnt ist meine Fehle.
Gott will mir Gutes tun.
Ich darf bei meiner Seele
Noch heut im Brautbett ruhn.

Mohammed Schemseddin, welcher in Persien im 14. Jahrhundert lebte, war ein Priester dessen, dem er seinen Namen und seinen Beinamen verdankte. Sein Beiname heißt: Hafis: Bewahrer (des Korans). Aber er hat uns noch besseres bewahrt als das Andenken seiner ziemlich weinseligen Priesterschaft: er hat uns in unsterblich leicht und schweren Liedern den Gesang des Vogel Bülbül, der aus seiner Seele sang, aufgefangen. Er dachte: tief. Aber er flog in schwebenden Versen hoch: so hoch, daß er den Flug neben Sappho, Catull, Goethe, Litaipe wohl wagen darf. Ich habe ihn, wie alle meine Nach- und Neudichtungen aus meinem Herzen nachgedichtet. Sein Schmerz ist mein Schmerz, sein Gelächter das meine. Und als er um Suleikas Tod weinte, da weinte auch ich um den Tod der meinen.

Ich nenne als benutzte Quellen die Hafisübersetzungen von Hammer, Nesselmann, Daumer, Rosenzweig, Bodenstedt; die Daumersche erweist sich als die bei weitem beste. Der von Bethge fehlt der Hauptreiz: der Reim, den Hafis besonders kunstvoll handhabte. Seine Reimtechnik hat auf unzählige westliche Dichter: Goethe, Platen, Rückert, entscheidend gewirkt. Goethe setzte ihm im Westöstlichen Divan ein Denkmal. Größer ist das, das er sich selber in seinen Liedern gesetzt.

Monti della Trinita
Dezember 1918

Klabund.

Verzeichnis der abgedruckten Texte
Band V, Erster Teil

Erste Spalte: *Werküberschriften; Anfänge der Gedichte und Sprüche*
Zweite Spalte: *Seitenangaben zu den Erstdrucken*
Dritte Spalte: *Seitenangaben zum Band V, Erster Teil*

I. Nachdichtungen aus dem Chinesischen

*Die mit * gekennzeichneten Gedichttitel sind bereits im Band „Dumpfe Trommel und berauschtes Gong" (1915) abgedruckt worden. Aus diesem Grund wurde auf eine abermalige Aufnahme der Gedichte verzichtet.*

II. Nachdichtungen aus dem Japanischen

III. Nachdichtungen aus dem Persischen

Das Sinngedicht des persischen Zeltmachers.

Quellenverzeichnis zu Band V, Erster Teil

I. Nachdichtungen aus dem Chinesischen

DUMPFE TROMMEL UND BERAUSCHTES GONG. Nachdichtungen chinesischer Kriegslyrik von Klabund. Leipzig (Insel-Verlag, Insel-Bücherei, Nr. 183) o.J. [1915] („Geschrieben im April 1915"), 45 Seiten (Druck von J.B. Hirschfeld (August Pries) in Leipzig).

LI-TAI-PE. Nachdichtungen von Klabund. Leipzig (Insel-Verlag, Insel-Bücherei, Nr. 201) o.J. [1915] („Geschrieben im März 1915"), 48 Seiten (Druck der Piererschen Hofbuchdruckerei in Altenburg).

DAS BLUMENSCHIFF. Nachdichtungen chinesischer Lyrik von Klabund. Berlin (Erich Reiss Verlag) o.J. [1921], 56 Seiten. („Der Buchschmuck und der Entwurf des Umschlages stammen von Erna Pinner. Der Druck des Textes und der Bilder wurde in der Offizin Otto von Holten, Berlin, vorgenommen. Die Buchbindearbeiten sind von der Firma H. Sperling, Berlin").

DER KREIDEKREIS. Spiel in 5 Akten. Nach dem Chinesischen von Klabund. *[Nach Li Xingdao]* Berlin (I. M. Spaeth Verlag) 1925, 102 Seiten. [*Blockbuch. Mit gedruckter Widmung:* „Elisabeth Bergner zu eigen"]

MENSCH / WERDE WESENTLICH! Laotse – Sprüche / Deutsch von Klabund. Berlin (Fritz Heyder) 1921, 32 Seiten. („Zeichnung des Titels von Helmuth Körber". „Gedruckt bei August Hopfer in Burg b. M.").

DAS BUCH DER IRDISCHEN MÜHE UND DES HIMMLISCHEN LOHNES von Wang-Siang. Übertragen von Klabund. Hannover (Paul Steegemann Verlag, Die Silbergäule, Nr. 109/110) [1921], 21 Seiten.

II. Nachdichtungen aus dem Japanischen

DIE GEISHA O-SEN. Geisha-Lieder. Nach japanischen Motiven von Klabund. München (Roland-Verlag, Dr. Albert Mundt) 1918, 44 Seiten („Geschrieben im Herbst 1913 in Arosa als erster Versuch der östlichen Nachdichtungen: ‚Dumpfe Trommel' 1915 ‚Li-tai-pe' 1915 (Inselverlag), ‚Das Sinngedicht des persischen Zeltmachers' 1916 (Roland Verlag)").

DAS KIRSCHBLÜTENFEST. Spiel nach dem Japanischen von Klabund. *[Nach Takeda Izumo]* Wien (Phaidon-Verlag) 1927, 112 Seiten. *[Blockbuch. Einbandentwurf von Ludwig Goldscheider.]*

III. Nachdichtungen aus dem Persischen

DAS SINNGEDICHT DES PERSISCHEN ZELTMACHERS. Neue Vierzeiler nach Omar Khayyâm. Mit Buchschmuck von Willy Orth. München (Roland-Verlag Dr. Albert Mundt) 1917, 49 Seiten.

DER FEUERANBETER. Nachdichtung des Hafis von Klabund. München (Roland-Verlag Dr. Albert Mundt, Kleine Roland-Bücher, Bd. 12) 1919, 39 Seiten.

Editorische Bemerkungen:

Die Texte in Band V, Erster Teil basieren auf den Erstdrucken. Bei dem Drama „Der Kreidekreis" wurden offensichtliche Flüchtigkeitsfehler der Erstausgabe von der Herausgeberin auf der Grundlage der späteren Editionen des Textes korrigiert. Um den Gesamteindruck der Einzelbände nicht zu zerstören, wurden die von Klabund verfassten Vor- und Nachworte in den Sammelband aufgenommen. Die von Klabund angegebenen Autorennamen der chinesischen Originalgedichte sind – trotz z.T. fehlerhafter Angaben – übernommen worden. Nähere Angaben dazu siehe Band V, Dritter Teil (Kommentar).

Auf den mehrmaligen Abdruck von Gedichten wurde verzichtet. Davon betroffen ist der Band „Li-tai-pe". Die zwölf Gedichte des chinesischen Dichtes Li Taibai (bei Klabund: Li-tai-pe): ‚Krieg in der Wüste Gobi', ‚Die weiße und die rote Rose', ‚Nach der Schlacht', ‚Die vier Jahreszeiten', ‚Schreie der Raben', ‚Der große Räuber', ‚An der Grenze', ‚Die junge Frau steht auf dem Warteturm', ‚Winterkrieg', ‚Fluch des Krieges', ‚Ode auf Nanking' und ‚Das Friedensfest' sind in Band V, Erster Teil nur in „Dumpfe Trommel und berauschtes Gong" abgedruckt worden. Um die Rekonstruktion der Textbände zu ermöglichen, wurden die betroffenen Gedichte im ‚Verzeichnis der abgedruckten Texte' (S. 313ff.) aufgeführt und kenntlich gemacht.

Ausführliche Angaben zu den Quellen sowie textkritische Apparate, Kommentare und Vorlagen der Nachdichtungen finden sich in Band V, Dritter Teil dieser Ausgabe.

Bildnachweis

Klabund. Photo von Philipp Bauknecht. Aus: Klabund in Davos. Texte, Bilder, Dokumente. Zusammengestellt von Paul Raabe. Arche Verlag 1990, S. 146. Quelle: Guido von Kaulla, Konstanz.

Inhalt, Band V, Erster Teil

I. Nachdichtungen aus dem Chinesischen

II. Nachdichtungen aus dem Japanischen

III. Nachdichtungen aus dem Persischen